DIEDERICHS
GELBE REIHE

Robert Aitken

Ethik des Zen

正

Aus dem Amerikanischen
von Christian Quatmann

Eugen Diederichs Verlag

Titel der amerikanischen Originalausgabe:
The Mind of Clover
erschienen bei North Point Press, Berkeley

Die Abbildung auf dem Umschlag zeigt einen buddhistischen Jünger, das Zymbal spielend (Malerei auf einem Pippal-Blatt, China, 19. Jahrhundert).

CIP-Titelaufnahme der Deutschen Bibliothek

Aitken, Robert:
Ethik des Zen / Robert Aitken. Aus d. Amerikan. von
Christian Quatmann. – 1. Ausg. – München : Diederichs, 1989
(Diederichs' Gelbe Reihe ; 79)
Einheitssacht.: The mind of clover <dt.>
ISBN 3-424-00929-6
NE: GT

1. Auflage 1989

Umschlaggestaltung: Dieter Zembsch, München
Produktion: Tillmann Roeder, München
Gesamtherstellung: Friedrich Pustet, Regensburg

ISBN 3-424-00929-6

Printed in Germany

Inhalt

Dieses Buch widme ich meinem Zen-Meister, Yamado Koun Roshi, der mich rechtes Handeln lehrt; und allen Schülern des Diamant-Sangha, die mir helfen, mein Wissen in die Praxis umzusetzen.

DANKSAGUNG

Der Großteil dieser Essays ist in ersten Fassungen bereits in *Blind Donkey* erschienen. Auch in *Mind Moon Circle* wurden sie schon veröffentlicht. *Kahawai. Journal of Women and Zen* hat »Das Gebot des Nicht-Tötens« publiziert, ebenso die Zeitschrift *Impulse*. »Das Gebot des Nicht-Stehlens« ist in *The Middle Way* und in *Ten Directions* erschienen. »Gandhi, Dogen und die wahre Ökologie« wurde in *Zero* und *Simply Living* veröffentlicht. Auch in die von der Bill Devall, George Sesshin und Gibbs M. Smith Inc. herausgegebene Anthologie wurde der Text aufgenommen.

Benjamin Lynn Olson protokollierte 1976 meine ersten Vorträge über die Zen-Gebote und legte mir nahe, aus den so entstandenen Texten ein Buch zu machen. Seine Mitschriften sollten sich später bei den Korrekturen, die ich im Laufe der Jahre an den Unterweisungen noch vornehmen mußte, als sehr hilfreich erweisen. Ich bin B. L. Olson für seinen damaligen Vorschlag und seine Unterstützung zu großem Dank verpflichtet.

Die zahlreichen Leser des Manuskripts haben mir bereits in der Phase der Textüberarbeitung wertvolle Hinweise gegeben. An erster Stelle wäre hier Wendell Berry zu nennen, deren kluge und unerbittliche Kommentare mich zu entscheidenden Änderungen veranlaßt haben. Des weiteren wäre Stephen Mitchell zu nennen, der die einzelnen Essays schon gesammelt hatte, bevor sie in *Blind Donkey* veröffentlicht wurden. Bei nochmaligem Durchlesen des Werkes habe ich auf fast jeder Seite seinen Einfluß bemerkt. P. Nelson Foster war Herausgeber der Essays in *Blind Donkey* und gab mir wertvolle Tips, wie die einzelnen Teile der Arbeit aufeinander zu beziehen und in eine logische Reihenfolge zu bringen seien.

Auch Anne Aitken, Teresa Vast, Gary Snyder, Michael Kieran, John Tarrant und anderen bin ich sehr zu Dank verpflichtet. Sie haben das Manuskript ganz oder teilweise gelesen und mir manch guten Hinweis gegeben. Auch meinen Sekretärinnen Sarah Bender, Victoria Chau, Diane Epstein und Stephanie L'Heureux habe ich zu danken.

Zum Schluß möchte ich noch die Mitarbeiter der North Point Press erwähnen, Jack Shoemaker, Tom Christiansen, Dave Bullen und die übrigen, die es verstehen, in Windeseile aus Manuskripten Bücher zu machen.

»Auf der Straße sehe ich niemanden«, sagte Alice. »Ach, wer nur solche Augen hätte! bemerkte der König wehmütig, mit denen man Niemand sehen kann! Noch dazu auf diese Entfernung!«

Lewis Carroll
Alice hinter den Spiegeln
Übersetzung: Christian Enzensberger

»Jedesmal wenn die Welle bricht,
hüpft der Rabe – ein klein wenig.«

Nissha
(nach der Übersetzung von R. H. Blyth,
Senryu: Japanese Satirical Verses)

Der Geist der Gebote

Die Gebote des Zen-Buddhismus leiten sich her von den im Sangha geltenden Regeln. Das heißt, sie wurden in jener Gemeinschaft von Mönchen und Nonnen entwickelt, die sich um Shakyamuni Buddha versammelt hatte. Mit der Weiterentwicklung des Buddhismus in der Mahāyāna-Tradition betrachtete man alle Wesen als dem Sangha zugehörig. Der Begriff Sangha bezieht sich also nicht mehr allein auf die Gemeinschaft der Mönche und Nonnen bzw. auf den Menschen. Die aus diesem Gemeinschaftsverständnis hervorgegangenen Gebote sind auch für den heutigen Buddhismus noch immer von grundlegender Bedeutung. Dieses Buch will dem westlichen Schüler des Buddhismus den Sinn dieser Gebote nahebringen und ihm dabei helfen, die Grundsätze dieser Religion im täglichen Leben zu praktizieren.

Ohne die Richtlinien der Gebote wird der Zen-Buddhismus zum Zeitvertreib, der nur der Erfüllung der eigenen

Bedürfnisse dient. Die Befreiung vom eigenen Ich, wie sie in der Zen-Gemeinschaft gelehrt wird, steht in deutlichem Gegensatz zur Ichverhaftetheit, wie sie von unserer Gesellschaft begünstigt wird. Der Schüler ist so ständig zwischen Außenwelt und Leben in der Zen-Gemeinschaft hin- und hergerissen. Er könnte deshalb dazu neigen, in der Zen-Gemeinschaft einen Ort zu sehen, der ihm Schutz vor den Schwierigkeiten bietet, mit denen er in der Welt konfrontiert ist. Meiner Ansicht nach ist eine wahre Zen-Gemeinschaft weniger ein bloßer Zufluchtsort, sondern vielmehr ein Zentrum, aus dem ethisch motivierte Menschen hervorgehen, Menschen also, die bereit sind, auch im weltlichen Gemeinschaftsleben Verpflichtungen zu übernehmen.

Die verschiedenen buddhistischen Schulen haben auch unterschiedliche Systeme von Geboten hervorgebracht. In der Harada-Yasutani-Tradition des Zen, die sich aus der *Soto*-Schule entwickelt hat, studiert und befolgt der Schüler »Die Sechzehn Bodhisattva-Gebote«. Eingeleitet werden sie durch die »Drei Gelübde der Zufluchtnahme«:

Ich nehme meine Zuflucht zum Buddha,
ich nehme meine Zuflucht zur Lehre,
ich nehme meine Zuflucht zur Gemeinschaft.

Buddha, Dharma (Lehre) und Sangha (Gemeinschaft) können wir hier auch als Realisierung, Wahrheit und Harmonie interpretieren. Diese dreifache Zufluchtnahme steht in sämtlichen buddhistischen Schulen im Mittelpunkt der Initiationsrituale.

Die »Drei Gebote der Reinheit« stammen aus einem im *Dhammapada* enthaltenen Gatha (Lehrgedicht); sie sind aber auch in anderen frühbuddhistischen Büchern enthalten. Diese Gebote erläutern, wie die drei Gelübde der Zufluchtnahme im täglichen Leben umzusetzen sind:

Unterlasse Böses;
praktiziere nur das Gute;
halte deine Seele rein –
so wie es die Buddhas gelehrt haben.[1]

Im Mahāyāna-Buddhismus haben diese Gebote eine Veränderung erfahren: An die Stelle des Ziels der persönlichen Vervollkommnung tritt nun das Ideal des Einsseins mit allen Wesen. Die letzte Zeile entfiel und die vorletzte wurde geändert:

Unterlasse Böses;
praktiziere nur das Gute;
rette die Vielzahl der Wesen.

In den »Zehn Hauptgeboten der sittlichen Zucht« werden diese einfachen moralischen Appelle näher ausgeführt. Sie umfassen die Gebote des »Nicht-Tötens, des Nicht-Stehlens, des Nicht-Mißbrauchs der Sexualität« usw., die in den folgenden zehn Kapiteln dieses Buches behandelt werden.

Der Zen-Schüler erkennt die Verbindlichkeit dieser insgesamt sechzehn Bodhisattva-Gebote in einer als *Jukai* (»Annahme der Gebote«) bezeichneten Zeremonie an und unterstellt sich damit der Führung des Buddha. Die Gebote werden im persönlichen Gespräch mit dem *Roshi*, dem Meister, studiert. Im *Teisho* (dem Dharma-Gespräch zwischen Schüler und Meister) hingegen werden sie nicht thematisiert, auch die Zen-Kommentare gehen auf die Gebote nur am Rande ein.

Nach meiner Auffassung ist der Grund für diese esoterische Geheimhaltung in der Furcht vor Mißverständnissen zu suchen. Bodhidharma spricht in seinem Kommentar zum ersten Hauptgebot davon, daß der Selbst-Natur der Gedanke des Tötens fremd sei. Mit dieser Feststellung wollte er ausdrücken, daß alle Wesen gerettet werden. Wenn Dōgen Kigen Zenji in seinen Schriften immer wieder die Forderung aufstellt, daß wir unser Selbst vergessen sollen, so heißt dies nur, daß wir unsere Offenheit gegenüber dem Geist des Universums bewahren sollen. Aber wie dem auch sei, die Meister befürchten jedenfalls, man könne ihre Formulierungen »Kein Gedanke des Tötens« und »Vergessen des Selbst« mißverstehen und meinen, man sei berechtigt, alles zu tun, solange man es in Selbstvergessenheit ausführt, d. h. seine Taten nicht dem eigenen Selbst zurechnet.

Ich will nicht bestreiten, daß Bodhidharmas und Dogen Zenjis Feststellungen – wörtlich genommen – mißverständlich sind. Und genau deshalb obliegt es dem Zen-Meister, nur eine angemessene Interpretation dieser Aussagen weiterzugeben. Takuan Sōhō Zenji wird, wie mir scheint, dieser Verpflichtung nicht gerecht, wenn er in seiner an einen Samurai gerichteten Anleitung schreibt:

Das erhobene Schwert hat keinen eigenen Willen, es ist völlige Leere. Es gleicht dem zuckenden Blitz. Der Mann, der im nächsten Augenblick getroffen wird, ist ebenfalls völlige Leere und gleichermaßen derjenige, der das Schwert schwingt ...
Verschwende keinen Gedanken an das erhobene Schwert. Vergiß, was du tust, und schlage den Feind. Richte nicht deinen Geist auf den Mann, der vor dir steht. Dies alles ist leer. Aber hüte dich davor, daß dein Geist sich von der Leere fangen läßt.[2]

Der Teufel zitiert mit Vorliebe die Heilige Schrift, und *Māra*, die Inkarnation der Unwissenheit, beruft sich auf das *Abhidharma*. Der Irrtum des Samurai ist dem falsch verstandenen Ehrenkodex der Kreuzfahrer vergleichbar. In beiden Fällen wird eine umfassend gültige Feststellung in ein Argument verkehrt, das es gestattet, das Kriegshandwerk parteiischen Zwecken dienstbar zu machen. Die Nächstenliebe der katholischen Kirche wurde denen vorenthalten, die als Heiden galten. Das von Takuan Zenji abgelegte Gelübde, alle Wesen zu erretten, schloß jenen nicht ein, den er als seinen Feind betrachtete.[3]

Diese Einstellung ist eine völlig andere als jene, die in dem berühmten Koan zum Ausdruck gelangt, in welchem davon die Rede ist, daß Nan-Ch'uan eine Katze tötet:

Der Priester Nan-Ch'uan begegnete eines Tages Mönchen aus den östlichen und den westlichen Hallen, die sich wegen einer Katze zerstritten hatten. Er hob die Katze auf und rief: »Hört her! Wenn einer von euch etwas zu sagen hat, verschone ich sie. Seid ihr jedoch unfähig, etwas zu sagen, dann schneide ich ihr den Kopf ab.« Keiner der Mönche wußte etwas zu sagen, und so schnitt Nansen die Katze in zwei Teile.[4]

Wie alle Koan ist auch dieses eine Art Volkssage, eine Geschichte, die das Wahre-Wesen in der Gestalt eines Gleichnisses zeigt. Wer den Gewaltaspekt dieses Koan ablehnt, wird seinen Kindern wohl auch keine Märchen vorlesen. Auch Märchen enthalten eine innere Wahrheit, die sich Kindern intuitiv erschließt. Und so könnte man sagen, daß ein Koan einem Fenster vergleichbar ist, durch welches ein Blitzstrahl des spirituellen Wissens zu uns hereinfällt. Aus Märchen lernen Kinder keineswegs, wie man die Knochen von Engländern zu Mehl mahlt, um daraus Brot zu backen. Und ebensowenig ist es der Sinn eines Koan, uns dazu anzuleiten, bei jeder sich bietenden Gelegenheit die vierbeinigen Lieblinge anderer Leute umzubringen.

Spirituelles Wissen vermehrt unsere Kräfte außerordentlich, und so ist es durchaus möglich, bestimmte Lehren und einzelne Elemente der Zen-Praxis ihrer eigentlichen Bestimmung zu entziehen und zur Erreichung ausgesprochen weltlicher Zwecke einzusetzen. Man kann diese Kräfte in einem positiven Sinne nutzen, etwa um die eigenen sportlichen Leistungen erheblich zu steigern, ebenso lassen sie sich aber auch unmoralischen und verbrecherischen Zwecken dienstbar machen. Die für den Buddha-Dharma charakteristische Vereinigung von Weisheit und Mitgefühl läßt sich nur als ein in sich abgerundetes Ganzes vermitteln. Denn die mißbräuchliche Anwendung einzelner Elemente dieser Lehre kann äußerst schwerwiegende Folgen haben.

»Buddha-Dharma« bedeutet in unserem Zusammenhang soviel wie »buddhistische Lehre«. Der Inhalt des Wortes »Dharma« ist jedoch durch die Übersetzung »Lehre« bei weitem noch nicht erschöpft. Der Begriff umfaßt ein ganzes System von unterschiedlichen Bedeutungen. Das Mißverstehen der Gebote ist eng verknüpft mit einem falschen Verständnis des Dharma, und umgekehrt führt uns ein klares Verständnis des Dharma auch auf den Weg der rechten Praxis.

Zunächst einmal müssen wir uns klarmachen, daß Dharma unsere gesamte spirituelle Existenz bezeichnet, nicht nur unseren Verstand oder unseren Intellekt. Dieses Selbst ist von unergründlicher Tiefe, rein und unvermischt, völlig leer, zugleich jedoch von unzählig vielen Möglichkeiten erfüllt. Es ist das Unbekannte schlechthin, das Unbestimmbare, das aus sich alle Wesen hervorbringt und das sich im Entstehen der Wesen selbst manifestiert.

Zweitens sind die so entstandenen Wesen ebenfalls der Dharma. Die Menschen sind Wesen wie die Tiere und Pflanzen, und dies gilt auch für Steine und Wolken und für die Gebilde, die uns im Traum erscheinen. Der Dharma ist Erscheinung und zugleich auch die gesamte Welt der Erscheinungen.

Drittens ist der Dharma sowohl die wechselseitige Bezogenheit der Phänomene aufeinander als auch das Gesetz dieser Beziehung. Deshalb haben alle Sprachen des buddhistischen Süd- und Südostasien – etwa das Sanskrit, das Chinesische und das Japanische – den Begriff »Dharma« stets mit dem jeweils gebräuchlichen Wort für »Gesetz« benannt. Der »Dharma« ist also das Gesetz des Universums, das man auf die einfache Formel bringen kann: »Eins ist vom anderen abhängig.« Aus einer Ursache ergibt sich eine Wirkung, die ihrerseits wiederum zur Ursache einer weiteren Wirkung wird. Dieser Prozeß setzt sich bis ins Unendliche fort und bildet so ein dynamisches Gewebe von unendlichen Dimensionen. Die Wirkung dieses Gesetzes bezeichnet man als »Karma«.

Die meisten Menschen haben das Gefühl, die karmische Interpretation des Dharma beinhalte ein mechanistisches Moment. »Ursache und Wirkung« sind zwar dynamische Größen, sie können allerdings auch ein gewisses Moment blinder Notwendigkeit enthalten. Hier ist es nun entscheidend zu wissen, daß Karma zugleich auch »Affinität« bedeutet.

Wenn sich in Japan ein Mann und eine Frau begegnen und sich ineinander verlieben, so sagen sie zueinander: »Wir müssen uns schon in früheren Leben gekannt haben.« Westliche Liebespaare werden sich das vermutlich nicht auf diese Art sagen, sie dürften indes eine vergleichbare Affinität oder geistige Verwandtschaft füreinander empfinden. Was wir im Westen als ein rein zufälliges Ereignis betrachten, führen die Menschen Asiens auf eine Art von »Wahlverwandtschaft« zurück. Man kann daher im Osten immer wieder hören, wie die Menschen in bestimmten Situationen auf das »geheimnisvolle Karma« anspielen.

Diese Wahlverwandtschaft und der Zufall sind nur äußere Manifestationen der organischen Beschaffenheit des Universums. In diesem Organismus ereignet sich nichts nur zufällig oder aufgrund einer für uns überschaubaren Anzahl von Ursachen. Alles ist aufs engste mit allen anderen Dingen des Universums verknüpft, und Ereignisse treten deshalb ein, weil unter bestimmten Umständen das Ganze in die entsprechende Richtung tendiert. Das Gesetz des Karma drückt also lediglich aus, daß sich das gesamte Universum in einem Zustand des Gleichgewichts befindet, wie dies schon Marco Pallis betont hat.[5]

Heutige Physiker und Biologen haben auf die enge Verknüpftheit und die wechselseitige Bezogenheit aller Teile eines Organismus hingewiesen. Dieser Umstand war aber bereits den frühen Buddhisten bekannt, welche die Mahāyāna-Schriften verfaßt haben. Ich denke hier besonders an die *Prajna-Paramita* (Vollkommene Weisheit) und an die *Huayen-* (Die Blumenkranz-)Sutras. Diese umfassenden Sammelwerke religiösen Schrifttums enthalten Hinweise, die für ein Verständnis des Dharma grundlegend sind; sie können uns somit helfen, auch die Gebote in ihrem tieferen Zusammenhang zu begreifen.

Das *Herzsutra* faßt den Inhalt der *Prajna-Paramita* auf nur wenigen Seiten zusammen. Dieses Sutra beginnt mit folgenden Versen:

Der tiefes Prajnaparamita praktizierende Avalokiteshvara sah klar, daß alle fünf Skandas leer sind und jegliches Leid und jeglichen Schmerz verwandeln.[6]

Avalokiteshvara ist der Bodhisattva des Mitgefühls, dessen Name bereits darauf verweist, daß die Wahrheit den Menschen nicht nur befreit, sondern in ihm gleichermaßen ein Gefühl des Mitempfindens für die andern Wesen erweckt. Im Fernen Osten sind zwei Interpretationen dieses Namens verbreitet: Erstens versteht man unter dem Namen Avalokiteshvara »Den, der ruhend des Wahren-Wesens inne wird« und zweitens »Den, der die Melodie der Welt vernimmt«. Im Japanischen werden diese beiden Bedeutungen mit den Namen *Kanjizai* und *Kanzeon* ausgedrückt.

Kanjizai, der ruhend des Wahren-Wesens inne wird, sieht klar, daß die Skandas, die Phänomene und unsere Wahrnehmung der Erscheinungswelt allesamt leer sind. Dies ist die befreiende und verwandelnde Wahrheit. Kanzeon, der vor diesem Hintergrund einer leeren Unendlichkeit die Melodie der Welt vernimmt, ist völlig frei von Ichverhaftetheit und daher für das Leid anderer Lebewesen aufs höchste sensibilisiert. Kanjizai und Kanzeon sind also ein und derselbe Bodhisattva des Mitgefühls.

»Bodhisattva« ist ein zusammengesetztes Sanskrit-Wort, das »Erleuchtungs-Wesen« bedeutet. Das Wort umfaßt drei Bedeutungsnuancen. Es bezeichnet ein Wesen, das erleuchtet ist, aber auch ein Wesen, das auf dem Pfad der Erleuchtung wandelt, und schließlich jemanden, der selbst die Wesen zur Erleuchtung führt. Diese drei Bedeutungsebenen des archetypischen Begriffs repräsentieren gleichsam die gesamte Metaphysik des Mahāyāna. Avalokiteshvara ist zwar seit Anbeginn der Buddha, zugleich aber befindet er sich auch auf dem Weg, die Buddhaschaft zu erlangen. Im übrigen ist dieser Pfad der Selbstrealisierung von dem Tao (dem Weg) der Errettung anderer Wesen nicht geschieden. Für uns kann dies nur bedeuten, daß wir durch die Errettung anderer uns selbst erlösen und daß unsere eigene Errettung darin besteht zu erkennen, was bereits von Anbeginn wahr gewesen ist. Als Nachfolger Shakyamuni Buddhas verkörpern wir in uns diese drei Bedeutungsebenen. Senzakai Nyogen Sensei pflegte deshalb seine Gespräche mit der Anrede »Bodhisattvas« einzuleiten, etwa so wie heutzutage ein Redner »Meine Damen und Herren« sagen würde.

Der Kern buddhistischer Praxis besteht darin, daß wir lernen, die Rolle des Bodhisattva zu akzeptieren. Avalokiteshvara ist keine Heiligenstatue, die wir verehren. Während der Leser sich mit der Lektüre dieses Buches befaßt, sitzt Avalokiteshvara an seiner Seite. Sobald wir im Geist der Bescheidenheit den Verpflichtungen des Mitgefühls und der Hilfsbereitschaft nachkommen, beschreiten wir bereits den Pfad des Buddha. Wenn alle Mitglieder einer zenbuddhistischen Gemeinschaft sich wie Bodhisattvas verhalten, entwickeln sie eine enorme gesellschaftsverändernde Kraft. Und einen solchen Sangha hatte der Buddha im Sinn.

Das Hua-yen-Sutra verfeinert unser Verständnis der uns eigenen Bhodisattva-Rolle: Es breitet vor uns die Lehre von der wechselseitigen Durchdringung aller Lebensvorgänge aus, derzufolge sich in mir wie auch in allen anderen Wesen alle anderen Wesen widerspiegeln, seien es nun Menschen, Tiere, Pflanzen usw., und daß ich selbst und auch alle anderen Wesen in der Tat alle anderen Wesen *sind*. Das Sinnbild dieser Interdependenz ist das »Netz des Indra«. Es dient als Modell eines Universums, in dem jeder Knotenpunkt ein Edelstein ist, der in höchster Vollkommenheit alle anderen Edelsteine widerspiegelt. Dieses Modell verinnerlichen wir auf dem Weg des Zen und machen es uns ganz zu eigen. Dabei befassen wir uns anfangs mit der Erfahrung, die dem Buddha zuteil wurde, als er den Morgenstern erblickte und laut ausrief: »Ich selbst und alle anderen Wesen haben in diesem Augenblick den Weg erreicht.«[7]

Als Zen-Adepten befinden wir uns völlig wohl, wenn Kanjizai auf unserem Kissen sitzt – und ebenso wenn Kanzeon durch die Flimmerhärchen unserer Ohren lauscht. In diesem Zustand sind wir für das Lied der Drossel genauso offen wie für die Schimpftiraden einer Dirne. Um diese wechselseitige Durchdringung der Dinge wußte William Blake sehr genau. Deshalb schrieb er:

Die feilen Straßen gehe ich,
wo fließt der feile Themsefluß,
in jedem Antlitz sehe ich
Spuren von Gram und von Verdruß.

In jedem Schrei von jedermann,
in Kindesjammern, Stimmenwirrn,
in jedem Fluch ich hören kann
vom Geist geschmiedet Fesseln klirrn.

Wie des Schornsteinfegers Ruf
rußige Kirchen läßt erschauern,
des Soldaten Murrn wie Blut
rinnt von der Paläste Mauern.

Doch zumeist in Mittnachtsgassen
hör ich junger Huren Fluch,
die des Säuglings Träne hassen,
Pest streun auf der Ehe Leichentuch.[8]

Jeder von uns hängt mit allem zusammen, nicht nur wir Menschen, sondern auch die Tiere, die Steine, die Wolken und die Bäume. Und Blake beschreibt voll Leidenschaft, was für ein Chaos wir aus diesem kostbaren Beziehungsnetz gemacht haben. Wir suchen ständig nach rationalen Erklärungen, bis wir am Ende gegenüber Mensch, Tier und Pflanze abgestumpft sind. Wir selbst legen unseren Geist in Ketten und setzen uns allenthalben Grenzen durch unser Festhalten an begrifflichen Fixierungen wie *ich* und *du*, *wir* und *es*, *Geburt* und *Tod*, *Leben* und *Zeit*. Genau diese

Einstellung verursacht Leid und Not. Gelingt es uns indes zu begreifen, daß die Erscheinungen allesamt substanzlos, vergänglich und ganz und gar leer sind, dann erklingt unversehens das Lied der Drossel in unserem Herzen und das Leid der Prostituierten erfüllt uns mit Schmerz.

Sobald wir der Leere gewahr werden, spüren wir, wie Friede uns erfüllt. Und die geheime Macht des Friedens manifestiert sich, wenn alle Menschen, Tiere, Pflanzen und Dinge ein harmonisches Ganzes bilden. Diesen Zustand umschreiben die Gebote. Sie zeigen uns, in welchem Sinne das Nicht-Töten und das Nicht-Stehlen die Voraussetzung des Mitgefühls und der Wohltätigkeit sind.

Dies ist der »Mittlere Weg« des Mahāyāna-Buddhismus, der Weg des Unselbst-Bewußtseins, der uns vor jeglichem Perfektionismus bewahrt. Dies ist der Weg der Selbstlosigkeit, die uns vor jeglichem Hedonismus schützt. Der Perfektionismus legt sich selbst Fesseln an, indem er an den Buchstaben der Begriffe klebt. Wir hatten einmal in Koko An einen Mönch aus Südostasien zu Besuch. Er wies unentwegt darauf hin, die von ihm gelehrte Praxis bestehe darin, im Geiste unaufhörlich die von ihm vorgetragenen Vorschriften zu wiederholen, von denen es aberhunderte gab. Um nur einmal in die Vereinigten Staaten zu reisen, hatte er eigens einen Dispens einholen müssen, da es ihm andernfalls untersagt gewesen wäre, Geld zu benutzen oder mit Frauen zu sprechen. Dies kann man gewiß als einen Fall von Perfektionismus bezeichnen.

Der Hedonismus andererseits ist eine Form der Ich-Besessenheit, die weder äußerlich noch innerlich Kritik verträgt. Denn solche Kritik könnte ja der einschränkungslosen Wunscherfüllung im Wege stehen. Ein Weltbild, das sich ausschließlich danach richtet, wie man selbst am besten durchs Leben kommt, ist allerdings ein Extremfall des Hedonismus. Das Leben vieler Menschen ist durch diese Einstellung geprägt, und ganz frei von dieser Haltung ist kaum einer von uns. Man braucht nur daran zu denken, wie häufig man selbst andere Menschen manipuliert hat. Wo war in solchen Situationen unser Mitgefühl?

Eine echte Auseinandersetzung mit den Geboten zeigt, daß der Begriff des Mitgefühls offensichtlich zwei unterschiedliche Haltungen umschreibt: Wohlwollen und Achtung. Wenn es uns gelingt, unser Wohlwollen von dem gönnerhaften Beigeschmack freizuhalten, der diesem Begriff bisweilen innewohnt, so bezeichnet das Wort nichts weiter als unsere Liebe für jene, die ihrer bedürfen. Zieht man von dem Begriff der Achtung nun den Beigeschmack der Passivität und der Unterwürfigkeit ab, so bezeichnet dies Wort lediglich unsere Liebe für jene, die auch uns ihre Liebe erweisen.

Das Modell des Wohlwollens ist die Liebe, die Eltern ihren Kindern entgegenbringen, und das Modell der Achtung ist die Liebe, die Kinder ihren Eltern bezeugen. Aber natürlich kann auch ein Kind Wohlwollen gegenüber seinen Eltern empfinden, wie auch Eltern ihren Kindern Achtung entgegenbringen können. Zwischen Eheleuten oder zwischen zwei Freunden sind diese beiden Aspekte des Mitgefühls in ständigem Wechsel wirksam. Entweder kommen beide gleichzeitig zur Geltung, oder einer der beiden Aspekte überwiegt zu gewissen Zeiten.

Erst wenn wir den Begriff des Mitgefühls in dieser umfassenden Weise verstehen, begreifen wir auch das Wesen der Liebe. Sie ist ein Ausdruck unseres tiefsten Bewußtseins und weiß sich der angemessenen Mittel zu bedienen. Wumen hat das mitfühlende Handeln eines großen Meisters so beschrieben: »Es ist ebenso das lebenspendende wie das todbringende Schwert.«[9] Es kann Liebe sein, jemandem zu raten: »Unterlaß dies«, aber genausogut kann es ein Ausdruck von Liebe sein, wenn wir einem andern empfehlen: »Handele, wie du es für richtig hältst.« In beiden Fällen kann es sich um Liebe handeln, wenngleich der erste Rat das fragliche Bestreben unseres Gesprächspartners »töten« und die zweite Empfehlung seine Absichten mit »neuem Leben erfüllen« kann. Zu einem unserer Freunde sagen wir vielleicht: »Das ist in Ordnung« und zu einem anderen: »Laß es lieber«, obwohl es sich beide Male um eine vergleichbare Sache handelt. Vielleicht hilft uns unsere Weisheit, beide Fälle voneinander zu trennen, so daß wir wissen, wann eine positive und wann eine negative Entgegnung angebracht ist.

Die Substanz der buddhistischen Ethik kann leicht verlorengehen, sofern wir sie nicht in diesem Von-Fall-zu-Fall-Sinn stets aufs neue erproben. In diesem Zusammenhang muß ich an einen derzeit sehr populären indischen Meister denken. Ich kenne ihn allerdings nicht persönlich, sondern nur die zahlreichen Bücher, die er geschrieben hat. Seine Schriften enthalten zweifellos tiefe Einsichten, und dennoch stimmt mit diesen Büchern etwas nicht, da der Verfasser immer wieder antisemitische und frauenfeindliche Seitenhiebe austeilt. Auch habe ich den Eindruck, daß besagter Meister die Aufmerksamkeit seiner Schüler nicht hinreichend auf das Verhältnis von Ursache und Wirkung im täglichen Leben lenkt. Aber wie kam es dazu? Ich vermute, daß er ohne eine entsprechend ausgiebige Vorbereitung zu lehren begonnen hat. Zwar ist ihm offenbar eine authentische religiöse Erfahrung zuteil geworden, aber er hat es versäumt, sich der unerläßlichen Schritt-für-Schritt-Schulung zu unterziehen, die der Schüler im Zen-Buddhismus *nach* der Erleuchtung zu durchlaufen hat, bevor er berechtigt ist, als Lehrer aufzutreten. Bevor Chao-chou zu lehren begann, hatte er sich sechzig Jahre lang einer systematischen Schulung unterzogen – ein in der Tat ernüchterndes Beispiel. Zwar steht am Ausgangspunkt des religiösen Weges tatsächlich eine entsprechende existentielle Erfahrung, aber danach müssen wir uns unermüdlich schulen, um zu wirklicher Reife zu gelangen.

Ein Schüler erwähnte einmal mir gegenüber die lateinische Spruchweisheit *In corruptio optima pessima* – »Im Zustand der Verderbtheit erweist das Beste sich als das Schlechteste«. Ein Lehrer der religiösen Praxis kommt um so eher in Versuchung, seine Schüler zu mißbrauchen, je größer sein Charisma und sein Ausdrucksvermögen sind. Im Verlauf ihrer Schulung werden die Schüler immer offener und vertrauensvoller. Verliert nun ein solcher Lehrer seinen moralischen Halt, so ist das eine Katastrophe, die das Leben im Sangha unter allen nur denkbaren Gesichtspunkten zutiefst zerrütten kann.

Dabei werden nicht nur die üblichen Moralvorstellungen verletzt, sondern gleichermaßen jene Sicht der Welt, die einer authentischen religiösen Erfahrung entspringt. Wir alle verkörpern gleichsam eine der Möglichkeiten des Wahren-Wesens – jeder von uns für sich allein und völlig unabhängig wie ein Stern, in dem sich alles spiegelt und der seinerseits von allem reflektiert wird. Unser aller Leben ist die graduelle Entfaltung des Bewußtseins völliger Einzigartigkeit und innigster Gemeinschaft mit allen Lebensvorgängen. Unser Selbst ist zwar auf der einen Seite völlig autonom, doch existiert es nur im Zusammenklang mit allen übrigen »Selbst«.

Yun-men hat einmal gesagt: »Heilmittel und Krankheit sind miteinander eng verknüpft. Das gesamte Universum ist ein Heilmittel – aber was ist das Selbst?«[10] Meines Wissens gibt es kein Koan, das so deutlich auf das Netz des Indra verweist. Worauf Yun-men abzielt, ist der Prozeß der universellen Realisierung (Verwirklichung/Erkenntnis), in dem das Zusammenspiel von Selbst/Anders sich als ein allumfassendes Heilungsgeschehen erweist. Um dies in voller Klarheit zu erkennen, muß man zuerst Yun-mens Frage »Was ist das Selbst?« verstanden haben.

Ist es vielleicht mit der Antwort getan: Es gibt kein Selbst? Wie kann jemand dies ernsthaft behaupten! Wie will man unter diesen Umständen unsere persönlichen Eigenarten, unser eigenes, unverwechselbares Gesicht erklären? Die sechzehn Bodhisattva-Gebote kreisen beständig um Yun-mens Frage und rücken sie stets aufs neue in den Blickpunkt – das Universum und die Erscheinungen, die es hervorbringt. Ein Kaffeehausphilosoph glaubt vielleicht von diesem unaufhebbaren Zusammenhang abstrahieren zu können, aber so einfach hat Yun-men es sich – und uns – gewiß nicht machen wollen!

Angesichts solcher Fragen können wir unseren kulturellen Hintergrund natürlich nicht verleugnen. Als Buddhisten abendländischer Herkunft betrachten wir die Dinge unvermeidlich aus der Perspektive der jüdisch-christlichen Tradition – auch wenn wir dies selbst vielleicht nicht wahrnehmen. Unser Verständnis der Gebote wird sich unweigerlich von der Auffassung anderer Völker unterscheiden. So haben die Japaner die Gebote anders interpretiert als die Menschen in China, von wo der Zen-Buddhismus nach Japan gekommen ist, und die Chinesen ihrerseits haben ein Verständnis der Gebote entwickelt, das sich wiederum von Bodhidharmas Auffassung unterschieden hat, der den Buddhismus nach China gebracht hat. Wo wir sagen würden, jemand sei ein Alkoholiker, sagen beispielsweise die Japaner: »Er hat eine große Vorliebe für Sake.« Die Sucht ist die gleiche ebenso wie das Leid, und das Leben des betreffenden Menschen wird in ähnlicher Weise verkürzt. Gleichwohl wird ein Japaner das Verbot des Drogenmißbrauchs in manchen Punkten vermutlich anders auffassen als etwa ein Amerikaner.

In diesem Zusammenhang ist es auch von Bedeutung, den Wandel traditioneller Vorstellungen zu berücksichtigen, der sich in den letzten zwanzig Jahren vollzogen hat. Gerade der westliche Zen-Schüler hat für derartige Entwicklungen ein besonders feines Gespür. Die religiösen Grundsätze des Christen- und des Judentums mögen so manchem heutzutage nicht mehr tragfähig erscheinen. Und die Ideale des neunzehnten Jahrhunderts, die in Amerika die Menschen den Unabhängigkeitstag wie einen religiösen Festtag begehen und sich gläubig-jubelnd um das Sternenbanner versammeln ließen, sind heute schon fast in Vergessenheit geraten.

Für mich jedenfalls ist der Präsident der Vereinigten Staaten kein Gegenstand gläubiger Verehrung mehr, und wenn ich mich mit meinen Freunden unterhalte, so stellt sich meistens rasch heraus, daß sie die Sache nicht anders sehen. Die große Führerpersönlichkeit ist nur mehr eine Hülle, die Gesetze der freien Wirtschaft vermögen uns ebenfalls nicht zu überzeugen, und der Nationalstaat macht sich beständig über seine eigenen Wertvorstellungen lustig.

Dieser Verlust überkommener Vorstellungen und Leitbilder gibt uns heute eine bislang beispiellose Freiheit, uns auf die grundlegenden Tugenden zu besinnen. Er eröffnet uns die Chance, das uralte Wissen um die Notwendigkeit des Bewahrens, der Einhaltung des richtigen Maßes und des menschlichen Anstands auf eine neue Weise in unser Leben einzubringen und nach dem Ursprung von Ruhe und Frieden Ausschau zu halten, der keinen Osten und keinen Westen kennt. Es übersteigt indes unsere Möglichkeiten, diesen Ursprung mit Worten bezeichnen zu wollen – der Zen-Meister Seung-Sahn umschreibt diesen Urquell der Ruhe und des Friedens als »Weiß-nicht-Geist«. Um jenen »Ort« zu benennen, verwendet er zwar ebenso wie ich selbst oder alle anderen, die über Buddhismus sprechen, buddhistische Worte und beruft sich auf Persönlichkeiten der buddhistischen Tradition, aber solche Umschreibungen brechen beständig wieder in sich zusammen und lösen sich auf. Unsere Inspiration verdanken wir dem Diamant-Sutra und den andern Sutras der Prajnaparamita-Tradition. Diese Sutras mahnen uns, nicht sklavisch bestimmten Vorstellungen anzuhängen, und dies gilt auch im Hinblick auf unsere Vorstellungen von der Buddhaschaft selbst.[11]

An anderer Stelle hat Wu-tsu einmal gesagt: »Shakyamuni und Maitreya dienen einander. Meine Frage ist nun: ›Wer ist der andere?‹«[12] Wenn wir uns ernsthaft mit der Beantwortung dieser Frage befassen, so werden wir vermutlich schon bald wünschen, der Buddha und Seinesgleichen würden uns mit einem kleinen Hinweis auf die Sprünge helfen. Vielleicht inspirieren sie aber auch unsere Träume, und ihre Worte geben unseren tiefsten Sehnsüchten Ausdruck. Sofern sie jedoch wahrhaft treue Diener sind, werden sie sich in nichts auflösen, sobald sie für unsere geistige Entwicklung ein Hindernis darstellen.

Um unser Leben mit Sinn zu erfüllen, sind wir auf Archetypen angewiesen, was schon unsere Träume belegen. In unserer Laien-Gemeinschaft können wir zwar auf das Vorbild eines Priesters verzichten, aber wir folgen dennoch dem Beispiel einer Reihe bedeutender Laienpersönlichkeiten – angefangen von Vimalakirti bis hin zu Yamada Roshi, die beide bestrebt waren beziehungsweise sind, zur gleichen Zeit den Dharma zu bezeugen und den Unterhalt ihrer Familie zu gewährleisten.

Die sechzehn Bodhisattva-Gebote sind gleichfalls Archetypen oder Hilfsmittel, die wir uns in unserem Bemühen um eine bessere Welt zunutze machen können. Sie sind keine in Stein gemeißelten Befehle, sondern inspirierte Kundgaben, eingeschrieben in etwas, das flüssiger ist als Wasser. Relatives und Absolutes sind in ihnen zu einer untrennbaren Einheit verschmolzen. Die von Bodhidharma und Dōgen Zenji überlieferten Kommentierungen der Gebote lassen sich wie Koan studieren, aber auch unser Alltagsleben ist nichts anderes als ein großes, facettenreiches Koan, mit dessen »Aufschlüsselung« wir unentwegt beschäftigt sind, ohne es je ganz lösen zu können.[13]

Das Erste Hauptgebot: NICHT-TÖTEN

Die zehn Hauptgebote sind zwar negativ formuliert, anders als die Zehn Gebote der jüdisch-christlichen Tradition werden sie jedoch in der buddhistischen Tradition weder positiv als Befehle noch negativ als Verbote aufgefaßt, vielmehr gelten sie als Ausdruck einer mitfühlenden Weisheit, welche die Gegensatzpaare »positiv und negativ«, »richtig oder falsch« nur mit äußerster Zurückhaltung und Einfühlung verwendet. Das erste Hauptgebot bedeutet also nicht einfach: »Du sollst nicht töten«, sondern es drückt zugleich auch die Empfindung aus: »Laßt uns das Leben nach Kräften fördern.« Überdies offenbart es die geistige Wahrheit: »Es gibt keinen Gedanken des Tötens.«

Um dem Schüler den Sinn der Gebote zu verdeutlichen, stützt sich der Zen-Meister auf drei verschiedene Methoden – die wörtliche Vermittlung, die Vermittlung durch Akte des Mitgefühls und schließlich auf die Vermittlung einer Art Wesensschau. Im »technischen« Sprachgebrauch heißt dies, er konfrontiert den Schüler unter den Gesichtspunkten des Hīnayāna-, des Mahāyāna- und des Buddha-Wesens mit dem betreffenden Gebot. Die Verwendung der Termini »Hīnayāna« und »Mahāyāna« soll in diesem Zusammenhang keinerlei geographische oder konfessionelle Assoziationen wecken. Die Termini beziehen sich hier primär auf menschliche Haltungen und nicht so sehr auf die Konfessionszugehörigkeit der Menschen in Sri Lanka oder in Japan.

Mit der Charakterisierung »Hīnayāna-Auffassung-des-Nicht-Tötens« ist in unserem Zusammenhang nichts weiter gemeint als eine bestimmte Haltung. Die mit dieser Charakterisierung bezeichnete extreme Buchstabengläubigkeit ist alles andere als spezifisch buddhistisch, sie entspricht vielmehr in erster Linie der Vorstellungswelt des Jainismus. Die jainistischen Mönche filtern ihr gesamtes Trinkwasser, da sie sogar den Verzehr von Mikroorganismen für sündhaft halten. Ich weiß zu wenig über die »theologischen« Vorstellungen des Jainismus, um zu entscheiden, inwieweit Ahimsa (das Nicht-Verletzen von Lebewesen) von den Anhängern dieser Religion in dieser Radikalität auch tatsächlich durchgehalten wird. Um sich überhaupt zu ernähren, müssen sie strikt zwischen tierischem und pflanzlichem Leben unterscheiden.

Meiner Ansicht nach begehen auch reine Vegetarier den gleichen Fehler, denn es ist nicht möglich, das Gesetz der Natur zu umgehen, befindet sich doch jeder Mensch und jedes Ding der Welt in einer Art Lebensgemeinschaft mit jedem anderen Menschen oder Ding.

Jedem großen Floh sitzt ein kleiner Floh im Nacken, der ihn beißt. Und jeder kleine Floh hat einen Kleinstfloh im Nacken, der ihn quält und so fort ad infinitum.[1]

Der Wirtschaftsboß vertritt vielleicht die Ansicht: »Fressen oder gefressen werden.« Der Bodhisattva, der den Standpunkt des Mahāyāna einnimmt, widerspricht dieser Feststellung nicht, er weigert sich lediglich, die Haltung zu akzeptieren, die solchen »Sprüchen« zugrunde liegt. Er schreitet unbeirrbar auf dem Pfad des Mitgefühls voran und nährt alle Wesen und läßt sich von ihnen nähren.

Wie ethische Fragen sich aus der Perspektive des Buddha-Wesens ausnehmen, erfahren wir im *Herz-Sutra*. Dort heißt es: »Weder existieren Alter und Tod, noch enden Alter und Tod bis in alle Ewigkeit.«[2] Diese Feststellung ist von zentraler Bedeutung. In der Welt des Nirvana, der wahren Welt der leeren Unendlichkeit, gibt es – und dies ist der zentrale Punkt – nichts, was man als »Tod« bezeichnen könnte. So gesehen hat Takuan Zenji natürlich recht mit seiner Behauptung, daß es weder Töten gibt noch Getötet-Werden. Der

Friede der unendlichen Leere erfüllt das gesamte Universum.

Im Kapitel »Der Geist der Gebote« habe ich bereits darauf hingewiesen, wie gefährlich es ist, diesen Standpunkt des Absoluten zu radikalisieren. Falls es tatsächlich kein Schwert, kein Herabsausen des Schwertes und keinen abgeschlagenen Kopf gibt, wie ist dann all das verschüttete Blut zu erklären? Und wie die Klagen der Witwen und Waisen? Unsere konkreten menschlichen Belange finden in dieser vom Absoluten ausgehenden Betrachtungsweise keinerlei Berücksichtigung. Religiöse Grundsätze, die des Buddhismus eingeschlossen, haben den Zweck, praktisch angewandt zu werden. Sie sollten deshalb kein Eigenleben entwickeln, denn andernfalls dienen sie nicht uns, sondern wir ihnen. Das Wort »Nirvana«, anders ausgedrückt, die Leere und Klarheit des »Nichts«, bezeichnet jenen vollkommenen Frieden, der uns im Zustand tiefster Erleuchtung zuteil wird. Aber auch in diesem Zustand sind wir gleichwohl Teil des Samsara, das heißt der Welt des Relativen, des Entstehens und des Vergehens. Indes ist jeglicher Unterschied zwischen den Oberflächenerscheinungen und den tiefsten Tiefen dieses Ozeans für uns gegenstandslos geworden. Selbst in herausgehobenen Bewußtseinszuständen ist das Töten stets unauflöslich mit der Vorstellung des Leides verbunden. Wie Hakuin Zenji in seinem *Preislied des Zen* betont, ist das durch die Zen-Praxis erkannte Nirvana hier – »direkt vor unseren Augen«.[3] Es ist demnach nichts von der Welt Unterschiedenes. Blätter sind grün – und Blumen sind rot. Wir erheben uns und setzen uns nieder, wir sterben und werden geboren, und obgleich gerade dieser Ort hier das Lotus-Land ist, so ist umgekehrt das Lotus-Land auch dieser Ort hier.

Der Weg des Mitempfindens ist der gleiche wie der Weg der Erleuchtung. Auf dem Kissen im Dojo, der Zen-Halle, lernen wir zunächst, Mitgefühl mit uns selbst zu haben. Ich erinnere mich noch an gewisse Augenblicke, da ich äußerlich zwar Zazen praktizierte, innerlich jedoch von einem Aufruhr mörderischer Gedanken und Gefühle erfüllt war. Eine ähnliche Erfahrung hat schon jeder einmal durchgemacht. Wir haben zwar hoch und heilig gelobt, alle Wesen zu erretten, wie aber sollen wir mit den Schlägertypen umgehen, die in uns ihr Unwesen treiben? Am besten ist es, sie einfach wie Nachbarn zu behandeln, die uns während Zazen stören, indem sie an der Haustür klingeln. Einen kurzen Augenblick sollten wir ihnen immerhin Beachtung schenken, schließlich sind diese »Burschen« uns ja viel näher als unsere Nachbarn.

»Ah, da ist ja schon wieder so ein gewalttätiger Gedanke.« Durch dieses Eingeständnis verwandelt sich der Meditierende unversehens in Kanjizai. Er ist mit sich selbst in Übereinstimmung, da er nicht mehr nur blind auf die eigenen Gedanken und Gefühle reagiert – und somit dem eigenen Karma nicht länger auf Gedeih und Verderb ausgeliefert ist. Es gibt nun Situationen, in denen unser Chef oder sonst jemand sich in einer Weise aufspielt, die uns bereits seit frühester Kindheit aus familiären Auseinandersetzungen bekannt ist. In solchen Situationen sollte man innerlich zu sich sagen: »Ach, das kommt mir doch bekannt vor!«, und das allein lindert schon den augenblicklichen Schmerz. Wir brauchen uns dann nur mehr mit den Dingen und Ereignissen auseinanderzusetzen, mit denen wir tatsächlich konfrontiert sind. Bereits diese Auseinandersetzung ist so schwierig, daß kindliche Emotionen dabei nur noch größere Verwirrung stiften würden. Die Bodhisattva-Praxis bezieht ihre Kraft aus Zazen, und in diesem Zustand spürt man sofort, wie stark die Energie eines einzigen uneingestandenen Gedankens sein – und wie sehr sie einen mit sich fortreißen – kann und wie wichtig es ist, das Spiel zu durchschauen.

Manche Einstellungen und Verhaltensmuster, die seit den Zeiten unserer Großeltern oder noch früher von einer Generation an die nächste weitergereicht werden, zerrütten noch heute unsere Familien. Aus ihnen nährt sich noch immer ein Teil der unterschwelligen Gewalt, der wir gegenwärtig ausgesetzt sind, und sie gebären vielleicht noch künftige Konflikte. Erst wenn wir uns dieser Zusammenhänge bewußt sind, haben wir eine Möglichkeit, dies zu ändern.

Mitunter erklärt man im Familien- oder Freundeskreis »Das hätte ich nicht sagen (oder tun) sollen«, und schon ist der Schaden, den man angerichtet hat, fast wieder behoben. In manchen Fällen läßt sich eine Verletzung auf diese Weise unverzüglich wieder gutmachen, sofern man sich für die Entschuldigung nicht allzulange Zeit läßt. Je häufiger man derartige Selbstkorrekturen anwendet, um so geringer wird der Zwang, das betreffende Verhalten aufs neue zu wiederholen, und vielleicht kann man die betreffende Schwäche auf diese Weise im Laufe der Zeit Schritt für Schritt ganz abbauen. Auch diese Art von Anstrengung ist Teil der Praxis eines Bodhisattva. Vollkommene Handlungsfreiheit und hingebungsvolles Mitgefühl sind im Buddha-Geist ein und dasselbe. Aber selbst Shakyamuni mußte hart an sich arbeiten, bevor er dieses Ziel erreicht hatte. Auch ihm wurde die Erleuchtung nicht gleich zuteil, als er sich das erste Mal zum Meditieren niederließ.

Neben den erwähnten persönlichen Gedanken und Gefühlen gibt es natürlich auch noch kollektive Emotionen – oder nationale Zwänge. Heutzutage werden uns Rationalisierungen abverlangt, die alle drei Aspekte des Nicht-Tötens verletzen. So bemühen sich etwa durchaus anerkannte Sozialphilosophen, Kriterien für den »gerechten Krieg« herauszuarbeiten. Ganze Länder werden entvölkert und ganze Kulturen vernichtet, weil sogenannte Sachzwänge etwas anderes angeblich nicht zulassen. In der Tat ist diese Logik auch schlüssig, solange wir nicht die Prämissen verwerfen, auf die sich diese Argumentation stützt, beispielsweise den überragenden Wert des Nationalstaates. Zieht man Statistiken heran, in denen Kriegs- und Friedenszeiten der letzten Jahrhunderte aufgeführt sind, so muß man sich seufzend eingestehen, daß es in der Welt bislang wesentlich häufiger Krieg als Zeiten des Friedens gegeben hat. Dieser Umstand rechtfertigt allerdings in den Augen des Buddhisten ein Abweichen vom Ersten Gebot keinesfalls. Die Tatsache, daß historische Statistiken eine Unmenge von Kriegen verzeichnen, läßt noch lange nicht den (Kurz-) Schluß zu, der Geschichtsverlauf füge sich einem hinter den Kulissen wirkenden Zwang, der keinen Frieden duldet. Es gibt indes eine Forderung, der wir uns nicht entziehen dürfen, und dieser Imperativ lautet: Selbst-Erkenntnis. Doch sobald angebliche Selbsterkenntnis (und -verwirklichung) in eine beständige Aufblähung des Selbst umschlägt, führt sie uns unweigerlich in neue Akte der Gewalt. Dabei ist es unbestreitbar, daß jeder von uns nur überleben kann, wenn auch die andern überleben. Unsere eigene Selbstverwirklichung ist daher letztendlich nichts anderes als die Selbst-Realisierung der anderen.

Das kollektive Ich eines Nationalstaates kann wie das Ich eines einzelnen durch Habsucht, Haß und Unwissenheit vergiftet werden. Auf internationaler wie nationaler oder regionaler Ebene haben wir einen Punkt erreicht, wo es völlig widersinnig ist, weiterhin an der Auffassung festzuhalten, ein religiöser Mensch dürfe sich nicht in politische Angelegenheiten einmischen. Einige meiner buddhistischen Freunde vertreten diesen Standpunkt noch immer. Was ist denn überhaupt Politik? Ist Folter eine Frage der Politik? Wenn wir die Fragen der Politik aus unserem religiösen Leben ausklammern, so ist selbst dies noch ein politisches Bekenntnis. Die Zeiten sind längst vorbei, als Politik in erster Linie bedeutete, daß man die eine oder die andere Regierungspartei unterstützte. Im Zeitalter des nuklearen Overkills bedeutet Politik, entweder das Erste Gebot zu befolgen oder es zu ignorieren.

Sofern wir das Erste Gebot ernst nehmen, schließen wir in unser Bestreben, niemandem zu schaden, auch die gesamte natürliche Welt mit ein. Das gleiche Gift, das den Frieden unserer Familien zerstört, unsere Gesellschaften zerrüttet und im globalen Maßstab das Zusammenleben der Völker gefährdet – nämlich Habsucht, Haß und Unwissenheit –, läßt in großen Teilen der Erde das Gras verdorren, das Ackerland unfruchtbar werden, riesige Wälder dem Kahlschlag zum Opfer fallen und ist die Ursache dafür, daß Luft und Wasser mit hochtoxischen Chemikalien angereichert sind. Dies alles ist im Namen des Fortschritts unvermeidlich, behaupten einige – passender würde man jedoch sagen: im Namen der Habsucht. Wir sind dabei, unsere Welt zu töten, dies Gewebe aus Leben und Tod, in dem sich das Buddha-Wesen in unendlicher Vielfalt verwirklicht und das die Bedingung für jenes Geschehen darstellt, welches die Mahāyāna-Buddhisten als die Erleuchtung der Bäume und Pflanzen bezeichnen.[4] Tiere und Pflanzen sind zwar einerseits vergängliche Wesen unserer Alltagswelt, zugleich sind sie aber auch Archetypen, die in der Kindheit unsere Lebenserfahrung bereichern und vertiefen und die uns noch in unseren Träumen erscheinen, wenn wir schon längst erwachsen sind. Während wir träumen, leben wir in der wahren Welt, das jedenfalls ist die einhellige Meinung vorindustrieller Gesellschaften. In den Träumen der Wölfe und anderer wilder Tiere kommt uns Menschen-Wesen deshalb die Rolle von Schreckgespinsten zu. Wir quälen Tiere in Laboratorien und rechtfertigen unser Tun durch eine Reihe anmaßender anthropozentrischer Theorien. Aus den großartigen Möglichkeiten der Natur machen wir schmutzige Viehfabriken, behandeln Tiere wie Maschinen und gehen so unserer eigenen Ehre verlustig. Aus unserer ehemals so reichen Traumwelt machen wir ein Armenhaus, das von gequälten Kreaturen bevölkert wird.

Ich halte nichts von dem perfektionistischen Standpunkt, daß wir erst die vollkommene Erleuchtung erlangt haben und ein Muster an Mitgefühl und Friedfertigkeit sein müssen, bevor wir darangehen können, uns für den Schutz der

Tiere und Wälder und die Erhaltung der kleinen landwirtschaftlichen Familienbetriebe einzusetzen – und für Frieden in der Welt zu kämpfen. Der Weg der Vollkommenheit ist ohne Ende, und demgemäß kann der Perfektionist per definitionem niemals dahin gelangen, sein Bodhisattva-Werk auch nur zu beginnen. Mitgefühl und Friedfertigkeit entfalten sich nur in der Praxis, sei es auf dem Kissen im Dojo, sei es in der Familie, bei der Arbeit oder in der politischen Auseinandersetzung. Deshalb ist es mehr als genug, sich unablässig um rechtes Handeln zu bemühen, der Rest ergibt sich im Laufe der Zeit von allein.

Wer sich für diesen Weg der Praxis entscheidet, dessen Integrität wird ohnehin häufig auf die Probe gestellt und der kann seine Lauterkeit im Umgang mit Insekten und Mäusen ebensogut unter Beweis stellen wie in der Auseinandersetzung um die Todesstrafe. Vor die vielleicht schwierigste Entscheidung, die den innersten Kern und die tiefsten Schichten ihres Wesens betrifft, sieht sich eine Frau gestellt, die daran denkt, eventuell abzutreiben. Plakative Vereinfachungen, die nur die Alternative »für das Leben« oder »für die Freiheit der Frau« zu kennen scheinen, beschreiben nur unzureichend die Situation, vor die sich eine solche Frau gestellt sieht. Gewöhnlich muß sie schmerzlich erfahren, daß ihr Bedürfnis nach sexueller Erfüllung und Fortpflanzung mit den sozialen, wirtschaftlichen und persönlichen Zwängen ihres täglichen Lebens kollidiert; und die gleichen Probleme sieht sie auch für jedes Kind voraus, das sie eventuell zur Welt bringen könnte.

Ich habe Frauen kennengelernt, die von sich behaupteten, sie hätten ohne größere innere Schwierigkeiten abgetrieben. Aber meiner Ansicht nach haben diese Frauen zu dem betreffenden Zeitraum vermutlich zuwenig auf ihr Gefühlsleben geachtet. In ihren Träumen wird die Abtreibung, die sie hatten vornehmen lassen, gewiß nicht ohne Folgen geblieben sein. Ganz sicher jedenfalls sollte eine Frau, die eine Abtreibung in Erwägung zieht, sehr genau in sich hineinhorchen und sich Rechenschaft über ihre wirklichen Gefühle ablegen.

Im Diamant-Sangha, der Zen-Gemeinschaft, die wir auf Hawaii gegründet haben, konnte ich verschiedentlich die Beobachtung machen, daß Frauen, die auf ihr Gefühlsleben achten, sich durchaus bewußt sind, daß sie durch eine Abtreibung einen Teil von sich abtöten und den in graue Vorzeit zurückreichenden Prozeß des Lebens unterbrechen, der durch jede Schwangerschaft erneuert wird. Deshalb fühlen sich Frauen, die sich für einen Schwangerschaftsabbruch entschieden haben, im allgemeinen zunächst ziemlich verlassen und elend. Eine solche Frau verdient unser Mitgefühl, aber auch sie selbst sollte für sich selbst und ihr ungeborenes Kind ein aufrichtiges Mitgefühl empfinden. Werde ich in solchen Fällen um Rat gefragt, dann prüfe ich gemeinsam mit der betreffenden Frau alle Möglichkeiten. Stelle ich dabei fest, daß der Entschluß unwiderruflich ist, so ermutige ich die Frau, diesen Schritt zu tun. Allerdings rate ich ihr, sich dem Eingriff in dem Bewußtsein einer Mutter zu unterziehen, die ihr sterbendes Kind im Arm hält und es liebevoll umsorgt, während es aus dem Leben scheidet. Trauer und Leid sind wesentliche Elemente des Samsara, des ewigen Kreislaufs von Geburt und Tod. Und den Entschluß, eine Geburt zu verhindern, sollte eine Frau nur fassen, sofern sie zuvor das im Gesamtkontext dieser Entscheidung zu erwartende Leid genau abgewägt hat. Ist die Entscheidung jedoch einmal gefallen, hat niemand das Recht, sich moralisch zu empören. Vielmehr gilt es in dieser Situation anzuerkennen, daß das ganze Universum von Trauer erfüllt ist, und so richten wir unsere tiefste Liebe auf dieses kleine Leben, das nun dahingeht.

In der Tradition des japanischen Buddhismus gibt es ein eigenes Bestattungsritual für das *Mizuko*, das sogenannte »Wasserbaby«, wie man in Japan in poetischer Sprache den Fötus nennt. Wie jeder andere Mensch, der in das »Eine« hinübertritt, erhält auch das Mizuko einen posthumen buddhistischen Namen und wird somit als ein – wenn auch vielleicht unvollständiges – menschliches Individuum anerkannt, dem unser Abschied gilt. Dieses Zeremoniell bringt der betreffenden Frau zu Bewußtsein, daß in ihrer Existenz Leben und Tod einander begegnet sind, und sie erfährt, daß selbst derart bedeutungsvolle Eingriffe in ihr Leben auf dem Ozean des Wahren-Wesens, das weder Geburt noch Tod kennt, bestenfalls die Oberfläche zu kräuseln vermögen (siehe Anhang S. 230).

Bodhidharma sagt: »Das Selbst-Wesen ist feinsinnig und sehr geheimnisvoll. Im Reich des immerwährenden Dharma sind die Begriffe des Tötens gegenstandslos, und diesem Umstand entspricht das Gebot des Nicht-Tötens.«

»Selbst-Wesen« bedeutet nichts anderes als »Wahres-Wesen«, aber dennoch gibt es einen guten Grund dafür, beide Benennungen zu unterscheiden. Die Silbe *ji*, die im Sino-Japanischen soviel wie »selbst« bedeutet, ist auch ein Bestandteil des Namens Kanjizai, der ein Wesen bezeichnet, welches das Selbst im Zustand der Ruhe wahrnimmt. Dem Kanjizai, der wir alle sind, ist der Gedanke des Tötens völlig fremd. Das Selbst im Zustand der Ruhe ist das Wahre-Wesen, wie es in unserer Erfahrung gegenwärtig ist, und deshalb bezeichnen wir es als Selbst-Wesen. Er ist äußerst subtil und geheimnisvoll, der Buddha-Geist, der das ganze Universum erfüllt und als das mächtige Selbst der Nicht-Substanz erkannt wird.

Das Wort »Begriffe« hängt eng zusammen mit der Vorstellung des »Ergreifens« oder des »Festhaltens«. Und »gegenstandslos« bedeutet, daß dort nichts ist, was wir »ergreifen« könnten. Es gibt also keinen Gedanken des Tötens, der für uns »greifbar« wäre.

Bodhidharma zielt mit dieser Aussage auf das Wesentliche und überspringt gleichsam die klassische Mittel-Zweck-Relation. Die Praxis der Friedfertigkeit und der Harmonie *ist* in gewisser Hinsicht bereits die Vollendung des Friedens und der Harmonie, sie ist nicht nur eine Vorgehensweise, um Frieden und Harmonie zu verwirklichen. Im Hinblick auf unser Familienleben besagt das Gebot des »Nicht-Tötens«, daß wir Ehepartnern und Kindern unsere ganze Aufmerksamkeit zuwenden und ein echtes Gespür dafür entwickeln, was in ihnen vor sich geht. Mann und Frau haben unterschiedliche Perspektiven, Kinder und Erwachsene leben in verschiedenen Welten. Ohne den Standpunkt eines vollkommen unfruchtbaren Relativismus einzunehmen, dem alle Betrachtungsweisen unterschiedslos gleichwertig erscheinen, kann ich gleichwohl im Geist mit Perspektiven »spielen« und abwarten, was dann geschieht. Solange ich ängstlich darauf bedacht bin, mich beständig nur zu schützen, »töte« ich die Perspektive des andern, indem ich ihm keinerlei Chance einräume, seine Sicht der Dinge zur Geltung zu bringen. Ist hingegen meine Lebens-Praxis darauf ausgerichtet, Leben zu spenden, dann gewähre ich anderen den Freiraum, den sie benötigen.

Sogar tiefverwurzelte Überzeugungen können durch die Dynamik des Gebens und Nehmens wieder in Bewegung geraten, sofern sich Mann und Frau, Erwachsener und Kind oder zwei Freunde tatsächlich auf ein vertrauensvolles Gespräch einlassen. Sicherlich ist das leichter gesagt als getan, aber der Weg des bequemen Rückzugs führt unausweichlich in neues Leid.

Sogar über gefährliche Ansichten kann man miteinander reden, wenn man nur darauf vertraut, daß eine sorgfältige Untersuchung die Gefahrenpunkte ans Licht bringt. Die Vorzüge dieses Vorgehens kann man bisweilen deutlich spüren, wenn man einmal beobachtet, wie etwa bei Friedensdemonstrationen die Mitglieder freier Theatergruppen ihre »Botschaft« unter die Leute bringen. Im allgemeinen funktioniert das so, daß die Mitglieder eines solchen Ensembles die Anschauungen der Gegenseite aufgreifen und die extremen Folgen dieser Haltung aufzeigen. Gelingt es ihnen dabei, ihr Anliegen kreativ umzusetzen, so halten sie der

Wirklichkeit gleichsam den Spiegel vor. Dies ist nun in der Tat auch eine Form, die Perspektive anderer Menschen zu »töten«. In diesem Fall ist das Motiv jedoch Ahimsa, das Streben, niemanden zu verletzen. Und dieser Art des Vorgehens liegt es fern, die Entfaltung von Leben zu beeinträchtigen.

Das Gespräch ist das Tao. Im Zen-Buddhismus bezeichnet man den Dialog von Meister und Schüler oder Schüler und Schüler als *Mondo*. Die sprühenden Funken, die in einem solchen Gespräch bisweilen aufblitzen, kann keiner der beiden Dialogpartner allein hervorbringen. Wenn wir durch keinen Gedanken des Tötens irritiert werden, so verläuft unser Leben harmonisch und friedvoll. In allen Friedenszeiten, aber auch in den gegenwärtigen Umweltbewegungen – angefangen von Satyagraha bis hin zum »Movement for a New Society« – können wir Vorbilder entdekken, die sich strikt der Friedfertigkeit verschrieben haben. All diese Individuen und Gruppen halten das Friedens-Rad des Dharma in Bewegung. Und zu diesem Zweck verwenden sie Mittel, die für sich selbst sprechen und überzeugend wirken. Solange wir die Wahrheit auf diese Weise vor Menschen vertreten, die Gewalt noch immer für ein legitimes Mittel halten, weichen wir vom Grundsatz des Mitgefühls nicht ab.

So lautet beispielsweise die Maxime der »Society of Friends«: »Sagt der Macht die Wahrheit ins Gesicht.« Diese Bewegung hat der Gewalt abgeschworen und schließt niemanden aus ihren Reihen aus. Vor einiger Zeit arrangierte die Führung einer Friedensinitiative ein Treffen mit einem angesehenen älteren Offizier. Warum er die Einladung der Initiative damals angenommen hat, ist mir nicht bekannt, und ich weiß auch nichts über das Ergebnis dieses Treffens. Ich hatte nur von der Diskussion gehört, die vor der angekündigten Begegnung im Kreis der Friedensinitiative entbrannt war. Die Delegierten mußten sich darüber einig werden, wie das Gespräch überhaupt geführt werden sollte.

Nachdem sie mit Hilfe von Rollenspielen die verschiedensten Gesprächsverläufe simuliert hatten, gaben die Diskussionsteilnehmer auf. Sie beschlossen, das Gespräch mit der Frage zu beginnen: »Wie geht's denn so?« Mit anderen Worten: Wie fühlt man sich, wenn man im Krisenfall vielleicht über den Einsatz furchtbarer Machtpotentiale zu entscheiden hat, deren Anwendung unter Umständen sogar einen Atomkrieg auslösen kann? Wenn man sich in dieser Weise mit einem Gegenüber »identifiziert«, dann kann es gelingen, die weitgehende Übereinstimmung unserer Situation als Menschen fühlbar zu machen, dann wird unversehens die Wir-und-die-andern-Dichotomie gegenstandslos, und der Friede erhält eine tatsächliche Chance.

Dieser Frieden findet jedoch nicht in einer Art Sicherheitsgewahrsam der verschiedenen Gruppen statt, die alle schön säuberlich unter sich bleiben, und diese Harmonie ist auch nicht das Ergebnis staatlicher oder sonstiger Autorität. Der Zustand, den ich in diesen Zeilen zu skizzieren versucht habe, ist der Friede des Selbst-vergessenen Menschen, dessen Praxis alle Aspekte unseres Lebens auf dieser Erde einbezieht.

Dōgen Zenji sagt: »Die Buddha-Saat geht auf, wenn kein Leben genommen wird. Vermittelt daher die lebendige Buddha-Weisheit und tötet nicht.«

Dōgen Zenji spricht mit uns wie eine Großmutter, die ein kleines Kind freundlich neckt und ihm Mut zuspricht. Durch die Praxis des »Nicht-Tötens« gelangen wir nach Zenjis Auskunft zur Buddhaschaft und strahlen dessen Weisheit aus. Für seine Führung auf dem rechten Weg können wir ihm deshalb nur danken.

Bodhidharma vertritt den absoluten Standpunkt unbefleckter Reinheit, Dogen Zenji dagegen eine Praxis, die sich Schritt für Schritt entwickelt. Wer sich der Praxis des Nicht-Verletzens verschreiben möchte, in dessen Lebensweise sollten sich alle Aspekte der westlichen Massenkultur widerspiegeln – die inzwischen auch im Fernen Osten die Wirklichkeit bestimmt. Betrachte ich meinen Fotoapparat und lese den kleinen Aufdruck: »Made in Singapore«, so kann ich etwa Gedanken über die Frauen anstellen, die dort in einer Fabrik bei schlechter Bezahlung arbeiten müssen und in ihrem Leben keine Zeit für kreative Beschäftigungen haben. Ich darf aber auch nicht vergessen, an die amerikanischen oder europäischen Arbeiter zu denken, die mit der Verlegung der Fabrik nach Asien ihren Arbeitsplatz verloren haben. Natürlich gibt es in diesen Fragen kein Patentrezept, um die genannten Ungerechtigkeiten zu beseitigen; hat man sie aber einmal erkannt, so ist dies schon der Anfang rechten Handelns. Wenn wir die notwendigen Informationen sammeln und dafür sorgen, daß die Zusammenhänge der Öffentlichkeit bekannt werden, so tragen wir zur Verbreitung eines entsprechenden Problembewußtseins bei. Und sind die Fakten erst einmal bekannt, so sieht man auch klarer, welche Handlungsmöglichkeiten bestehen. Diese Art des Vorgehens ist auch deshalb erfolgversprechend, weil das Engagement einer Gruppe im allgemeinen in der Gesellschaft einen größeren Widerhall findet als individuelle Appelle.

Wenn wir zum Beispiel Kinder beobachten, so erkennen wir sofort, in welch hohem Maße sie durch die Einflüsse der heutigen (gewalttätigen) Massenkultur geprägt sind. Auch für dieses Problem gibt es keine Patentlösung. Die Eltern befinden sich in einem Dilemma: Auf der einen Seite sind sie sich der Macht des Fernsehens und des Schulhofmilieus bewußt, auf der andern Seite laufen sie Gefahr, sich durch »altmodische« Ratschläge in den Augen ihrer Kinder und ihres gesellschaftlichen Umfeldes völlig ins Abseits zu begeben.

Auch in diesem Fall erweist sich der Sangha als wahrer »Schatz«, da wir in dieser Gemeinschaft »Rechtes Sehen« lernen können. Es ist wichtig, daß wir in Gemeinschaft mit Gleichgesinnten dieses »Rechte Sehen« lernen.

Meiner Ansicht nach ist hierfür Zazen die Voraussetzung. In der christlichen oder in anderen religiösen Traditionen mag man das, was ich hier »Zazen« nenne, vielleicht auch als Meditation bezeichnen. Es liegt mir auch fern zu behaupten, der Zen-Buddhismus sei der einzig mögliche Weg. Eines ist jedenfalls klar: Echte Meditation ist – ganz unabhängig von der betreffenden religiösen Tradition – niemals nur eine Frage des Still-Dasitzens. Während man auf dem Kissen sitzt, entschwindet gleichsam das ganze Universum aus dem Bewußtsein, und der Friede, der den Meditierenden erfüllt, ist der ewige Friede.

Jeder von uns fühlt sich von bestimmten Symbolen und Archetypen besonders angesprochen. Als ich die Bodhidharma-Figur erwarb, die nun im Koko-An-Zendo, unserer Zen-Halle in Honolulu einen Ehrenplatz einnimmt, wurde im Schaufenster des gleichen Geschäftes in Tokio auch eine Skulptur von Bodhidharmas Bruder Dogen angeboten. Ich kaufte jedoch nur die eine Hälfte des Paares. Vielleicht ziert heute jene zweite Figur irgendwo auf der Welt den Zendo einer anderen Gruppe von Freunden. Als Zen-Meister fühle ich mich jedoch verpflichtet, Dogen Zenjis in meinem Herzen stets eingedenk zu sein und auch andere dazu zu ermutigen, ihm in ihrem Herzen einen Platz einzuräumen und – durch Bodhidharmas großes Beispiel und seine prägnante Darlegung der Wahrheit angeregt – dem Weg der lebenspendenden Praxis zu folgen. Aber wie man sein Leben auch führen mag – friedfertiges Verhalten, Friedfertigkeit im Reden oder das von Friedfertigkeit getragene Bestreben, den Mächten der Habgier und der Grausamkeit in dieser Welt die Wahrheit zu sagen, all dies hat seinen Ursprung in konsequenter religiöser Praxis.

Das Zweite Hauptgebot: NICHT-STEHLEN

Vor vielen Jahren lebte ich in Los Angeles und war ziemlich am Ende. Ich arbeitete in der Buchhandlung Everybody's Ecke Achte Avenue für 1,15 Dollar die Stunde und wohnte im nahegelegenen Haus der YMCA. Von Zeit zu Zeit ging ich abends in eine Bar, um ein Bier zu trinken. An einem dieser Abende saß ein gut angezogener Mann mittleren Alters neben mir, der schon ziemlich betrunken war. Aus seiner Brieftasche lugte ein dickes Bündel Geldscheine hervor. Der Kellner brachte ihm einen Drink und empfahl ihm, bald nach Hause zu gehen und gut auf sein Geld aufzupassen. Der Mann erzählte mir, er sei aus Sakramento und bat mich, ihm den Weg zu seinem Hotel zu zeigen, den er nicht kannte.

Ich begleitete ihn bis zu seinem Hotel, das nur eine Straße entfernt lag. Dort angekommen, wollte er in sein Zimmer hinauf. Ich ging mit ihm, da er sich kaum auf den Beinen halten konnte und es so aussah, als müsse er sich jeden Moment übergeben. Im Zimmer angekommen, wankte er sofort ins Bad, kam nach einiger Zeit zurück, entfernte seine goldenen Manschettenknöpfe und deponierte sie samt seiner goldenen Uhr und der Brieftasche auf der Kommode. Dann zog er seinen Pyjama an, kroch ins Bett, und ohne mich weiter zu beachten, fiel er sofort in tiefen Schlaf. Ich ließ ihn nun in seinem Zimmer allein und machte mich auf den Heimweg.

Ich dachte zwar keinen Augenblick daran, seine Wertsachen zu stehlen. Allerdings bin ich noch heute im Zweifel, ob ich damals moralisch so gefestigt war oder ob ich einfach nur Angst hatte, ihn zu bestehlen. Aber eines ist sicher: Noch Monate später mußte ich immer wieder an diese mit

100-Dollarscheinen gefüllte Brieftasche denken, die damals auf der Kommode direkt vor meiner Nase gelegen hatte. Es wäre so einfach gewesen, mir ein Jahreseinkommen zu verschaffen. Deshalb muß ich zugeben, daß ich während der Monate, die auf diese Begegnung folgten, das Zweite Gebot in Gedanken vielfach gebrochen habe.

Wenn ich heute auf dieses Erlebnis zurückblicke, so sehe ich, daß ich mich während jenes Zwischenfalls im Grunde genommen auch selbst bestohlen habe. Es war großzügig von mir, den Betrunkenen zu seinem Hotel zu begleiten, aber es war unvorsichtig von mir, mit ihm auf sein Zimmer zu gehen. Ich hätte nur dem Nachtportier ein Zeichen zu geben brauchen, der dann gewiß dafür gesorgt hätte, daß mein Begleiter ordnungsgemäß auf sein Zimmer gebracht worden wäre.

Völlig unnötig habe ich mich also damals in Ausübung meiner mitmenschlichen Pflicht einer Gefahr ausgesetzt. Denn es hätte durchaus geschehen können, daß ich mit dem Betrunkenen auf seinem Zimmer Streit bekommen und er mich des Diebstahls beschuldigt und die Polizei gerufen hätte. Wenn ich schon bei der Polizei angezeigt werde, dann sollte der Anlaß doch jedenfalls einer sein, der durch die Grundsätze des Zen-Weges gedeckt ist.

Es gibt viele Möglichkeiten, sich selbst zu bestehlen, und vor manchen dieser Risiken ist man auch im Dojo nicht sicher. Man kann sich z. B. selbst die Zeit stehlen. Yamamoto Gempo Roshi hat diese Art des Diebstahls als eines der schwersten Vergehen bezeichnet. Wieviel Zeit verbringen wir nicht auf dem Kissen und hängen dabei müßigen Gedanken nach, und gleichzeitig verrinnt unsere Lebenszeit langsam, aber unaufhaltsam. Während wir angeblich das Leben eines Bodhisattva führen, können wir Zeit für allen möglichen Stumpfsinn erübrigen. Und so verschwenden wir häufig mehr Zeit, als im Hinblick auf unser wirkliches Erholungsbedürfnis notwendig wäre. Die entsprechenden Angewohnheiten sind Wesen mit eigener Lebenskraft, die wir zur Kenntnis nehmen und in einen Dialog verwickeln müssen.

Wir können uns sagen: »Jetzt ist es Zeit zu *sitzen*, was später kommt, kommt später.« Deshalb brauchen wir nicht darauf zu verzichten, uns zum gegebenen Zeitpunkt im Kreis der Familie oder unserer Freunde zu erholen. Nur wenn wir diesen Weg mit unbeirrbarer Geduld verfolgen, kann es uns gelingen, unsere zeitraubenden Gewohnheiten in sinnvolle Erholungszeit umzuwandeln.

Wenn wir *sitzen*, können wir uns selbst zur Ordnung rufen. »Konzentrier' dich auf *Mu*!«[1] könnte eine solche Ermahnung lauten. Und der alte Querulant, der uns die Zeit stiehlt, indem er uns beispielsweise daran erinnert, daß wir in unserer Wohnung noch die Möbel umräumen wollten, ist wieder für eine Weile zum Schweigen gebracht. Mit unseren Möbeln können wir uns dann in einem geeigneteren Augenblick beschäftigen.

Auch eine Erwartungshaltung kann dazu führen, daß wir uns auf dem Kissen die Zeit stehlen. Die Praxis des Zen ist – nach Yamada Roshis Auskunft – eine schrittweise Vervollkommnung des Charakters. Aber jeder Schritt auf diesem Weg ist selbst ein Ganzes. Sofern wir also unsere Aufmerksamkeit ausschließlich auf die Abfolge der einzelnen Schritte dieses Weges richten, bleibt das Ziel für uns stets in unerreichbarer Ferne, und wir vergeuden unsere Zeit. Der Dharma ist nichts anderes als *dieser* Atemzug, *dieses* Mu. Seien wir deshalb darauf bedacht, uns nicht selbst die Zeit zu stehlen.

Das Gebot des »Nicht-Stehlens« umschreibt wie die übrigen Gebote auch den Zustand des Geistes, der aus der Haltung völliger Ruhe erwächst.

Bodhidharma sagt: »Die Natur des Selbst ist subtil und geheimnisvoll. Im Bezirk des unnennbaren Dharma ist vom Gebot des Nicht-Stehlens die Rede, wenn kein Gedanke an Gewinn sich geltend macht.«

Der Geist ist reinster Friede, und weil er Friede ist, tritt er als Großherzigkeit ins Dasein. Es gibt keinen Gedanken an Besitz, und deshalb können wir die Dinge in ihrem So-Sein auf uns wirken lassen.

Dogen Zenji sagt: »Das Selbst und die Dinge dieser Welt sind, wie sie sind. Das Tor zur Befreiung steht weit offen.«

»... wie sie sind«, das ist die ganze Erkenntnis. »Donnerwetter, die Brieftasche ist ja prall mit 100-Dollarnoten vollgestopft!« Weder in diesem Augenblick noch später taucht der Gedanke auf, sie in meine eigene Tasche zu stecken. Dies ist der weitherzige Geist des Sein-Lassens, die Haltung vollkommener Hingabefähigkeit, die Dana-Paramita. Und dieser Geist revolutioniert unser konventionelles Denken und Tun.

Diebstahl ist ein allgegenwärtiger Bestandteil unseres Lebens, gleichsam das Grundprinzip unseres Wirtschaftssystems. Dies führt dazu, daß die Reichen immer reicher und die Armen immer ärmer werden. Ein vielleicht extremes Beispiel vermag diesen Zusammenhang zu verdeutlichen: Ein großer amerikanischer Konzern baut in der Sahelzone, am Rande der Sahara, Gemüse an. Nach der Ernte wird das Gemüse per Flugzeug nach Europa transportiert, wo es in den Salatschüsseln der Überflußgesellschaft landet. Die Freunde und Familien der auf dieser riesigen Gemüsefarm beschäftigten Arbeiter dagegen leben am Rande des Existenzminimums, was niemanden weiter stört. Im Gegenteil, am Ende eines jeden Arbeitstages werden die Arbeiter durchsucht, um sicherzustellen, daß sie auch ja keine Lebensmittel mit nach Hause nehmen. Dabei ist es völlig gleichgültig, daß die heute von dem Konzern bewirtschafteten Felder ehemals als Weide- und Ackerland im Besitz der zu Arbeitern herabgedrückten Einheimischen waren.

Ähnlichen Beispielen, die wir direkt vor unserer Haustür beobachten können, schenken wir keine Beachtung mehr, weil wir uns längst an derartige Vorgänge gewöhnt haben.

Aber auch die Slums und die Rotlichtbezirke unserer Städte sind Ausdruck eines Wirtschaftssystems, dem eine gewisse Anzahl von Arbeitslosen sehr zustatten kommt. Denn wenn sich die Nachfrage nach Arbeitsplätzen verschärft, so ist es nicht schwierig, die Löhne auf ein relativ niedriges Niveau zu drücken, und die Kapitalbesitzer und Aktionäre können auf diese Weise ein Maximum an Gewinnen erzielen. Die Natur wird zwecks Befriedigung der kurzfristigen Bedürfnisse einer »vom Glück begünstigten« Minderheit ausgebeutet, die übrigen Menschen jedoch, aber auch Tiere, Pflanzen und das Gesamtsystem Erde haben darunter zu leiden.

Diese Ausbeutung ist zwar – abstrakt betrachtet – eine Folge des kapitalistischen Wirtschaftssystems, sie ist jedoch nur durch unser aller Mitwirkung möglich. Wie leicht wir selbst der Gier zum Opfer fallen, können wir immer wieder feststellen. Nur ein paar Minuten Fernsehen genügen häufig bereits, um unsere Konsumwünsche zu wecken. Mahatma Gandhi sagt:

Wir sind uns nicht immer unserer wahren Bedürfnisse bewußt. Die meisten von uns vervielfachen ihre Wünsche über Gebühr und werden so, ohne sich dessen bewußt zu sein, zu Dieben. Wenn wir uns mit dieser Frage nur ein wenig auseinandersetzen, so zeigt sich rasch, daß wir auf eine ganze Reihe unserer Wünsche verzichten können. Wer ernsthaft bestrebt ist, dem Gebot des Nicht-Stehlens Folge zu leisten, der wird seine Bedürfnisse immer mehr reduzieren. Die herzzerreißende Armut, die in weiten Teilen unserer Welt herrscht, läßt sich großenteils darauf zurückführen, daß das Gebot des Nicht-Stehlens mit Füßen getreten wird.[2]

Wohlgemerkt – Gandhi verlangt von uns nicht, daß wir unseren Besitz reduzieren, obwohl das natürlich die logische Konsequenz seiner Darlegungen ist, die er in seinem eigenen Fall auch beherzigt hat. Vielmehr redet er von einer Verminderung unserer Bedürfnisse, und Bedürfnisse entstehen in unserem Kopf. Diese Forderung erscheint nur zu angebracht, steht unsere Welt doch vor ihrer bislang schwersten Krise. Wir alle sind Mitglieder eines Verbrechersyndikats, das die nicht zu ersetzenden Schätze unserer Erde gnadenlos plündert, um Bedürfnisse zu befriedigen, die erst durch die Plünderung unserer natürlichen Umwelt im Menschen geweckt worden sind. Es dauert nicht mehr sehr lange, und die Erdöllager und die Erzvorräte dieser Welt werden erschöpft sein, und dann wird jene Brutalität, die ich am Beispiel des Gemüseanbaus in der Sahelzone erläutert habe, auch in diesem Bereich noch deutlicher als bisher zutage treten. Und niemand wird sich mehr darüber wundern. Unto Tähtinen erklärt in diesem Zusammenhang:

Es gibt zwei Wege, einen Krieg zu vermeiden. Entweder wir befriedigen die Bedürfnisse und Wünsche jedes einzelnen Menschen, oder wir geben uns mit dem zufrieden, was gut ist. Die erste Möglichkeit scheidet angesichts der Grenzen, die uns durch unsere Existenz auf diesem Planeten gesetzt sind, von vornherein aus, bleibt also nur die zweite Alternative – nämlich der Weg der Selbstbescheidung.[3]

»Nicht-Stehlen« ist Selbstbescheidung, die geistige Überwindung der Habgier. Wollen wir diese Haltung in uns erwecken, dann genügt allerdings nicht der vage Entschluß, es in Zukunft einmal mit etwas weniger Luxus zu versuchen. Diese Einstellung muß auf einer tieferen Ebene des Geistes verwurzelt sein. Bevor wir sie wirklich erreichen können, müssen wir zuvor das Tor der Befreiung passiert und *Anuttara-Samyaksambodhi* erlangt haben, jenen Zustand des Geistes, in dem die »Gegenstandslosigkeit« aller Dinge und ihre innige Verknüpftheit spürbar werden. Diese Erfahrung in die Tat umzusetzen ist weit mehr, als gelegentlich einmal ein gutes Werk zu tun. Auch hier kann man von Gandhi viel lernen:

In Indien gibt es drei Millionen Menschen, die sich mit einer Mahlzeit pro Tag begnügen müssen. Diese Mahlzeit besteht aus Chapati, der kein Fett, nur eine Prise Salz enthält. Wir übrigen haben solange kein moralisches Recht auf unsere Besitztümer, wie es diesen drei Millionen am Lebensnotwendigen mangelt. Wir müßten doch zu der Einsicht gelangen können, daß es so wie bisher nicht weitergehen kann. Deshalb müssen wir unsere Wünsche zurückstellen, vielleicht sogar freiwillig hungern, um endlich durchzusetzen, daß man sich um diese Menschen kümmert, sie kleidet und ihnen ausreichend Nahrung verschafft.[4]

Gandhi verdeutlichte durch sein eigenes Leben, daß es eine Hoffnung auf grundlegende politische Veränderungen nur geben kann, wenn es uns gelingt, unsere Bedürfnisse erheblich zu reduzieren. Aus unseren heutigen Zen-Gruppen müßten daher Dana-Paramita-Sanghas werden.

Weil Konkurrenzdenken und Streben nach Besitz zur Ausbeutung anderer führen, glauben manche, sie müßten als aufgeklärte Menschen den Idealen des Nicht-Wettbewerbs und des Nicht-Strebens nach Besitz huldigen. Die Erfolglosigkeit derartiger Unternehmungen kenne ich aus eigener Erfahrung. Vor vielen Jahren habe ich gemeinsam mit meiner Frau Anne in einer privaten Volksschule unterrichtet, die sich dem Grundsatz des Nicht-Wettbewerbs verschrieben hatte. Die Schüler wurden im Unterricht nicht gefordert. Viele von ihnen wurden nach kurzer Zeit faul und desinteressiert, andere suchten und fanden Wege, das Konkurrenzprinzip hintenherum – und zwar in einer destruktiven Weise – doch wieder zur Geltung zu bringen. Damit will ich sagen: Konkurrenz als solche ist nichts Schlechtes, schließlich ist auch das Gespräch eine Art Wettkampf. So sind beispielsweise auch Zen-Dialoge Höchstleistungen, in deren Mittelpunkt die Errettung aller Wesen steht. Sobald allerdings das Selbst in Vergessenheit gerät, dreht sich alles nur mehr um Waren und um das eigene Wohlergehen. Zum Streben nach Besitz wäre noch folgendes zu sagen: Selbst Gandhi und Buddha haben einige wenige persönliche Habseligkeiten besessen. Konkurrenz und das Streben nach Besitz gehören offensichtlich zur menschlichen Natur: Der Wettstreit mit andern erleichtert es uns, unseren eigenen Zustand deutlicher zu sehen, und der Besitz bestimmter Gegenstände ist geradezu lebensnotwendig. Damit sehen wir uns jedoch vor die Frage gestellt: An welchem Punkt schlagen positiver Wettstreit und berechtigtes Besitzstreben in Fehlhaltungen um?

In Japan werden Mönche auch als *Unsui* »Wolke und Wasser« bezeichnet. Damit ist gemeint: Sie haben kein eigenes Heim, keine ichbezogenen Bedürfnisse und keine Bindungen an die Welt. Allerdings besitzen sie einige persönliche Habseligkeiten: Anthologien der klassischen Zen-Texte, ein paar Reisschalen, Waschzeug und Kleidungsstücke. Dies entspricht ungefähr dem Besitz, über den auch der Buddha verfügte. Als ich 1964 das Ryutaku-Kloster besuchte, befand sich der Sangha wegen eines kürzlich eingetretenen Mönches in heller Aufregung. Dieser Novize hatte sich am Eigentum anderer Mönche vergriffen. Jeden Tag trafen die älteren Mönche mit dem Roshi zusammen und besprachen in langen Sitzungen, was zu tun sei. Ich vermute, daß man während dieser Diskussionen die wörtliche Auslegung des Zweiten Gebotes »Er hat das und das gestohlen« mit dem absoluten Standpunkt »Weder gibt es Stehlen noch etwas, was gestohlen werden könnte« verglich und in diesem Spannungsfeld nach Handlungsmöglichkeiten suchte. Am Ende einigte man sich wohl darauf, den Mittleren Weg des Mitgefühls zu beschreiten. Als ich die Mönche ein Jahr später wieder besuchte, war auch der betreffende Mönch noch dort. Mit dem Eigentum der anderen Mönche hatte er offensichtlich keine Probleme mehr, und der Friede der Klostergemeinschaft war wiederhergestellt.

Wahrscheinlich hätten die Mönche diesen schwierigen Fall kaum zu lösen vermocht, hätten sie nicht erkannt, daß dem Dieb einfach nur Liebe und Zuneigung gefehlt hatten. Er hatte offenbar das Eigentum der anderen nur deshalb gestohlen, um sich auf diese verdrehte Art als Angehöriger der Gemeinschaft zu fühlen und an dem teilzuhaben, worüber die übrigen Mönche verfügen konnten. Der Begriff *Dana* (Wohltätigkeit) bedeutete in diesem Fall, daß die übrigen Mönche ihre Verantwortung für den verwirrten Novizen anerkannten, aber auch die Pflicht, auf ihre privaten Habseligkeiten achtzugeben. Die Mönche waren offenbar in der Lage, dem Novizen das Gefühl zu vermitteln: »Du bist unser Bruder, den wir gern haben.« Auf diesem Weg gelang es ihnen, das pathologische und destruktive Verlangen des Novizen nach Liebe zu korrigieren, indem sie auf jeden Gedanken an das Stehlen und an den Schutz ihres Eigentums verzichteten und dem Tao zur Geltung verhalfen.

Eine Situation der Konkurrenz sowie das Streben nach und der Besitz von materiellen Gütern sind nur dann gefährlich, wenn es an Mitgefühl fehlt und Dana nicht beachtet wird. Chao-chou hat zwanzig Jahre lang an der Veredelung seiner Erleuchtung gearbeitet und sich während dieser Zeit beständig mit dem Dharma auseinandergesetzt. Dabei verfolgte er die Absicht, sich zu einem Werkzeug des Mitgefühls zu machen, und erklärte am Anfang seines Weges, er sei bereit, sich sogar von einem siebenjährigen Kind unterweisen zu lassen. Wegen dieser Haltung gilt er heute als einer der größten Meister des Zen-Buddhismus.

Das Streben nach und der Besitz von materiellen Gütern als solche verderben einen Menschen nicht, solange dieser in seinem Leben auf allen Ebenen die Haltung »So ist es!« verwirklicht. Der Meister des Teezeremoniells nimmt die Teeschale zur Kenntnis und verbeugt sich vor dem verehrungswürdigen Teekessel. Heutzutage werden solche Meister jedoch immer seltener, und die Teezeremonie ist oftmals nur mehr eine Art Darbietung, deren ursprüngliche religiöse Bedeutung in Vergessenheit geraten ist. Rainer Maria Rilke hat auf ähnliche Verluste innerhalb der europäischen Kultur hingewiesen:

Noch für unsere Großeltern war ein »Haus«, ein »Brunnen«, ein ihnen vertrauter Turm, ja ihr eigenes Kleid, ihr Mantel: unendlich mehr, unendlich vertrauter; fast jedes Ding ein Gefäß, in dem sie Menschliches vorfanden und Menschliches hinzufügten. Nun drängen von Amerika her leere gleichgültige Dinge herüber, Schein-Dinge, Lebens-Attrappen ... *Ein Haus, nach amerikanischem Begriff, ein amerikanischer Apfel oder eine dortige Rebe, hat* nichts *gemein mit dem Haus, der Frucht, der Traube, in welche Hoffnung und Nachdenklichkeit unserer Vorväter eingegangen war ... Die belebten, die erlebten, die* uns mitwissenden Dinge *gehen zur Neige und können nicht mehr ersetzt werden.* Wir sind vielleicht die Letzten, die noch solche Dinge gekannt haben. *Auf uns ruht die Verantwortung, nicht allein* ihr *Andenken zu erhalten (das wäre wenig und unzuverlässig), sondern ihren humanen und larischen Wert (»Larisch« im Sinne der Hausgottheiten).*[5]

»Auch Töpfe und Pfannen sind der Körper Buddhas« verkündet eine Tafel in manchen zen-buddhistischen Klöstern. Die Köche werden auf diese Weise an das So-Sein dieser Dinge erinnert. *Zafus* (Sitzkissen), Decken, Hämmer und Schaufeln sind gleichermaßen Buddhas Körper. Ich muß zugeben, es ärgert mich jedesmal, wenn ich vor dem Tempeltor Zoris herumliegen sehe. Es erbost mich, wenn jemand sein Kissen mit dem Fuß plattdrückt oder Werkzeug im Regen liegenläßt. Die Dinge sind von unerschütterlicher Treue. Sie halten sich exakt an bestimmte Regeln. Als Gegenleistung sind wir ihnen zumindest ein gewisses Wohlwollen schuldig.

Ein allzu sorgloser Umgang mit wertvollen Sachen ist auch eine Art Diebstahl, ebenso wie die Ansicht mancher Menschen, daß alles, was nicht niet- und nagelfest ist, ganz selbstverständlich ihnen gehört. Meine Frau Anne und ich statteten einmal gemeinsam mit Nakagawa Soen in Honolulu einer Frau einen Besuch ab, die als buddhistische Lehrmeisterin bekannt war und über heilende Kräfte verfügte. Sie war wirklich eine bemerkenswerte Persönlichkeit und hatte eine enorme Ausstrahlung. Sie wurde von ihrer zahlreichen Anhängerschaft außerordentlich verehrt und hatte sogar einen herrlichen Tempel. Wie sich rasch zeigen sollte, war allerdings der Charakter dieser Frau durch ihre Liebe zum Geld so entstellt, daß sie jeden Tag gegen das

Zweite Gebot verstieß. Da sie unsere Vorliebe für das Teezeremoniell kannte, führte sie uns in ihre Schatzkammer. An den Wänden waren in Regalen wohl an die hundert Schachteln aufgereiht, in denen sich Teeschalen befanden. Sie nahm einige Schachteln herunter, entfernte die Verpakkung, wickelte die Teeschalen nacheinander langsam aus der schützenden Hülle und sagte dabei jedesmal: »Raten Sie mal, was glauben Sie, wieviel diese hier gekostet hat?« Nach einer Weile brach sie dann das Schweigen und erklärte voll Stolz, diese Schale dort habe soundsoviel tausend Yen gekostet. Es fiel uns zunehmend schwerer, jedesmal in ein begeistertes »Oh, das ist aber ein besonders schönes Stück!« auszubrechen.

Das Teezeremoniell trug von Anfang an den Keim des Verderbens in sich, da es den Reichen die Möglichkeit bot, sich in der Attitüde der Bescheidenheit zu gefallen. Wegen der Gefahr eines solchen Mißbrauchs blieb es stets auf einen relativ engen Personenkreis beschränkt. Der Einfluß des Zen-Buddhismus geht in Asien aber auch deshalb zurück, weil dessen besondere Auffassung von Reinheit in weiten Kreisen heute nicht mehr verstanden wird. Zu Buddhas Lebzeiten und noch lange danach – bis vor etwa hundertfünfzig Jahren – galt die außerhalb der Klostermauern gelegene Welt einfach als *faktisch* gegeben: Tyrannen und wohltätige Herrscher kamen an die Macht und verloren sie wieder, Menschen, die mit bestimmten Problemen zu kämpfen hatten, konnten ein Kloster aufsuchen und dort in sich gehen oder als Mönch oder Nonne in ein Kloster eintreten.

Heute hingegen lebt das ökonomisch-politische System von der Habgier, dem Haß und der Unwissenheit und bedroht auf diese Weise die Grundlagen des Lebens selbst. Die Luft, das Wasser und die Lebensmittel werden sinnlos verschwendet oder verseucht. Eine Änderung dieser Situation ist nicht in Sicht, im Gegenteil – der todbringende Prozeß scheint sich sogar noch zu beschleunigen. Bislang war das Dojo ein Ort der Zuflucht und der religiösen Schulung. Gegenwärtig ist es jedoch die Hauptaufgabe der in den verschiedenen Zen-Zentren lebenden Menschen, ein Vorbild der Dana-Paramita zu sein und innerhalb der Schale der alten Gesellschaft einen Weg der inneren Umkehr zu weisen. Innerhalb unseres eigenen Sangha müssen wir daher den Geist der Wohltätigkeit vervollkommnen, uns umeinander sorgen und uns wechselseitig Mut zusprechen. Solange wir im Sangha selbst ungelöste Probleme mit uns herumschleppen, unterbinden wir den freien Strom der Liebe bereits an der Quelle und verlieren unsere Glaubwürdigkeit als Vorreiter einer neuen Gesellschaftsethik. Gelingt es uns indes, in Harmonie mit uns selbst zu leben, so werden wir Inspiration im großen Himmel des Samādhi finden und in der Art und Weise, wie der Buddha der Welt seine Bettelschale entgegenhält.

Der Buddha war ein umherziehender Heiliger, und seine bloße Gegenwart reichte bereits aus, all jene friedfertig zu stimmen, die ihm begegneten. In dem von ihm begründeten Sangha war Ahimsa die für alle geltende Lebenspraxis. Aber die Zeiten haben sich geändert, und wir können die Lehren des Buddha nicht mehr unmittelbar auf unsere Gegenwart anwenden.

Von Gandhi hingegen können wir erfahren, wic die traditionelle Lehre der Gewaltlosigkeit auch in unserer imperialistischen Welt zu verwirklichen ist.

Wir können aber auch von anderen Gruppen lernen, die sich in unseren Tagen der Praxis der Mitmenschlichkeit verschrieben haben, und mit diesen zusammenarbeiten. Es gibt zahlreiche Vereinigungen, die für die Menschenrechte kämpfen, für den Frieden oder für eine intakte Umwelt arbeiten, Gruppen, die in der Tat bereits nach den Grundsätzen der Dana-Paramita leben. Buddhistische Dana-Paramita-Gemeinschaften bilden gemeinsam mit Christen, Juden und Humanisten die Vorhut einer gewaltlosen Bewegung der Gesellschaftsveränderung.

Bodhidharma und Dogen Zenji haben aufgezeigt, welchen speziellen Beitrag die buddhistischen Gemeinschaften in dieser Hinsicht leisten können. Voraussetzung für diesen Geist der Großzügigkeit und der Universalität, aus dem allein Dana-Paramita hervorgehen kann, sind die »große Leere« und die existentielle Erfahrung »des entfallenen Körpers und Geistes«. Dieser Geist ist das Dojo der Leere, der unstrukturierte Hintergrund, vor dem wir diese eine Teeschale wahrnehmen, und zwar in ihrem So-Sein und in ihrer tiefsten Verbundenheit mit jedem anderen Element des Universums, einschließlich des Betrachters. Auf der Ebene unserer alltäglichen Lebenspraxis haben wir diesen Zustand erreicht, wenn wir uns voll Anteilnahme um unsere Freunde kümmern.

Dies ist das Wunder des gegenwärtigen Alltagslebens jedes einzelnen. Denn das Dojo ist zu guter Letzt meine Heimstatt, jedermanns Heimstatt, und der Sangha ist unsere Gemeinschaft, die in endlosen Kreisen aus dem Zentrum unseres Friedens sich in die Welt ergießt. Und genau dieser Ort ist jetzt das Lotus-Land, und nicht erst ... – und dieses »nicht erst« ist die Ehre, die wir uns gegenseitig *jetzt* erweisen, und das *Sitzen* auf unseren Zafus unser unablässiges Bemühen, in einer krisengeschüttelten Welt den Dharma hochzuhalten.

Das Dritte Hauptgebot: NICHT-MISSBRAUCH DER SEXUALITÄT

Ursprünglich lautete das dritte Hauptgebot: »Keine Unrechtmäßige Unzucht«. Dies ist zwar in gewisser Weise ein Pleonasmus, aber das Chinesische bringt auf diese Weise eine besonders starke Betonung zum Ausdruck. Im Mittelpunkt dieses Gebotes steht die Vorstellung, daß es unrecht ist, sich der Sexualität »zuchtlos«, das heißt ohne Maß und ohne Rücksicht auf die eigene wie die Würde des betreffenden Partners hinzugeben. Das Dritte Gebot wendet sich also gegen eine »barbarische« Sexualpraxis. Und gerade in der heutigen Zeit ist diese Mahnung gewiß angebracht.

Was aber dachten unsere zen-buddhistischen Vorläufer über die Sexualität? Ein in meinem Besitz befindliches Nachschlagewerk enthält ungefähr 51 500 Koan, aber in dem ausführlichen Sachregister konnte ich keinen Eintrag zu diesem Thema finden.[1] Ich kenne aber trotzdem ein Koan, das sich auf den Bereich der Sexualität bezieht. Zwar ist dieses Koan nicht ganz frei von gewissen sexistischen Voreingenommenheiten, aber es kann ungeachtet dessen veranschaulichen, daß die Religion – ob in West oder Ost – nicht unbedingt eine puritanische Sexualauffassung vertreten muß:

In alten Zeiten gab es eine Frau, die zwanzig Jahre lang einem Einsiedler Unterkunft und Verpflegung gewährte. Eines Tages beauftragte die Frau ihre siebzehn Jahre alte Nichte, dem Einsiedler das Essen zu bringen. Zuvor hatte sie dem Mädchen eingeschärft, es solle dem Einsiedler Avancen machen und später berichten, wie er darauf reagiert habe. Das Mädchen ging zu dem Einsiedler, legte den Kopf in dessen Schoß und fragte: »Wie gefällt dir das?«

Der Einsiedler erwiderte: »Die Wurzeln des vertrockneten Baumes haben sich tief in einen uralten, bitterkalten Fels gegraben. Während der Wintermonate entbehrt er jeglicher Wärme, jeglichen Lebens.«

Das Mädchen berichtete dies ihrer Tante. Die alte Frau bekam daraufhin einen Wutanfall und schrie: »So ein vulgärer Kerl, wie kann er nur glauben, ich hätte ihm seit zwanzig Jahren Avancen gemacht!« Dann jagte sie den Einsiedler fort und brannte dessen Hütte nieder.[2]

Wir können uns zwar fragen, ob die Nichte nun das geeignete Mittel war, die Erleuchtung des Mönches zu prüfen, aber die Reaktion der Tante zeigt ganz deutlich, daß auch diese den Mißbrauch der Sexualität ablehnt. Denn der Eremit ist nicht auf das menschliche Wesen eingegangen, das seinen Kopf in seinen Schoß gelegt hat. Vielmehr hat er das Mädchen nur dazu benutzt, seine asketische Haltung zum Ausdruck zu bringen.

Und genau deshalb nennt die Tante ihn einen vulgären Kerl, einen Barbaren. Unzucht ist immer »barbarisch«, aber auch Enthaltsamkeit kann »barbarisch« sein. Ein Barbar ist ein Mensch, dem es an Feingefühl mangelt und der ausschließlich an das eigene Selbst denkt. Aus diesem Grunde vertreibt die Tante den Einsiedler und brennt seine Hütte nieder. Das Feuer ist ein Symbol der Sexualität. »Du bist hier fehl am Platz! Was wir hier brauchen, ist Sexualität – oder wenigstens das Eingeständnis, daß sie ihre Daseinsberechtigung hat.«

In meiner Koan-Sammlung ist die vorstehende Geschichte unter der Kategorie »An Mönche gerichtete Angebote« verzeichnet. Die Tatsache, daß die Kategorie »Sexualität« in derartigen Verzeichnissen explizit überhaupt nicht vorkommt, fügt sich nahtlos in die im traditionellen Zen übliche Praxis ein, das Thema Sexualität völlig auszusparen.[3] Wenn man die Literatur sorgfältig studiert, so stößt man bestenfalls auf einige Stellen, in denen Dogen Zenji davor warnt, leichtfertig über die Sexualität zu sprechen. Aber abgesehen von dem oben erwähnten Koan und den dazugehörigen Kommentaren finden sich in der Literatur keine weiteren Hinweise auf Fragen der Sexualität. In einem Zen-Kloster ist der gesamte Tagesablauf – angefangen beim Essen, über die Stunden des Schlafens und des Zazen bis hin zur Arbeit und dem Gang zur Toilette bis ins einzelne geregelt, aber die Sexualität ist eine nichtexistente Größe. Ich bin allerdings nicht so naiv anzunehmen, daß es möglich wäre, sexuelle Bedürfnisse tatsächlich vollständig aus einem Zen-Kloster auszuschließen. Aber während eines mehrmonatigen Aufenthaltes in einem japanischen Zen-Kloster habe ich – einmal abgesehen von ein paar homoerotisch angehauchten Spielereien noch jugendlicher Mönche – nichts bemerkt, was auch nur im entferntesten mit Sexualität zu tun gehabt hätte.

In der von Harada Dai'un Roshi für die Zen-Schulung zusammengestellten Koan-Anthologie ist die Geschichte von dem Eremiten und der alten Frau nicht enthalten, obwohl das Koan in der Rinzai-Schule verwendet wird. Allerdings kann man sich mit Recht fragen, welchen praktischen Nutzen die Schüler aus der Arbeit mit diesem Koan ziehen sollen. Denn auch heute noch werden in japanischen Klöstern Frauen im allgemeinen nur während *Sesshin* geduldet. Sie *sitzen* dann in einem eigens für diesen Zweck bestimmten Raum und treffen die Männer nur bei Tisch, bei der Sutrarezitation und während des Teisho. Aber selbst bei diesen Anlässen bleiben beide Gruppen streng getrennt. Während der Teisho-Darlegung sitzen die männlichen Laien bei den Mönchen. Die Frauen hingegen sitzen auf der anderen Seite des Raumes bei den Gästen, die eigens gekommen sind, um den Darlegungen des Zen-Meisters zu lauschen, über der Szene schwebt gleichsam das unsichtbare Motto: »Zazen ist reine Männersache.«

Die Japaner machen im allgemeinen die Frau und nicht den Mann für sexuelle »Ablenkungen« verantwortlich. Wenigstens bis vor wenigen Jahren hatten in Japan Jungen und

Mädchen während der Reifejahre kaum Kontakt miteinander. Mönche, die dann mit achtzehn ins Kloster gingen, wußten nicht, wie sie sich gegenüber einer Frau verhalten sollten, die gemeinsam mit ihnen im Dojo lebte. Allein ihre Anwesenheit hätte vermutlich bereits genügt, um das Zazen dieser jungen Männer mit lange verdrängten sexuellen Wünschen zu überschwemmen.

Die Folge wäre wahrscheinlich gewesen, daß diese Novizen *Mu* verloren hätten und außerstande gewesen wären, sich im Dokusan-(Gesprächs-)Raum richtig zu verhalten beziehungsweise am Klosterleben innerlich wirklich Anteil zu nehmen.

Der Roshi, der im Zentrum der Zen-Schulung steht, hat schwerlich ein Interesse daran, die Gesellschaftsordnung umzustürzen, in der er mit diesem Problem konfrontiert wird. Innerhalb seines eigenen Bereiches löst er es auf die einzig ihm realistisch erscheinende Weise, nämlich indem er die unmittelbare »Ursache« solcher Störungen aus seiner Umgebung ausschließt. Der westliche Zen-Buddhismus sollte meines Erachtens dieses Modell nicht übernehmen, obwohl es viel über die Probleme aussagt, mit denen der Zen-Schüler sich konfrontiert sehen kann.

Senzaki Nyogen Sensei erzählte gerne die Geschichte von der Nonne Eshun, die sich, wie es scheint, in einem ansonsten ausschließlich von Männern bevölkerten Sangha der Zen-Schulung unterzog:

Zwanzig Mönche und eine Nonne namens Eshun widmeten sich unter Anleitung eines bekannten Zen-Meisters der Meditation. Eshun war sehr schön, obwohl ihr Kopf geschoren war und sie nur eine einfache Kutte trug. Einige der Mönche verliebten sich insgeheim in sie, und einer von ihnen schrieb ihr sogar einen Liebesbrief, in dem er sie inständig bat, ihm ein persönliches Gespräch zu gewähren.

Eshun antwortete ihm nicht. Am darauffolgenden Tag erhielt die Gruppe von ihrem Meister ein Teisho, und als dies vorüber war, erhob sich Eshun und wandte sich an den Mönch, der ihr den Brief geschrieben hatte, und erklärte dann: »Wenn Du mich wirklich so sehr liebst, dann komm' jetzt zu mir und umarme mich.«[4]

Einer meiner Schüler sagte einmal, Eshuns Verhalten erscheine ihm ziemlich selbstgerecht. Ich bin mir da allerdings nicht so sicher. In ihrer Situation war ihr Verhalten vielleicht durchaus angemessen – wer will das schon entscheiden. Heutzutage sind wir bestrebt, in diesen Dingen möglichst aufrichtig zu sein, und deswegen erscheint uns Eshuns Betragen nicht gar so abwegig. Aber wie dem auch sei, wie würden wir heute in der Situation des Mönches auf ein solches Angebot reagieren?

Als ich diese Frage einmal mit Schülern diskutierte und sie mich fragten, wie ich mich verhalten hätte, habe ich erwidert: »Ich wäre zu ihr hingegangen und hätte mich vor ihr verbeugt. In unserem Kulturkreis würde ich vermutlich in einer entsprechenden Situation der Dame die Hand zum Gruß anbieten.« Daraufhin meinte einer der Schüler: »Ich wäre in der Situation des Mönches zu ihr gegangen und hätte sie umarmt.« Dies ist zwar eine zen-typische Antwort, die aber im übrigen durchaus unserer modernen westlichen Auffassung entspricht.

Meines Wissens nehmen heutzutage alle amerikanischen Zen-Zentren sowohl Männer als auch Frauen auf. Nicht anders als im täglichen Leben bringt dieses Zusammenleben der Geschlechter natürlich immer wieder einmal kritische Situationen mit sich, die sexuell motiviert sind. Es kann ohne weiteres geschehen, daß der Zen-Schüler im Dokusan-Raum mit der Geschichte von dem Eremiten und der alten Frau konfrontiert wird.

Eine entsprechende Frage könnte etwa lauten: »Was würden Sie der Nichte entgegnen, wenn Sie in der Situation des Eremiten wären?« Wie alle guten Koan ist auch dies eine prägnante kleine Geschichte, auf die es lediglich eine angemessene Reaktion gibt. Der eigentliche Härtetest erwartet den Schüler allerdings meistens erst hinterher: Er befindet sich beispielsweise in der Wohnung seiner Freundin. Die Umstände sind so und so. Wie reagiert er bei dieser Gelegenheit, an diesem Ort und gegenüber dieser Person? – Zaudern ist nicht gestattet!

In ähnliche Situationen gerät der Schüler auch bisweilen in einem westlichen Zen-Zentrum. Dort *sitzen* Männer und Frauen nicht nur im Dojo eng nebeneinander, sondern sie nehmen auch gemeinsam ihr Essen ein, arbeiten zusammen und nehmen bisweilen sogar gemeinsam ein Bad. Wie jedoch wirken sich solche Bedingungen auf das Zen-Training aus? Und wie läßt sich die Zen-Schulung diesen besonderen Bedingungen anpassen?

Ein enger Kontakt der Geschlechter in einem Zen-Zentrum ist zwar die Ursache vieler Probleme, auf der anderen Seite bietet diese Konstellation aber auch eine Reihe von Vorteilen. Denn in der Tat entsteht ein Gefühl der Ganzheit, wenn das je andere Geschlecht den ganzen Tag hindurch beständig präsent ist. Sexuelle Phantasien sind damit natürlich noch nicht aus der Welt, aber sie sind unter solchen Umständen bei weitem nicht mehr so stark, wie sie es wären, wenn keine Gelegenheit bestünde, den anderen als Menschen kennenzulernen, beim Kochen und Bekochtwerden, bei der Pflege des Gartens und beim gemeinsamen Ausbessern des Daches. Ein kontinuierliches Beisammensein mit dem anderen Geschlecht trägt dazu bei, daß der Schüler oder die Schülerin seine beziehungsweise ihre sexuellen Phantasien als etwas völlig Normales und Natürliches begreift und sie ohne inneren Widerstand vorbeiziehen lassen kann. In einer aus Männern und Frauen zusammengesetzten Gemeinschaft wird es wohl immer einmal Konflikte geben, aber das gilt für zölibatär lebende monastische Gemeinschaften nicht minder. Ganz allgemein kann man sagen, wo immer eine Gruppe von Menschen zusammenlebt, wird es niemals ganz ohne gelegentliche Schwierigkeiten abgehen. Es kommt deswegen darauf an, ob man sich mit diesen Problemen kreativ auseinandersetzt oder ob man zuläßt, daß die Konflikte das Leben der Gemeinschaft beherrschen.

Die Auseinandersetzung mit unserem Sexualtrieb ist Teil unseres Weges zur Selbst-Erkenntnis. Unser modernes, relativ freizügiges Sexualverhalten ermöglicht es uns, in verstärktem Maße unsere menschliche Natur auch in unseren sexuellen Beziehungen zu erforschen. Diese Situation bietet natürlich selbstsüchtigen Menschen weitaus bessere Chancen, die Sexualität als Mittel der persönlichen Machtausweitung zu mißbrauchen. Dies folgt aber nicht notwendigerweise aus der Struktur der Sexualität selbst. Für welchen Weg wir uns entscheiden, hängt davon ab, welchem grundlegenden Lebenszweck wir uns verpflichtet fühlen. Was tun wir hier auf diesem Planeten – was ist der Zweck unseres Hierseins?

Der Roshi, der ein Kloster leitet und alle mit der Sexualität verbundenen Schwierigkeiten lösen will, indem er die Menschheit in zwei Gruppen teilt, hat sein westliches Pendant in der viktorianischen Gesellschaft. Auch in der viktorianischen Gesellschaft des neunzehnten Jahrhunderts war die Trennung der Geschlechter ein durchaus üblicher Kontrollmechanismus. Wir Zen-Buddhisten, die durch die westliche Kultur geprägt sind, neigen eher dazu, die Sexualität in unsere Praxis aufzunehmen, als sie davon auszuschließen. Mit dieser Feststellung möchte ich indes niemanden dazu anregen, mit Tantra zu experimentieren, vielmehr bin ich lediglich der Ansicht, daß auch die sexuelle Energie einen Teil unseres Sangha-Schatzes ausmacht.

Mir erscheint es unlogisch, auf der einen Seite die Sexualität zu tabuisieren und gleichzeitig alle übrigen Triebe und Emotionen des Menschen wie Ärger, Furcht, Hunger und das Bedürfnis nach Schlaf zu akzeptieren. Unsere Erfahrungen auf dem Kissen zeigen uns doch, in welch hohem Maße physische, geistige und Willenszustände sowie Emotionen unser Menschsein bestimmen und daß diese Impulse folglich in die Bewältigung unseres täglichen Lebens, aber auch in unsere Zen-Praxis einzubeziehen sind. Ungeachtet der Ekstasevorstellungen, die wir mit der Sexualität verbinden, und der großen Macht dieses Triebes ist die geschlechtliche Lust nur eines von verschiedenen menschlichen Grundmotiven. Um diese Erkenntnis drücken wir uns allerdings gerne herum, weil die Sexualität wesentlich schwieriger in unser Leben zu integrieren ist als Ärger oder Furcht. Wenn wir der Sexualität also eine Sonderrolle zuweisen, dann müßten wir uns gleichzeitig eingestehen, daß wir außerstande sind, uns der Zen-Praxis voll und ganz zu widmen, sobald wir von sexuellen Wunschbildern überschwemmt werden. Eine solche Einstellung wäre nur unaufrichtig und letzten Endes sogar schädlich. In dem gnostischen Evangelium des Thomas sagt Jesus daher:

Wenn du dem, was in dir ist, Kraft gibst, so wird dich das retten, was du damit stark gemacht hast. Wenn du aber dem, was in dir ist, keine Kraft gibst, so wird dich das, dem du keine Kraft verliehen hast, zerstören.[5]

Aber natürlich ist auch diese Auffassung kein Freibrief. Eine ganze Anzahl von Leuten sitzen in Gefängnissen und Irrenhäusern, nur weil sie davon überzeugt waren, Gott wünsche, daß sie jemanden erschießen oder mit der Axt erschlagen. Die Worte der großen Lehrer der Menschheit beabsichtigen vielmehr, dem Menschen den Weg der Ehre zu weisen.

Während der vergangenen zwanzig Jahre haben in der westlichen Welt in erster Linie die Homosexuellen die oben zitierten Worte Jesu beherzigt. Mit dieser Feststellung betreten wir ein schwieriges Gebiet, für dessen Beurteilung allgemeingültige Maßstäbe nicht vorhanden sind. Von den alten zenbuddhistischen Meistern können wir im Hinblick auf die Frage der Homosexualität keinerlei Hilfe erwarten. Ein mir befreundeter japanischer Mönch wurde vor einigen Jahren zum Roshi ernannt. Nachdem er diese Funktion einige Monate ausgeübt hatte, berichtete er mir von den informellen Gesprächsstunden, die er für seine Schüler eingerichtet hatte. »Ich hatte keine Ahnung«, erklärte er, »daß die Homosexualität so weit verbreitet ist. Ich habe immer geglaubt, daß Fälle von Homosexualität eher die Ausnahme sind.«

Homosexualität wird nur dann zu einem Problem, wenn sie von der Gesellschaft und den betreffenden Menschen zum Problem erhoben wird. Nach meinem Dafürhalten kann jedes Mitglied des Sangha mit Unterstützung des Meisters und der übrigen Zen-Schüler einen Weg der persönlichen Reifung entdecken und durch fortgesetzte Übungen auch zur Erleuchtung gelangen. Ob der Betreffende nun heterosexuell oder homosexuell veranlagt ist, spielt dabei keine Rolle, denn das Buddha-Wesen ist weder das eine noch das andere. Es umfaßt beide Formen der Sexualität.

Tatsächlich ist das Buddha-Wesen die Grundbeschaffenheit jeglicher Energie und damit auch der Sexualenergie des Menschen.

Bodhidharma sagt: Das Selbst-Wesen ist vielschichtig und geheimnisvoll. Wenn ein Firnis der Weltverhaftetheit nicht erzeugt wird, so ist im Bezirk des schmucklosen Dharma die Rede vom Gebot des Nicht-Mißbrauchs der Sexualität.

Bodhidharma lebte natürlich zölibatär, und seine Worte waren an seine gleichfalls ehelosen Anhänger gerichtet. Auch heute noch ist der Zölibat ein für manche Zen-Schüler nach wie vor geeigneter Weg. Aber gleichgültig, ob wir nun Anhänger des Zölibats sind oder nicht, Bodhidharmas Worte treffen für jeden von uns zu. Das Nicht-Verhaftetsein der So-heit ist das Tao aller Buddhas. Sasaki Joshu Roshi hat gesagt: »Wann immer wir vollständig eins sind mit unserem(r) Liebsten, wissen wir nicht, ob wir etwas Gutes oder etwas Böses tun«[6], ob wir der Welt verhaftet oder frei von allen Fixierungen sind.

Dogen Zenji sagt: »Die Drei Räder sind rein und klar. Wer wunschlos ist, beschreitet den Weg sämtlicher Buddhas.«

Die Drei Räder sind: Handelnder, Gegenstand der Handlung und die Handlung selbst. Zwei Liebende, die sich einander versprochen haben, und ihr Liebesakt sind völlig klar und rein. Aber auch ein Mensch, der tatsächlich zölibatär lebt, wird feststellen, daß das Buddha-Wesen das ganze Universum erfüllt. Bodhidharma und Dogen Zenji beleuchten unseren Weg, und wenn auch in der übrigen zenbuddhistischen Lehre über die Sexualität kaum etwas gesagt wird, so liegt der Weg dennoch klar vor uns. Das von abgründiger Leere erfüllte Universum selbst und die wechselseitige Spiegelung aller Wesen weisen uns den Weg.

Wenn also zwei Menschen leicht zueinanderfinden, so kann eine Liebesbeziehung durchaus das Motiv dafür sein, daß sie ihre Praxis im Sangha nur um so ernster nehmen. Andererseits kann aber gerade auch eine problematische Beziehung eine Aufgabe darstellen, an der sich unsere Praxis bewähren kann.

Man muß in diesem Kontext aber stets beachten, daß die Praxis durch alle Handlungsweisen empfindlich gestört wird, die von den Mitgliedern des Sangha als »barbarischer Sex« empfunden werden. Verhält sich ein Angehöriger des Sangha wie ein in eine Schafherde geratener Wolf, so wird unter diesen Umständen für alle Mitglieder der Gemeinschaft die Praxis im Dojo ungemein erschwert, etwa so, als würde jemand während Sesshin einen Fernseher laufen lassen. Aber was ist zu tun, wenn sich der Meister selbst wie ein Wolf aufführt? Bodhidharmas und Dogen Zenjis Worte sind schlicht Ausdruck einer allgemeinverbindlichen Moralität. Es liegt also in der Hand des Zen-Meisters und seiner langjährigen Schüler, durch ihr Beispiel den Weg zur rechten Praxis zu weisen. Erst wenn dies gelingt, wird Zazen die Weisheit unserer buddhistischen Vorbilder mit den Erfordernissen des täglichen Lebens verbinden.

Die zenbuddhistischen Zentren in Amerika bereiten mir in dieser Beziehung die größten Sorgen. In einigen dieser Zentren ist es in den letzten Jahren zu schweren Auseinandersetzungen gekommen, weil einige Meister sich dazu haben hinreißen lassen, mit Schülerinnen Affären einzugehen. Dies zeugt nicht allein von einem Mißbrauch der Sexualität, sondern hier wird in einem viel allgemeineren Sinne die Rolle des Meisters im Sangha mißbraucht.

Dem Meister eines religiösen Weges kommt im Seelenleben seiner Schüler eine geradezu archetypische Stellung zu. Selbst in den Träumen der Schüler ist er noch gegenwärtig. Dieser Umstand ist für das Meister-Schüler-Verhältnis von grundlegender Bedeutung. Deshalb sollte der Meister – soweit es von ihm selbst abhängt – mit seiner Macht stets äußerst verantwortungsvoll umgehen und seine Schüler dazu ermuntern, aus dieser Macht Gewinn zu ziehen beziehungsweise Einspruch zu erheben, sobald sie sich vom Meister ausgenützt fühlen. Die Schüler ihrerseits sollten sich vor einem Verhältnis blinder Gefolgschaft hüten. Ein kleines Beispiel mag verdeutlichen, was ich mit dieser Feststellung sagen will: Vor einiger Zeit habe ich einmal einen Schüler gefragt, was er von den frauenfeindlichen und antisemitischen Äußerungen seines Meisters halte. Er entgegnete: »Es stimmt, er ist frauenfeindlich und antisemitisch eingestellt. Aber schließlich ist er der Guru.« Diese Einstellung reicht dann wohl doch nicht ganz.

Der Meister hat die Aufgabe zu unterweisen, wie es die Pflicht eines Vaters oder einer Mutter ist, für ihre Kinder zu sorgen, und die Funktion des Psychologen, seine Klienten zu beraten. Alle derartige Rollen führen zu einer archetypischen Konstellation zwischen den beteiligten Personen, die im Idealfall ein produktives Verhalten der Beteiligten begünstigt. Nähert sich nun der Meister in seiner Rolle als Lehrer einem(r) Schüler(in) in sexueller Absicht, so wird die beschriebene archetypische Struktur verletzt, und der Schüler gerät in einen Zustand tiefer Verwirrung und Verstörtheit. Dies ist ein Naturgesetz, das sich ebensowenig außer Kraft setzen läßt wie das Gesetz der Schwerkraft. Die Richtigkeit dieser Behauptung wird durch das Leid untermauert, das verantwortungslose Meister ihren Schülern in den vergangenen Jahren in einigen amerikanischen Sanghas zugefügt haben.

Einige meiner Schüler haben mich in diesem Zusammenhang darauf hingewiesen, zu einem Liebesverhältnis zwischen Lehrer und Schüler gehörten doch wohl immer zwei – daß also die Frauen, die mit ihrem Meister ein Verhältnis eingegangen sind, durchaus ihr Teil dazu beigetragen hätten, daß es schließlich soweit gekommen sei. Mag sein, aber das würde ja nur bedeuten, daß diese Frauen in ihrer Praxis noch nicht sehr weit fortgeschritten waren und sich folglich von ihrem emotionalen Engagement haben forttragen lassen. Für einen Meister können derartige Entschuldigungen nicht gelten, denn er kann während einer Dokusan-Sitzung das Problem zur Sprache bringen und in diesem Augenblick eine scharfe Trennungslinie zwischen sich und der Schülerin ziehen. Der Meister ist hierzu sogar verpflichtet, erfüllt er doch seine Aufgabe in der Nachfolge aller Buddhas, die vor ihm waren.

Aber natürlich haben die erwähnten Schüler grundsätzlich recht: Jeder ist für sein Tun verantwortlich. Nicht nur ist der Meister dafür verantwortlich, zu seinen Schülern eine vertrauensvolle Beziehung herzustellen, das gleiche gilt umgekehrt auch für die Schüler. Jedes Mitglied eines Sangha ist für die Folgen verantwortlich, die entstehen, wenn er oder sie sich auf eine Liebesbeziehung einläßt. Damit wären wir wieder beim Problem der Abtreibung angelangt, was nur beweist, wie eng die verschiedenen Gebote miteinander verknüpft sind.

Ich hatte bereits auf das Dilemma der schwangeren Frau hingewiesen, als ich mich im Kontext des Ersten Gebotes mit der Abtreibung befaßt habe. Wenn eine Frau eine Abtreibung hat vornehmen lassen, ist daran nichts mehr zu ändern. Aber bevor dieser Fall eingetreten ist, von welchen Erwägungen sollte man sich da leiten lassen? Meiner Ansicht nach müssen wir einfach akzeptieren, daß Sexualität und Fruchtbarkeit nicht voneinander zu trennen sind, ganz gleich, welche Methoden der Empfängnisverhütung wir auch anwenden. Eine ungewollte Schwangerschaft erinnert uns schmerzlich daran, wie sehr die Vorgänge in unserem Körper von biologischen Gesetzmäßigkeiten bestimmt werden. Diesem Karma können wir uns nicht entziehen. Wer das Problem einer Abtreibung vermeiden möchte, sollte möglichst bereits in seinem häuslichen Leben ein verantwortungsvolles Verhältnis zur Sexualität pflegen. Dazu gehört auch, daß wir schon unsere heranwachsenden Kinder mit eindeutigen sexualethischen Grundsätzen vertraut machen.

Ein grundlegender Bestandteil der Sexualethik ist die sexuelle Geborgenheit. Der distinguierte Ehemann legt seinen Anzug und seine Weste ab. Seine schöne Gattin entledigt sich ihres Make-up. Jeder der beiden vertraut sich dem anderen an, um mit diesem den uralten Tanz der Liebe zu beginnen. Wenn sie so beieinander Zuflucht finden, erleben sie die Freiheit der völligen Geborgenheit.

Diese Geborgenheit und diesen Schutz kann ein Paar indes nicht aus eigener Vollkommenheit erlangen. Dante erzählt, wie Paolo und Francesca sich wechselseitig davon überzeugen, daß allein das Ideal der wahren Liebe ihr Liebesverhältnis rechtfertigen könne, und an dieser Überzeugung halten sie sogar noch im Inferno fest. Erst wenn sich zwei Menschen öffentlich zueinander bekennen, erlangen sie zugleich mit der Freiheit einer solchen Partnerschaft auch die Geborgenheit, die am ehesten die Ehe zu geben vermag. Natürlich kann man auch, ohne zu heiraten, übereinkommen, in einer Beziehung miteinander zu leben und an dieser Beziehung zu arbeiten. Viele scheuen vor einem endgültigen Versprechen zurück, das zudem religiös sanktioniert ist. Solche Menschen haben meistens bereits eine unglückliche Ehe hinter sich oder kennen andere Menschen, denen dies widerfahren ist. Sie lassen sich auf – oftmals erfolgreiche – Beziehungen ein, aber da sie sich zu einem unwiderruflichen Eheversprechen nicht durchringen können, ist ihre Partnerschaft in vielen Fällen größeren Anfechtungen nicht gewachsen.

Ein Eheversprechen ist eine Vereinbarung, derzufolge die betreffenden Menschen bereit sind, gemeinsam die Praxis des Ehelebens zu beginnen. Die Eheleute kommen überein: »Uns geht es nicht nur um das Versprechen, einander zu lieben und zu ehren, obwohl dies zweifelsohne ein wichtiger Aspekt unserer Abmachung ist, sondern wir bekunden übereinstimmend die Absicht, die Praxis der Ehe zu lieben und zu ehren. Wir sind zwei Menschen, die sich vorgenommen haben, gemeinsam ein Kunstwerk zu schaffen.«

In der Ehe bilden Mann und Frau mit ihren unterschiedlichen Dispositionen eine harmonische Einheit, in der jeder den anderen ergänzt, jeder den anderen im Selbst entdeckt wie auch das Selbst im anderen. In jedem einzelnen Haushalt entfalten somit das Yin und Yang des Universums ihre Wirkung. Läßt sich nur einer der beiden Partner auf ein sexuelles Abenteuer ein, so wird diese Polarität von Weiblich und Männlich in gewisser Hinsicht gestört. Besteht hingegen die Absicht, diese Affäre in eine echte Lebensgemeinschaft umzuwandeln, so können die ursprünglichen Bindungen der Beteiligten zerbrechen. Und wenn aufgrund dessen die vormaligen Ehepartner und die Kinder, die aus früheren Ehen der beiden Partner hervorgegangen sind, auf der Strecke bleiben, so kann aus einer solchen Affäre schweres Leid entstehen. Kommen noch Täuschung und Betrug hinzu, so wird das Leben der beteiligten Menschen vergiftet und ihre Zen-Praxis wird – sofern sie sich überhaupt mit Zen befassen – erheblichen Schaden leiden. Je nach dem Charakter der Beteiligten und den besonderen Umständen sind derartige Wunden entweder unheilbar, oder das entstandene Leid motiviert die Betroffenen, ihre Situation von Grund auf neu zu durchdenken.

Eine Ehe ist eine lebenslange intime Gemeinschaft mit einem Gegenüber. Mein Vater pflegte meine Mutter »Frau

Ich« zu nennen. Läßt man einmal das männliche Überlegenheitsgefühl außer acht, das in dieser Anrede mitschwingt, (denn meine Mutter nannte meinen Vater niemals »Herr Ich«), so zeigt diese Gepflogenheit meines Vaters, daß er sich der Einheit durchaus bewußt war, die er mit meiner Mutter bildete. Im Laufe der Jahre wird dieses Band zwischen den beiden Partnern immer stärker, und stirbt schließlich einer von beiden, so lebt der andere noch eine Zeitlang in dem Bewußtsein der Einheit mit dem Verstorbenen fort.

Ein bisweilen vorgebrachtes Argument lautet, die Sexualität sei erst wirklich erfüllend, wenn sie sich um die hergebrachten Rollenklischees nicht schere – da der Mensch im Grunde genommen für die Monogamie nicht geschaffen sei. Dies behaupten im allgemeinen Menschen, die sich unentwegt beweisen müssen, daß sie andere in ihren Bann ziehen können. Ihnen geht es also nicht darum, im Geist echter Mitmenschlichkeit auf andere zuzugehen. Unser Anliegen als Zen-Buddhisten ist es jedoch, alle Wesen zu erretten. Im Kreis der Familie können wir dieses Bestreben bisweilen schon dadurch zum Ausdruck bringen, daß wir das Geschirr spülen oder bei der Hausarbeit helfen. Aber auch, wenn wir abends für unsere Freunde eine kleine Feier arrangieren, können wir eine entsprechende Gesinnung unter Beweis stellen. Am Tanz der Liebe und des Lebens können wir nur teilnehmen, wenn wir imstande sind, das Selbst zu vergessen und uns ganz diesem Tanz zu überlassen. Der Geschlechtsverkehr ist gleichsam der tanzende Nukleus unserer intimsten Gemeinschaft; auf seinem Höhepunkt bringt er alle Wesen neu hervor und schenkt uns Ruhe und Erneuerung.

Geben wir uns sexuellen Tagträumen hin, so erheben wir gleichsam die Nichtigkeit der Erfüllung zu unserem Ziel. Welcher Zen-Schüler hat nicht schon im Geiste seine Zeit in den Armen eines geliebten Menschen vergeudet, vielleicht eines in seinem Leben wirklich bedeutenden Menschen, vielleicht aber auch nur eines Traumgebildes, während er mit leicht vorgeneigtem Oberkörper und fast geschlossenen Augen unbeweglich wie ein Steinbuddha dagesessen ist? Welcher Zen-Schüler hat nicht schon seine Zeit vertan, indem er sich innerlich oder äußerlich auf Sex-Spielchen eingelassen hat?

Die Drei Räder sind rein – ist uns das klar? Wie schon der Buddha gesagt hat, kommen wir mit dieser Wahrheit nicht zurande, weil wir verblendet und den Erscheinungen der Welt verhaftet sind. Es ist daher höchste Zeit, daß wir durch jene leeren Wolken hindurch dem Ursprung ins Auge blikken. Und in diesem Ursprung gibt es keinen Mißbrauch der Sexualität und auch keinen Drang, irgend etwas unter Beweis zu stellen – und keine barbarische Selbst-Fixierung.

Das Vierte Hauptgebot: NICHT-LÜGEN

Die chinesischen Schriftzeichen *wang-yü* (japanisch: *Mogo*) werden eigentlich nur benutzt, um das Vierte Gebot schriftlich zu fixieren; in andern Zusammenhängen findet man sie kaum. Sie bezeichneten ursprünglich »vergeßliche oder nachlässig gesprochene Worte«.

In Ableitung von dieser ursprünglichen Aussage bieten buddhistische und westliche Wörterbücher die Bedeutung: »eine Lüge, eine vorsätzliche Lüge, eine unbegründete Behauptung, eine Lüge erzählen«. Im Zusammenhang mit dem Vierten Gebot berief Nagakawa Soen Roshi sich gern auf Dogen Zenji, der gesagt haben soll: »Verwendet niemals Worte ohne Wurzeln.«[1]

Damit werden wir daran erinnert, daß wir dem Wahren-Wesen nicht untreu werden dürfen. Die Aufrichtigkeit, die wir anderen schulden, ist, verglichen mit dieser Grundforderung, nur zweitrangig. Die Nebenwirkung dieser Treue ist, daß wir auch gegenüber anderen Menschen wahrhaftig sind, aber der Ursprung solcher Wahrhaftigkeit ist das Buddha-Wesen.

Sobald dies einmal klar ist, wird auch verständlich, warum Wahrhaftigkeit als soziale und psychologische Tugend gilt. Selbstbetrug, die Täuschung anderer, Betrug, Tratsch und ein allzu lockerer Umgang mit der Sprache – all dies zeigt, daß es uns gegenüber dem Herzen unseres Herzens an Treue gebricht. Worte, die diesen Frieden zum Ausdruck bringen, sind wahr. Und ein Schweigen, das diesen Frieden zum Ausdruck bringt, ist ebenfalls wahr.

Der Friede der grenzenlosen, unergründlichen Leere, die von Möglichkeiten überquillt, kommt in den folgenden Worten unseres Patriarchen klar zum Ausdruck:

Bodhidharma sagt: Das Wesen des Selbst ist vielschichtig und geheimnisvoll. Wenn im Bezirk des mit Worten nicht zu benennenden Dharma kein einziges Wort gelehrt wird, so bezeichnet man dies als Nicht-Lügen.«

Die Formulierung »kein einziges Wort gelehrt wird« kann leicht zu Mißverständnissen Anlaß geben. Aber der Buddha selbst drehte – in völliges Schweigen versunken – das Rad des Dharma, als einst ein Philosoph zu ihm sagte: »Ich bitte dich weder um Worte noch um Nicht-Worte.« Der Buddha saß nur einfach da, und die Selbsttäuschung des Philosophen löste sich auf wie Wolken im Sturmwind.[2]

Auch in der Kultur des Westens gibt es eine alte Tradition, die Wahrheit durch Schweigen zu bekunden. Sie beginnt mit Jesu Verhör bei Pilatus und reicht bis in heutige Zeit. Vor amerikanischen Gerichten hat der Angeklagte die Möglichkeit zu schweigen, wenn an ihn die Frage »Schuldig oder unschuldig?« gerichtet wird. Im *Cheng-Tao-Ko* heißt es:

Im Schweigen wird es hörbar.
In der Rede ist es das Schweigen.[3]

Wir wissen sofort, daß etwas nicht stimmt, wenn wir in den Worten anderer das Schweigen nicht hören können. Allerdings fällt es uns schwer, die Ursache dafür bei uns selbst zu entdecken. Hamlet versucht das Gewissen der Königin aufzurütteln, sie aber stellt über ihr auf der Bühne agierendes Spiegelbild nur fest: »Mich dünkt, die Dame gelobt zuviel.«[4] Dabei ist ihr nicht klar, daß sich das Geschehen auf der Bühne ganz wesentlich auf sie bezieht. Die meisten von uns könnten hin und wieder ebenfalls einen Denkanstoß gebrauchen – so oder so.

Aber die Wahrheit ist gegenwärtig – selbst noch im gedankenlosesten Geschwätz. Es hat mich stets erstaunt, daß meine ehemaligen Meister über das ganze Gesicht strahlten und zustimmend nickten, während ihre Schüler offenbar gar nicht mehr zu reden aufhören wollten.

Dogen Zenji sagt: »Das Rad des Dharma dreht sich seit Anbeginn. Weder gibt es einen Überschuß noch einen Mangel. Das ganze Universum wird von Nektar befeuchtet, und die Wahrheit ist reif für die Ernte.«

Die Wahrheit ist also nicht nur bereits *da*, sie ist durch und durch herrlich, und wir brauchen sie nur zu ergreifen. »Nimm mich!« spricht das Faktum. Feng-hsüenkonfrontierte einen Mönch, der sich ebenfalls mit dem Problem »Worte oder Nicht-Worte« herumplagte, mit einem derartigen Faktum:

Die Rede bedarf eines Subjekts und eines Objekts. Das Schweigen bedarf eines Subjekts und eines Objekts. Wie kann ich mich aus diesem Subjekt-Objekt-Käfig befreien?«
Feng-hsüeh entgegnete hierauf: »Ich denke stets an Chiang-nan im März. Die Rebhühner zwitschern inmitten der Vielzahl duftender Blumen.«[5]

Feng-hsüeh und der Buddha bedienten sich einfühlsamer und wirksamer Mittel, um die Wahrheit in knappster Form zum Ausdruck zu bringen. Bei anderer Gelegenheit waren sie in ihrem Tun und Reden zwar wahrhaftig, aber ihr Interesse galt bei solchen Anlässen in erster Linie der Erledigung alltäglicher Dinge – sie baten um Wasser oder nahmen ein Geschenk in Empfang. Unser Leben besteht fast ausschließlich aus Alltäglichkeiten und aus Krisen. Wie aber können wir die Wahrheit in der Auseinandersetzung mit derartigen Problemen zum Ausdruck bringen?

Einem Arzt stellt sich oft das Problem, ob er nun einem Patienten offen sagen soll, daß dessen Krankheit tödlich ist oder ob er dem Kranken dessen Zustand besser verschweigen soll.

In diesem Zusammenhang fällt mir ein Gespräch mit einem Japaner ein, der mir über das Befinden gemeinsamer Freunde in Japan berichtete. Unter anderem erzählte er mir auch, jemand, den wir beide sehr gut kannten, habe sich einer Krebsoperation unterziehen müssen.

»Natürlich weiß er nichts davon«, meinte mein Freund. »Er glaubt, man habe ihm nur ein Geschwür entfernt.« Dieser Ausspruch reflektiert die in der japanischen Kultur vorherrschende Auffassung des Vierten Gebotes. Dort gilt es als wenig mitfühlsam, einem unheilbar Kranken unverblümt die Wahrheit über dessen Zustand zu sagen. In unserem Kulturkreis setzt sich dagegen allmählich die Überzeugung durch, daß es für einen kranken Menschen wichtig ist, über seinen tatsächlichen Zustand informiert zu sein, damit der Betreffende Gelegenheit erhält, sich mit seinem Schicksal zu versöhnen. Sozialpsychologische Untersuchungen haben gezeigt, daß solche Patienten ohnehin meist um ihren Zustand wissen. Bei uns setzt sich daher langsam die Auffassung durch, daß derartige Täuschungsmanöver mehr schaden als nützen. Denn gerade in der letzten Lebensphase eines unheilbar Kranken eröffnet sich häufig für diesen selbst und für die Menschen, die ihm nahestehen, die Möglichkeit, die tiefsten Dimensionen ihres wechselseitigen Verhältnisses recht zu erfassen.

Außerdem ist uns ja völlig unbekannt, welche karmischen Bedingungen wir einem sterbenden Menschen gleichsam aufzwingen, wenn wir ihn über seinen wahren Zustand täuschen. Ich kann diese Frage zwar auch nicht beantworten, aber ich stelle mir die Folgen entsetzlich vor. Vielleicht werden auf diese Weise Geister ins Dasein gerufen. Und sofern die Angehörigen des Kranken auch nur eine Spur von Sensibilität haben, so werden sie fortan mit dem Gefühl leben müssen, etwas unerledigt gelassen zu haben, das nun nicht mehr zu ändern ist. Auch im täglichen Leben erzeugen wir bisweilen Geister, wenn wir beispielsweise ein notwendiges Gespräch nicht zu Ende führen, falsche Eindrücke weitergeben oder uns gegenüber unseren Mitmenschen über Gebühr verschließen. Mitunter stelle ich mir das »Netz des Indra« wie ein kosmisches Kommunikationssystem vor, das es uns gestattet, mit allen Wesen durch Kundgabe der mitfühlenden Wahrheit in Austausch zu treten.

Das Nicht-Lügen ist ein Aspekt der rechten Lebensweise und verlangt von uns möglicherweise auch ein Rechtes soziales Handeln. Wem dieser Grundsatz etwas bedeutet, der darf also in einer der üblichen Werbeagenturen nicht guten Gewissens arbeiten, und ebensowenig darf er die allgemein verbreiteten Lügen der Werbung widerstandslos schlucken. Ein Schüler hat mir einmal in einem Brief geschrieben: »Ein Motiv hat mich besonders dazu bestimmt, den Wehrdienst zu verweigern und öffentlich gegen das Militär zu protestieren, nämlich der Wunsch, mich den Lügen der Macht entgegenzustellen.«

Aber selbst in einer Gesellschaft, in der die Lüge so weit verbreitet ist wie in der unsrigen, kann ein Freund der Wahrheit einige Nischen für sich entdecken. Es gibt durchaus auch ehrenhafte Möglichkeiten, das zum Leben notwendige Geld zu verdienen; und es gibt sogar Werbeagenturen, die nicht mit den üblichen Methoden arbeiten.

Je nach unserem Charakter und unseren allgemeinen Lebensumständen (zu denen auch die Verantwortung für eine Familie gehört) können wir entweder in dem großen Gesellschafts-Gefährt mitfahren und versuchen, auf dessen Richtung Einfluß zu nehmen oder aussteigen und zu Fuß weitermarschieren. Dies zeigt, daß Rechte Lebensweise kein System exakter Vorschriften ist, sondern von uns ein umsichtiges Eingehen auf die jeweiligen Gegebenheiten verlangt.

Diese Umsicht hat ihren Ursprung in einer uns angeborenen Ehrlichkeit. Die Grundsätze der Ethik haben ihren Ursprung in unserem Gemein-Sinn (common sense), das heißt in einem Empfinden, das uns allen gemeinsam ist. Ein Beispiel mag dies verdeutlichen: Wenn Eltern behaupten, ihr sechsjähriges Kind sei erst fünf Jahre alt – nur weil sie das Geld für eine Fahr- oder Eintrittskarte einsparen möchten, dann lernt das betreffende Kind schon früh, unehrlich zu sein. Geben die Eltern hingegen das tatsächliche Alter des Kindes an und bezahlen sie das zusätzliche Ticket, dann wird die dem Kind angeborene Ehrlichkeit bestärkt. »Ich bin sechs Jahre alt« – das ist die Wahrheit.

In Japan wird der Zen-Schüler dazu angehalten, »aufrichtig« zu sein. Ich halte allerdings das Wort »ehrlich« für angemessener. Obwohl wir beständig unseren Geist auf *Mu* richten, lauern im Hintergrund zahllose verlockende Gedanken. Bereits ein Augenblick mangelnder Achtsamkeit genügt, und schon überschwemmen sie unser Bewußtsein. Deshalb sind Ehrlichkeit und Achtsamkeit vonnöten. Deshalb sollten wir nie den Kontakt zu der uns eigenen Ehrlichkeit verlieren – und so wird Zazen der Grundstein eines ehrlichen Lebens sein.

Aber diese Ehrlichkeit ist auch die Basis jeglicher Kreativität. Die Form des Auftretens und die inhaltlichen Feststellungen des Zen-Schülers sind die beiden Kriterien, nach denen er während Dokusan vom Meister beurteilt wird. Beide stehen in einem engen Verhältnis zur Redlichkeit des betreffenden Menschen. Was nun die Form anbelangt, so sticht bei der Lektüre chinesischer Zen-Dialoge – selbst in Übersetzungen – eines immer wieder ins Auge: nämlich die Lebendigkeit der Sprache. Wir empfinden diese Dialoge als reine Poesie – was jedoch sind Dichtung und Prosa anderes als Treue zur Sprache? Eine nachlässige Ausdrucksweise ist eine Form der Menschenverachtung – eine Art von Lüge. Der Mensch unterscheidet sich von den Tieren in erster Linie durch den Besitz der Sprache. Aber sobald die Sprache nur mehr rein funktional begriffen wird, wie dies heute selbst in unseren Bildungsanstalten oft der Fall ist, verliert sie an Tiefe. Deshalb können wir durchaus auf des Schreibens kaum mächtige Menschen treffen, die gleichwohl viel inniger mit der Sprache (das heißt mit sich selbst) verbunden sind als so mancher Philosophieprofessor. Dabei muß ich daran denken, wie ich mich einmal mit einem Waldarbeiter aus Ost-Oregon über den schlechten Zustand der Straßen in jenem Staat unterhalten habe. Er beklagte sich darüber, daß er ständig die Reifen an seinem Wagen wechseln müsse, seit sein Sohn sich eine Freundin zugelegt habe. »Glauben Sie mir«, sagte er, »es ist nicht besonders gut für die Reifen, wenn man versucht, mit dem Auto zu tanzen.« Wer den Kontakt zu sich selbst noch nicht verloren hat, dessen Sprache wird auch authentisch sein.

Die Bedeutung einer Reaktion oder einer Antwort bestimmt sich jedoch nicht allein nach der Form, sondern ebenso nach dem Inhalt.

Die große Wahrheit sprengt die Ketten der Kultur, der Zweckdienlichkeit, der jeweils geltenden Moral – sie läßt sich nicht verbergen:

Nach Abschluß der Sommer-Schulung sagte Ts'ui-yen zu den versammelten Schülern: »Den ganzen Sommer habe ich euch unterwiesen. Schaut mich genau an: Sind meine Augenbrauen noch an ihrem angestammten Platz?«[6]

Es heißt, wenn ein Zen-Meister einen falschen Dharma verkündet (und dies ist die schlimmste Art der Lüge), dann fallen ihm die Augenbrauen aus. Aber Ts'ui-yen läßt die ganze Wahrheit aufleuchten – bis in unendliche Tiefen. Yüan-wa behauptet, daß Ts'ui-yen von allen Dharma-Nachfolgern einer der größten gewesen sei:

Viele Leute haben Ts'ui-yen mißverstanden und sagen von ihm: »Unter der strahlenden Sonne am blauen Himmel sprach Ts'ui-yen sinnloses Zeug und lenkte das Interesse auf nichtige Dinge. Am Ende des Sommers sprach er von seinen eigenen Fehlern und nannte sie gleich selbst beim Namen, um so die Kritik der anderen zu vermeiden.« Dies ist zum Glück gänzlich falsch. Solche Ansichten sind die Vernichter der Buddha-Rasse.[7]

»Gebt acht, wie er redet«, forderte Yüan-wu uns auf. »Was will er uns sagen?«[8] Lassen wir uns nicht ins Bockshorn jagen. Ts'ui-yen will uns gar nichts Bestimmtes sagen. Hinter seinen Worten ist kein Schwert verborgen. Die Wahrheit ist eine reife Frucht, die wir nur zu ernten brauchen. Interpretationen verstellen uns nur allzuoft im Gewand der Bedeutung den Blick auf die Wahrheit.

Ich weiß noch, mit welchem Unbehagen mich die Erklärungen erfüllten, die Charles Manson und seine Anhänger im Verlauf des gegen sie veranstalteten Mordprozesses abgaben. Sie betrachteten das Töten offenbar als einen Weg, die Wahrheit der All-Einheit zu untermauern. Für sie lag Morden auf einer Ebene mit dem Vollzug des Liebesaktes. Wir können die Wahrheit zwar wie eine reife Frucht ernten, aber wir müssen selbst reif dafür sein, sie zu ernten. Das Wesen der All-Einheit ist die Leere, die in sich eine Vielzahl von einzigartigen Möglichkeiten enthält. Da Manson und seine Anhänger diese Einheit jedoch ausschließlich in der Dimension der Möglichkeiten verstanden, das heißt nur deren Erscheinungsebene zur Kenntnis nahmen, richteten sie eine furchtbare Tragödie an.

Der Fall Manson ist nun zwar ein besonders krasses Beispiel für pervertierte metaphysische Vorstellungen, aber selbst gewöhnliche Lügen können Familien, größere Gemeinschaften, Nationen, ja die gesamte Welt zerrütten und großes Leid anrichten. Die Drei Gifte eines nur auf sich selbst bezogenen Willens zerstören unser Bewußtsein von der wechselseitigen Verbundenheit aller Wesen und rufen allenthalben vergiftete Reaktionen ins Leben.

Der Weg der Wahrheit andererseits ist der Weg des gemeinschaftlichen Lebens. Vor einigen Jahren haben wir im Maui-Zendo begonnen, die Möglichkeiten der Gestalttherapie zu erforschen. So etablierten wir uns für drei Stunden pro Woche als »Gruppe«, die von einem ausgebildeten Therapeuten geleitet wurde. Zunächst fiel es uns wirklich schwer, uns von unserer inneren Ausrichtung auf *Mu* zu lösen und unsere Traumerlebnisse und Kindheitserinnerungen auszuagieren. Aber nicht minder schwierig war es, im Anschluß an diese Experimente jeweils wieder zu *Mu* zurückzufinden.

Diese Anstrengungen haben sich jedoch gelohnt, denn in jenem Sommer wurde der Grundstein für die Zusammenkünfte gelegt, die wir seither in gewissen Abständen in den

Diamant-Sangha-Zentren veranstalten – Sangha-Experimente in Sachen Wahrheit.

Seither treffen wir uns in regelmäßigen Abständen – mitunter nur die Bewohner des Zendo, gelegentlich auch der gesamte Sangha. Bei diesen Treffen tauschen wir die Gedanken und Gefühle aus, die jeden einzelnen von uns im Kontext einer bestimmten Feststellung bewegen. Ein Gruppenleiter achtet darauf, daß wir nicht allzuweit vom Thema abschweifen oder uns in leere Abstraktionen hineinsteigern. Als wir bei einem dieser Treffen einmal über Abtreibung sprachen, hatten die Frauen bereits soviel Zutrauen zu den anwesenden Männern gefaßt, daß sie über ihre persönlichsten Erfahrungen sprechen konnten und über die Gedanken und Gefühle, die sie in diesem Zusammenhang bewegt hatten.

Einige Frauen konnten sich bei dieser Gelegenheit ihre tiefsten Schmerzen von der Seele reden, und die Männer – mich eingeschlossen – lernten besser verstehen, was es bedeutet, eine Frau zu sein. Als Männer und Frauen, die bei diesen Zusammenkünften einen vertrauensvollen Umgang miteinander pflegen, lernen wir, durch die Praxis der Wahrhaftigkeit eine engere Beziehung zu uns selbst und zu den übrigen Anwesenden aufzubauen.

Die Wahrheit braucht wie die Sexualität eine Atmosphäre der Geborgenheit. Wenn ich jemandem mein Herz ausschütte, so möchte ich auch sicher sein, daß er mir auch zuhört. Die Wahrheit mag eine reife Frucht sein, die wir nur zu pflücken brauchen, aber sie wird nicht vernehmbar, wenn »ich hier bin und du da draußen«. Die Angewohnheit, nicht zuzuhören und mit der Wahrheit beständig hinter dem Berg zu halten, ist bei vielen Menschen derart eingeschliffen, daß es inzwischen sogar Psychologen gibt – ich selbst kenne einen –, die ihren Klienten in Workshops beibringen, anderen Menschen wirklich zuzuhören und ehrlich und aufrichtig über die eigenen Gedanken und Gefühle zu sprechen.

Die Kehrseite einer falsch verstandenen Offenheit zeigt sich allerdings, wenn Menschen ihren »Seelenmüll« unbekümmert bei anderen abladen und sich so von vergifteten Emotionen befreien, die nun den anderen zu schaffen machen. Ein derartiges Verhalten ist nicht kommunikativ, sondern projektiv. Es reaktiviert bereits vorhandene Feindseligkeiten und vergiftet die Atmosphäre um so mehr. Wo es jedoch gelungen ist, im Familienkreis oder im Sangha einen offenen und ehrlichen Umgangston zur Regel zu machen, tritt an die Stelle exhibitionistischer Mitteilsamkeit eine von Egozentrik freie Offenheit – und das Netz des Indra erweist sich als das gültige Symbol der wechselseitigen Bezogenheit aller Dinge im Universum.

Die Offenheit gegenüber anderen Menschen ist ein Aspekt der im Zen praktizierten Offenheit gegenüber allen Wesen – mag es sich dabei um die Tauben im Avokado-Baum, die Steine im Garten, die Sonne, den Mond oder die Sterne handeln. Und diese Offenheit ist *Daigo*, die große Erleuchtung, »das tägliche Handeln der Buddhas, an das sie jedoch keinen Gedanken verschwenden«.[9] Seien wir deshalb auf der Hut vor unserer eigenen aalglatten Zunge!

Das Vierte Gebot hat, nicht anders als die übrigen Gebote, seinen Ursprung in Zazen oder in der grenzenlosen und unergründlichen Leere. Es hat seinen Ort im Familiengespräch, in geschäftlichen Besprechungen und in unserem ganz persönlichen Kampf mit unseren Schwächen. Die im Geist der Liebe zum Ausdruck gebrachte Wahrheit ist der mit Nektar benetzte Schatz des Sangha.

Das Fünfte Hauptgebot: KEIN UMGANG MIT DROGEN

Shakyamuni Buddha sagt: »Wenn ich nun die Wesen überall betrachte, dann sehe ich, daß jedes einzelne von ihnen die Weisheit und Tugend des Tathagata *besitzt. Weil sie jedoch der Welt verhaftet sind und in Verblendung leben, können sie davon kein Zeugnis geben.«*[1]

Tathagata ist nur eine andere Bezeichnung für Buddha, wörtlich bedeutet es: »Der so Dahingelangte«. Der Tathagata tritt in völliger Reinheit als Wahres-Wesen aus dem Wahren-Wesen hervor.

Alle Gebote wiederholen nur immer wieder diese Worte des Buddha. Im Hinblick auf das Fünfte Gebot könnte man seine Worte etwa so interpretieren: Alle Wesen des Universums sehen seit Anbeginn die ungetrübte Wahrheit, aber der Dunst, den sie durch ihren Alkohol- und Drogenkonsum erzeugen, hindert sie, dies anzuerkennen.

Es gibt zahlreiche Methoden, sich geistig zu benebeln – dies Gebot zielt auf sie alle ab. Wollte man es wörtlich befolgen, so dürfte man niemals Alkohol trinken oder Marihuana rauchen. Ich denke, man kann durchaus mit Anstand durchs Leben kommen, ohne in Gesellschaft aus Höflichkeit wenigstens einen kleinen Schluck mitzutrinken oder an einem Joint zu ziehen, der die Runde macht. Ich persönlich erkläre in solchen Situationen, daß mir an der Wirkung dieser Genußmittel nichts liegt – sofern ich unter Rechtfertigungszwang gesetzt werde. Wenn ich im Anschluß an ein geselliges Beisammensein Zazen praktizieren möchte, dann reicht schon ein halbes Glas Bier, um die Durchführung dieses Vorsatzes so gut wie unmöglich zu machen. Aber auch in beliebigen Alltagssituationen trübt bereits eine geringe Alkoholmenge mein Urteilsvermögen –

jedenfalls kann ich nach Alkoholgenuß nicht so klar denken wie sonst.

Ein Mensch, der sich gewohnheitsmäßig Genußgifte zuführt, fügt seinem Körper Schaden zu – und immerhin ist unser Leib der Dojo des Buddha. Bekanntlich braucht es ziemlich lange, bevor all diese Gifte in unserem Körper wirklich abgebaut sind. Überdies begründet der häufige Genuß von Marihuana (oder stärkerer Drogen) einen Verhaltensmechanismus, der darauf abzielt, alle unliebsamen emotionalen Zustände auszuschalten. Dies ist zweifelsohne der falsche Weg, denn letztendlich ist der Drogengenuß Ursache weit unliebsamerer als der ursprünglich vermiedenen Gefühle. Am hilfreichsten ist es in solchen Situationen, wenn wir unsere Gefühle anerkennen und uns mit ihnen befreunden. Erst dann erscheinen sie uns in ihrer ganzen Transparenz.

Wie er es mit dem Verkauf von Alkohol oder Drogen hält, muß wiederum jeder für sich selbst entscheiden. Aber auch im Hinblick auf die Beurteilung dieser Frage dürfen wir nicht päpstlicher sein als der Papst. Unsere Gesellschaft lebt in gewisser Hinsicht von den Drei Giften Gier, Haß und Unwissenheit. Der Verkauf von Alkohol und Drogen ist letztendlich auch nicht verwerflicher als der Handel mit Autos. Immerhin kommen durch Autos täglich unzählige Menschen ums Leben, Autos machen den Bau von Autobahnen erforderlich, und Autos heizen schließlich den Kampf um das Erdöl an. Wenn jemand mit Rattengift versetztes Heroin an der Straßenecke verkauft, so befleißigt er sich nicht gerade der Rechten Lebensweise, auf der anderen Seite gibt es Großkonzerne, die seit vielen Jahren völlig bedenkenlos krebserregende Insektizide an lateinamerikanische Bauern verkaufen.

Wir sind in diesem grausamen System, das nur auf ständige Erweiterung des Besitzes aus ist, wie in einem Spinnennetz gefangen. Den Zwängen dieses Systems können wir nicht so ohne weiteres entfliehen. Es ist durchaus denkbar, daß beispielsweise das Dreirad, auf dem eines unserer Kinder fährt, von den Seagram's Distilleries oder gar einem skrupelloseren Unternehmen hergestellt ist. Falls wir jedoch selbst in einer solchen Firma arbeiten, müssen wir uns zunächst ehrlich eingestehen, daß dies so ist, und dann kann der eine oder andere von uns vielleicht sogar im Sitzungssaal »der Macht die Wahrheit ins Gesicht sagen«.

Gegenwärtig ist in den Vereinigten Staaten und den meisten anderen Ländern der Verkauf von Marihuana und anderen Drogen verboten. Dieser Umstand läßt noch eine andere Seite des Fünften Gebotes sichtbar werden. Denn der Handel mit Drogen versetzt den Betreffenden unter den heute geltenden Bedingungen in einen paranoiden Geisteszustand. Paranoia ist die äußerste Form von Wahnsinn, aber auf perverse Weise Ausdruck der Wahrheit: Es gibt keine Trennung zwischen uns und den anderen. Der Friede, den wir durch die Praxis des Zen zu erlangen hoffen, ist nur ein flüchtiger Schatten, solange wir innerlich unentwegt auf der Hut vor Spitzeln sind und selbst unseren Schwestern und Brüdern nicht mehr trauen.

Wenn jemand es mit den Rauschmittelgesetzen nicht so genau nimmt, so ist dies vielfach Ausdruck der ablehnenden Haltung, die er gegenüber den staatlichen Gesetzen im allgemeinen einnimmt, etwa gegenüber den Bestimmungen, die an Zebrastreifen gelten, oder gegenüber der Bauordnung. Sind die Gesetze eines Landes ungerecht, wie dies in totalitären Staaten der Fall ist, dann wird der Freund der Wahrheit offen seine Meinung sagen oder in den Untergrund gehen und auf eine geeignete Konstellation warten. Aber selbst in einer relativ aufgeklärten Gesellschaft werden bisweilen gesetzliche Bestimmungen erlassen, die gegen das in unserem Herzen waltende Rechtsempfinden verstoßen. Unter solchen Umständen ist es nun sicherlich unsere Pflicht, auf die Unrichtigkeit dieses Gesetzes hinzuweisen. Vielleicht müssen wir sogar in Einzelfällen gegen ein derartiges Gesetz verstoßen, um eine öffentliche Diskussion in

Gang zu bringen – oder aber wir tun alles, um mit dem betreffenden Gesetz möglichst gar nicht in Berührung zu kommen. Die Praxis des Zen beschränkt sich nicht auf die Stunden, die wir – auf unserem Kissen sitzend – im Dojo verbringen.

Die Rechte Lebensweise ist die Rechte Praxis. In einem Gedicht, des Wu-men dem 37. Beispiel des *Wu-men kuan* beigefügt hat, schreibt er: »Die Sprache ist nicht nur ein Mittel zum Zweck.« Dieses 37. Koan handelt von Chao-chous »Eiche im Garten«:

Ein Mönch fragte Chao-chou: »Aus welchem Grund kam Bodhidharma von Westen her?«
Chao-chou entgegnete: »Eiche im Garten.«[2]

Chao-chou sagte nicht »Eiche im Garten«, um den Mönch, der vor ihm stand, über etwas aufzuklären, indirekt tat er es aber dennoch, zumindest nehmen wir dies an. Wenn nun meine höfliche Ablehnung eines Drinks nur eine Ablehnung ist und ich nicht beabsichtige, jemanden zu beeinflussen, so hat meine Reaktion doch unweigerlich diese Wirkung, obwohl es für mich nur ein Ausdruck der persönlichen Praxis ist. Dies trifft in gleicher Weise auf die Rechte Lebensweise zu. Auch sie bezieht sich nur auf das eigene Leben, gleichwohl beeinflußt sie unausweichlich andere Menschen.

Das soll nicht heißen, daß wir von einem Trinker nichts lernen können. Dies ist durchaus möglich – und nicht nur deshalb, weil er uns ein negatives Beispiel gibt. So kann etwa ein Zen-Meister, der zuviel trinkt oder regelmäßig »high« ist, gleichwohl ein Meister sein. Die Schüler dieses Meisters befinden sich unter diesen Umständen allerdings in einer peinlichen Lage. Einerseits wissen sie nur zu gut, daß der Meister selbst die Gebote bricht, andererseits sollen sie seine Führung in anderen Bereichen der Praxis anerkennen. Ich habe sogar schon einmal gehört, daß Leute von einem buddhistischen Meister behaupteten, seine schrankenlose

Genußsucht sei die höchste Form, in der sich die völlige Freiheit – selbst von den Geboten – vorleben lasse. Dies ist ein ethischer Salto mortale, der allen nur denkbaren Spielarten der Perversion und des Verbrechens Tür und Tor öffnen würde.

Es hat immer wieder bedeutende buddhistische Persönlichkeiten gegeben, die dem Wein durchaus kräftig zugesprochen haben. Solche Beispiele sind: Ikkyū Zenji, der Mönch Ryokan und in der Gegenwart Yamamoto Gempo Roshi. Ikkyū hat es offenbar auch mit den übrigen Geboten nicht immer so genau genommen, und um zu einer gerechten Beurteilung seiner Persönlichkeit zu gelangen, müssen wir diesen Schwächen seine sonstigen hervorragenden Eigenschaften und Leistungen entgegenhalten.

Als ich das erste Mal mit Gempo Roshi zusammentraf, war er schon ungefähr Mitte achtzig. Es war Winter, und er hatte sich dick in Decken eingewickelt, um sich gegen die in seinem Alter besonders unangenehme Kälte zu schützen. Er trank Sake und kaute genüßlich getoastete *Moschi.* Er strahlte Wärme und herzliches Wohlwollen aus, und er war wirklich ein großartiger Meister für einen verklemmten jungen Amerikaner, der zutiefst von asketischen Idealen durchdrungen war.

In Psalm 104 preist David den Herrn für die Gabe des Weines, »der des Menschen Herz erfreuet«. Dem Wein kommt im christlichen Glauben eine erhebliche Bedeutung zu, gilt doch im christlichen Gottesdienst der Wein als das Blut des Erlösers. Auch möchte ich in diesem Zusammenhang die medizinischen Eigenschaften von Alkohol und Marihuana nicht unterschlagen und ebensowenig ihre soziale Bedeutung. Schnaps und Marihuana beeinträchtigen zwar auf der einen Seite unsere Urteilsfähigkeit, unbestritten ist jedoch ebenso, daß sie manchen Menschen dabei helfen, die zwischen ihnen und den anderen stehenden Hemmungen und Barrieren zu vergessen. Als Zen-Meister weiß ich nur zu gut, wie viele Menschen erst unter der

Einwirkung von Drogen zur Wahrnehmung der religiösen Dimension gelangt sind.

Angesichts dieser Zweischneidigkeit fühlt man sich um so mehr bemüßigt, nach dem Ursprung und der Begründung des Gebotes zu suchen:

Bodhidharma sagt: »Die Natur des Selbst ist vielschichtig und geheimnisvoll. Werden keine Selbsttäuschungen erzeugt, so ist im Bezirk des unendlich reinen Dharma die Rede vom Nicht-Umgang mit Drogen.«

Wie gewöhnlich betont Bodhidharma die strikte Linie des unbedingten Absoluten. Das soll indes nicht heißen, daß er einer moralischen Buchstabentreue das Wort redet, sondern vielmehr, daß es ihm stets um das Wahre-Wesen zu tun ist. Warum können wir übrigen nicht gleichermaßen Zeugnis von diesem Wesen ablegen? Die Ursachen dafür liegen nicht allein im Alkohol-, Drogen-, Tabak- und Kaffeegenuß oder in unserem übermäßigen Fernsehkonsum oder in was auch immer. Was spielt sich in unserem Geist ab? Bereiten wir nicht jeder unsere eigenen Barbiturate? Wir alle? Und verstoßen wir nicht aus diesem Grund beständig gegen das Fünfte Gebot?

Das Gebot bezieht sich also in der Tat auf die Drei Gifte, die in Gestalt Selbst-zentrierter Täuschungen unseren Geist während der Zen-Praxis umnebeln und verdunkeln und unser Bestreben, die Erleuchtungserfahrung in alltägliches Handeln umzusetzen, behindern. Da wir unter der Trennung von den andern leiden, trinken wir, um unsere Hemmungen zu überwinden. Aber sind wir erst einmal an jenem »Ort« heimisch geworden, wo jeder Tag ein wahrhaft guter Tag ist, dann werden schon ein bißchen Wein, der Gesang der chinesischen Drossel oder der Besuch eines fern von uns lebenden alten Freundes ausreichen, um unser Herz zu erfreuen.

Dogen Zenji sagt: »Noch seid ihr frei von Drogen. Laßt sie nicht in euch eindringen. Dies ist das große Licht.«

In diesem Zusammenhang muß ich an die Ermahnungen denken, die unser Meister Katsuki Sekida während Zazen so häufig an uns richtete. Es gab Tage, da forderte er uns während des *Sitzens* immer wieder auf: »Laßt sie nicht in euch eindringen!« Sinngemäß jedenfalls zielten seine Appelle in diese Richtung.

Als Chao-chou den Klosterhof mit einem Lumpen aufwischte, fragte ihn ein Mönch: »Wie kann denn nur ein Stäubchen diesen heiligen Boden verunreinigen?«
Chao-chou entgegnete ihm: »Da kommt schon das nächste.«[3]

Chao-chou und Dogen behaupten nicht, die Abwesenheit von Gedanken allein sei bereits ein Beweis der großen Erleuchtung. Ein leerer Geist ist im allgemeinen eher dumpf. Wenn diese Dumpfheit während Zazen auftritt, so ist dies ein Hinweis darauf, daß der Schüler »feststeckt«. Dennoch ist diese Dumpfheit nicht als Zustand des Getrenntseins aufzufassen, und wenn wir in dieser Verfassung nach einem Anhaltspunkt suchen, so entdecken wir nur Dunkelheit um uns her:

Yun-men erklärte vor der Versammlung: »Jeder von euch hat sein eigenes Licht. Wenn ihr es jedoch ansehen wollt, so könnt ihr es nicht. Die Dunkelheit ist dunkel, sehr dunkel. Und was ist das nun – euer Licht?«
Nach einer Weile antwortete er für seine Zuhörer: »Die Vorratskammer, das Tor!«[4]

Die zehntausend Dinge, die das Selbst vorwärtstreiben und es unterstützen, sind das Licht. Die chinesische Drossel, das Tor ebenso wie ein Schluck Wein. Was sonst sollte uns hier Freude bereiten?

Unsere Denkgewohnheiten sind tief eingeschliffen, und unsere Assoziationen folgen ehernen Gesetzen. Es scheint beinahe unmöglich, diesen Mechanismen zu entrinnen. Wenn der Ruf des Geckos ertönt, denken wir dann an den Gecko? Da, schon wieder! Überall blitzen Funken auf –

ohne Zahl –, an denen wir unsere Dharma-Kerze entzünden können. – Die Vorratskammer, das Tor!

Die Dinge der Welt sind also an sich keine Drogen, erst durch den Gebrauch, den wir von ihnen machen, verwandeln wir sie in Drogen. Um uns zu rechtfertigen, sind wir fortwährend damit beschäftigt, unsere Wahrnehmungen zu manipulieren, und eben das ist Dogen Zenji zufolge Selbstbetrug.[5] Aber solche Erkenntnisse helfen uns nicht weiter. Was können wir gegen unsere Selbstbezogenheit tun? Wie können wir »sie« daran hindern, in uns einzudringen? Shaku Soen Zenji sagt: »Wenn du dich schlafen legst, dann so, als sei dies dein letzter Schlaf. Wenn du erwachst, so verlaß sofort das Bett, so als würdest du ein Paar alte Schuhe wegwerfen.«[6] In jenen Augenblicken vor dem Einschlafen und kurz nach dem Erwachen sind wir am anfälligsten für die Drogen des Geistes. (Die chemischen Substanzen, die in unserem Gehirn durch Drogen erzeugt werden, sind dort bereits in kleinen Mengen vorhanden.) Genausogut aber kann der Augenblick vor dem Einschlafen beziehungsweise nach dem Erwachen das *Nen* der Erleuchtung sein, wie einige Angehörige unseres Sangha für sich entdeckt haben.

Wie jedoch treten wir am besten in unseren »letzten Schlaf« ein? Ganz sicher mit einem von allen Fixierungen geleerten Geist – das heißt im Geist des unendlichen Friedens. Ich persönlich fühle mich am wohlsten, wenn ich beim Einschlafen *Mu* atme. Ich beginne, indem ich *Mu* atme – einatme und ausatme –, und allmählich immer ruhiger werde. Zuletzt trete ich in das Schweigen des *Mu* ein, und meine Traumgefährten treten auf. Ich glaube, daß ich selbst mit ihnen irgendwie *Mu* praktiziere.

Und wie sollten wir aus unserm Schlaf erwachen? Ist *Mu* unser erster Gedanke? Wenn nicht, dann sollten wir es wenigstens zu unserm zweiten Gedanken machen, und schon bald wird es von ganz allein der erste sein. Während Zazen ist jeder Atemzug ein Einschlafen und jeder Atemzug ein Erwachen. Bei jedem Ausatmen lassen wir alles hinter uns – die eigene Praxis ausgenommen. Im Alltagsleben ist das jeweils Nächstliegende die Praxis und jeder Wechsel von einer Tätigkeit zur andern – die notwendigen Erholungs- und Ruhepausen selbstverständlich eingeschlossen. Aber wo wir auch sind, überall lauern im Hintergrund selbstbezogene Gedanken. Nicken wir ihnen im Geiste knapp, aber freundlich zu, und lassen wir uns von ihnen nicht überrumpeln. Das ist die Erleuchtung aller Buddhas, das Gebot des Nicht-Umgangs mit Drogen.

Das Sechste Hauptgebot:
NICHT ÜBER DIE FEHLER ANDERER SPRECHEN

Überschreitet ihr nicht die von den Gründervätern des Buddhismus gezogenen Grenzen, unterbrecht ihr nicht den Gedanken-Weg, dann gleicht ihr Gespenstern, die sich an Büsche und Grashalme klammern.

Wu-men kuan, 1. Beispiel

Diese Passage ist den meisten Zen-Schülern vertraut, zumindest im Diamant-Sangha zitieren wir diese Worte im Verlauf eines jeden Sesshin. Die Grenze ist das Koan *Mu* und der Gedanken-Weg der endlose Strom von Worten und Bildern in unseren Köpfen.

Erst wenn wir den Gedanken-Weg unterbrechen, werden wir der völligen Stille gewahr und können die Dinge klar sehen und in ihrer reinen Beschaffenheit wahrnehmen – immer wieder neu und ungetrübt. Unterlassen wir es hingegen, den Strom unserer Gedanken anzuhalten, so projizieren wir lediglich unsere verwirrten Bilder auf die Welt und klammern uns dann an unseren eigenen Projektionen fest.

Das Teisho, das Wu-men uns im ersten Beispiel seines *Wu-men kuan* gibt, handelt hauptsächlich von der erwähnten Grenzüberschreitung. Das Sechste Gebot indessen verlangt von uns in erster Linie, daß wir den Gedanken-Weg unterbrechen. Beide Belehrungen tragen zur wechselseitigen Erhellung bei. Der erleuchtete Geist befindet sich im Zustand der Ruhe und setzt sich mit den Dingen auseinander, wie sie sind. Der Gespenster-Geist hingegen ist laut und betriebsam und fortwährend mit seinen eigenen Vorstellungen beschäftigt.

Bodhidharma sagt: »Die Natur des Selbst ist vielschichtig und geheimnisvoll. Im Bereich des makellosen Dharma ist von dem

Gebot, nicht über die Fehler anderer zu sprechen, die Rede, wenn über Irrtümer nicht hergezogen wird.«

Dies kann leicht als Leugnung unserer alltäglichen Welt verstanden werden, in der manche Menschen schwach und andere reizbar sind. Der Dharma und das tägliche Leben sind jedoch nicht verschieden. Tatsächlich gibt es starke und schwache Menschen. Der Weg des Sechsten Gebotes ist der Weg Jesu, der gesagt hat: »Richtet nicht, damit ihr nicht gerichtet werdet.«[2] Aus der Sicht Bodhidharmas würde dies bedeuten: »Wann immer ihr verurteilt, begebt ihr euch in die Dimension von Gut und Böse.« Oder wie Wu-men erklärt hat: »Wenn ihr über Gut und Böse streitet, dann seid ihr ein Mensch von Gut und Böse.«[3]

Der Geist, der nicht auf etwas bezogen ist, ist von tiefer Stille erfüllt. Und einem derart von Stille erfüllten Geist entfällt das Selbst, und die Myriaden Dinge erweisen sich ihm als sein Wahres-Wesen. Dabei handelt es sich nicht um einen Zustand verhältnismäßiger Ruhe, vielmehr um einen Frieden, der jegliches Begreifen übersteigt. Das Selbst zu vergessen heißt allerdings nicht soviel wie: das Selbst gleichsam über Bord werfen. Tatsächlich bewirkt die Erleuchtung eine wesentlich deutlichere Selbst-Wahrnehmung. Was aber sehen wir in diesem Akt? Im *Herz-Sutra* können wir nachlesen, daß nach Auskunft des Bodhisattva Avalokiteshvara alle Bestandteile, aus denen wir uns zusammengesetzt glauben, leer sind.[4] Es gibt also nichts, woran wir uns klammern müßten, und deshalb steht es uns völlig frei, unsere ganze Aufmerksamkeit auf die Vorgänge in unserer vergänglichen Welt zu richten.

Die vergängliche Welt besteht aus Elementen, die lediglich durch ihren Bezug aufeinander verständlich sind, wie beispielsweise Begriffe wie Höhe und Tiefe, Licht und Dunkel, Lärm und Ruhe. Das Sechste Gebot zeigt uns, wie wir eine vertraute Nähe zu dieser Welt erlangen können. Der Geist der Stille eröffnet uns einen unmittelbaren und authentischen Zugang: »Die Frau ist ja völlig in Rage« oder: »Er kümmert sich zu wenig um seine Freunde.« Solche inneren Feststellungen konstatieren – frei von jeglicher moralischen Beurteilung – die reine Tatsache, etwa der Aussage vergleichbar: »Sie hat braunes Haar« oder: »Er hat große Füße.« Wenn wir auf der anderen Seite mit dem Finger auf die Fehler und Schwächen anderer weisen und uns über solche Defizite lang und breit auslassen, so ist das ein Akt der Zurückweisung und der Ablehnung. Der Unterschied zwischen beiden Verhaltensweisen liegt in der Einstellung begründet.

Dogen Zenji sagt: »Im Buddha-Dharma gibt es nur einen Weg, nur einen Dharma, nur eine Erleuchtung und nur eine Praxis. Hütet euch, über die Fehler anderer zu sprechen. Hütet euch vor gedankenlosem Geschwätz.«

Während Bodhidharma auf das Wesen verweist, zeigt uns Dogen Zenji einen Weg, das Wesen im Alltag zu realisieren. Wieder betont er, daß wir unseren Geist nur auf das Eine richten sollen. Weisen wir daher alles von uns ab – mit Ausnahme des Buddha-Tao! Unter anderem müssen wir die Gewohnheit ablegen, mit dem Finger auf die Schwächen der anderen zu zeigen und uns in gedankenlosem Geschwätz zu ergehen.

Das Gewebe des Buddha-Sangha ist immer nur so belastbar wie das schwächste Glied in dieser Gemeinschaft. Es genügt bereits, daß auch nur eine Person böswillig daherredet, um in der Gruppe großen Schaden anzurichten. Im Japanischen hat das Wort, das Yamada Roshi und ich mit »Gedankenlosigkeit« übersetzt haben, außerdem noch die Bedeutung: »Unordnung stiften, Nachlässigkeit verursachen, die Moral untergraben«.

Ich kann deshalb nur empfehlen, Dogen Zenjis Warnung ernst zu nehmen. Wir reagieren fast alle in irgendeiner Hinsicht unreif auf andere Menschen und klammern uns an von uns selbst erzeugte Büsche und Grashalme. Wir sagen beispielsweise. »Er ist ein Schürzenjäger« – »Sie ist faul« oder: »Der ist aber distanziert«, und entsprechend verhalten wir uns dann gegenüber den betreffenden Menschen. Wir trauen dem Schürzenjäger nicht über den Weg; wir betrauen den Faulen möglichst nicht mit einer wichtigen Aufgabe; und wir schreiben dem Zurückhaltenden unsere eigenen Ressentiments und unsere eigene Unnahbarkeit zu.

In der in Sri Lanka aktiven Sarvodaya-Bewegung, deren Anliegen es ist, die Selbsthilfe in den Dörfern des Landes zu unterstützen, werden Teilnehmer dazu angehalten, in einer »Sprache des wechselseitigen Wohlwollens« (*Priyavachana*) miteinander zu verkehren. Wörtlich heißt *Priyavachana* soviel wie »angenehme« oder »freundliche Rede«. Im Umkreis dieser Bewegung sprechen sich Menschen der unterschiedlichsten Herkunft und sozialen Stellung mit »ältere Schwester«, »junger Bruder«, »Mutter« und so weiter an. Priyavachana bedeutet für die Sarvodayaner allerdings auch, »in einem wechselseitig ermutigenden Ton miteinander zu sprechen und böswilligen Klatsch zu unterlassen«.[5] Diese Praxis hat ihre Wurzeln in dem altehrwürdigen buddhistischen Grundsatz von der Rechten Rede; sie entspricht jedoch darüber hinaus den Prinzipien jeder Religion, die diesen Namen verdient. Priyavachana verlangt von uns in erster Linie, daß wir unsere innere Geschwätzigkeit abstellen und echtes Mitgefühl praktizieren.

Es gibt in einem Sangha stets viele verbesserungsbedürftige Verhältnisse. Aber solche Verbesserungen kann man auch erreichen, ohne nach einem Sündenbock zu suchen, ohne Klatsch und Destruktivität.

Wenn ich höre, daß in unserem Sangha über einen der Schüler hergezogen wird, so gestehe ich mir meine eigenen Fehler ein und meine eigene Unzulänglichkeit als Lehrer. Denn gerade in solchen Situationen wird mir bewußt, daß meine Schüler jene Dimension noch nicht erfahren haben, in der es keine Fehler gibt, und auch in dem betreffenden Fall offenbar nicht sonderlich darum bemüht sind, mit jener

Dimension in Berührung zu kommen. Ich gestehe mir überdies ein, daß unser Dojo seinen Namen noch gar nicht verdient. Verlieren wir daher unser eigentliches Anliegen nicht aus den Augen!

Leicht ist dies allerdings nicht. Aber genau wie wir *Mu* praktizieren, auch wenn wir innerlich gerade keinen Zugang dazu haben, so praktizieren wir gleichermaßen die intime Nähe zu den Dingen, selbst wenn wir sie augenblicklich gar nicht spüren. Und so, wie wir immer zu *Mu* zurückkehren, nachdem wir in Erinnerungen und Zukunftsphantasien abgedriftet sind, so stellen wir stets aufs neue jene intime Nähe zu den Dingen her, falls wir uns wieder einmal dazu haben hinreißen lassen, über die Fehler der andern herzuziehen. Wie aber sieht das praktisch aus? Nicht anders als beim Zazen hängt auch in diesem Fall alles von der Übung ab. Sobald wir selbst bemerken oder jemand anderer uns direkt oder indirekt darauf hinweist, daß wir die Dinge nicht mehr aus der »Nähe« sehen, sondern uns in Selbstüberhebung ergehen, unternehmen wir geeignete Schritte, um jene Nähe wiederherzustellen.

In diesem Zusammenhang fällt mir eine Situation ein, in der sich der gesamte Sangha des Maui Zendo der Überheblichkeit schuldig gemacht hat. Eines der Mitglieder des Sangha war nach allgemeiner Auffassung ein ausgesprochener Schürzenjäger. Wir nannten ihn unter uns nur mehr Casanova. Die Frauen gingen ihm entweder aus dem Weg, oder sie ließen sich auf seine Sex-Spielchen ein. Bei den Männern war es ähnlich – je nachdem, ob ihnen sein Erfolg bei den Frauen imponierte oder nicht, bewunderten sie ihn im Stillen oder mißachteten ihn. Keiner im ganzen Sangha konnte ihm mehr offen in die Augen sehen.

Ein derartiges »Problem« ist nicht allein Sache eines einzelnen. Als wir unseren Bruder zum »Casanova« ernannten, haben wir uns gleichsam gegen ihn verschworen und beschlossen, ihn zu isolieren. Und die ganze Gemeinschaft wusch natürlich ihre Hände in Unschuld. Das Ergebnis unseres Versagens als Gemeinschaft war, daß er kurz darauf aus dem Zendo verschwand.

Sind die Mitglieder eines Sangha hingegen fähig, auf derartige Verhaltensweisen ohne moralisierende Herablassung zu reagieren, so kann dies die schönsten Früchte tragen. Eines der gegenwärtigen Mitglieder des Maui Zendo geht einer anspruchsvollen Tätigkeit nach. Ältere Bewohner des Zendo erinnern sich noch, wie dieser junge Mann vor einigen Jahren zu uns gekommen ist. Er war gerade mit der Schule fertig, hatte keinerlei Erfahrungen im Arbeitsleben und hielt es nicht einmal für nötig, auch nur ein Geschirrtuch in die Hand zu nehmen. Jeder Betrieb hätte ihn schon im Laufe der ersten Wochen gefeuert, aber ein Zendo ist nun einmal kein Wirtschaftsunternehmen, und so gelang es uns tatsächlich, auf ihn einzugehen. Wir betrauten ihn mit wichtigen Aufgaben und waren bestrebt, die Vorurteile, die wir bezüglich seiner Faulheit hegten, abzubauen. Auf diese Weise stellte er fest, daß er genau wie alle anderen behandelt wurde und auch die gleiche Verantwortung zu tragen hatte wie jedermann sonst. Wir appellierten mit unserem besseren Selbst an sein besseres Selbst; er reagierte tatsächlich auf dieser Ebene und ließ sich nicht mehr so häufig von seinen alten Gewohnheiten bestimmen wie zuvor. Diese Taktik wirkte natürlich nicht gleich beim ersten oder zweiten Mal, aber heute ist der besagte junge Mann ein völlig anderer Mensch.

Offenbar fällt es uns leichter mit Problemen umzugehen, die im Bereich der Arbeit liegen, als mit solchen, die mit der Sexualität zu tun haben. Dennoch sind beide Beispiele lehrreich. Vertrauen und intime Nähe zu den Dingen sind *Upāya*, das heißt mitempfindendes, weises Handeln. Wenn sie in unserem Sangha bestimmend sind, dann sind wir ein Buddha-Dojo, und dann gibt es in unserem Kreis auch keine Außenseiter mehr, denen wir bestimmte Rollen zuweisen. Wo wir bestrebt sind, das Buddha-Wesen zu verwirklichen, schließen wir Menschen, Tiere, Steine und Wolken gleichermaßen in unsere Praxis ein: Der oder das andere ist nichts anderes als wir selbst. In der Sprache des Mahāyāna-Buddhismus heißt das: Wenn wir das Selbst vergessen, dann stellen wir rasch fest, daß die anderen und das andere uns hegen und nähren. Und so ist es tatsächlich auch. Niemand von uns kann das Buddha-Wesen allein leben, dies ist nur möglich, wenn wir offen genug sind, uns durch andere(s) hegen und nähren zu lassen. Geben wir dem anderen also eine Chance. Diese Auffassung ist naiv? Mag sein, aber wohin hat uns der Intellektualismus denn gebracht?

Wir lassen uns von unseren Eindrücken bestimmen und verlieren so unseren eigenen Standpunkt. Sind wir indes von Vertrauen erfüllt, so können wir den *wirklichen* Menschen da draußen wahrnehmen. Tritt uns jemand reserviert oder überheblich gegenüber, so ist vielleicht ein Lächeln, eine freundliche Frage oder möglicherweise auch respektvolles Schweigen die angemessene Reaktion. Es geht doch bei alledem letztlich um die Frage: Wer hat das Sagen? Wollen wir uns von den Worten und den Taten anderer wie Blätter im Winde herumwehen lassen, oder ziehen wir es vor, ruhig und gelassen in unserem Dojo der vertrauten Nähe zu sitzen? Deshalb müssen wir uns, wann immer etwas geschieht, entscheiden: Entweder wir nutzen die Gelegenheit, oder die Gelegenheit macht mit uns, was sie will.

Natürlich haben wir zugleich auch immer die Funktion des »anderen«, und wenn wir spüren, wann es für uns an der Zeit ist, zu hegen und zu nähren, dann können wir das Dojo eines Freundes erhellen. Im folgenden Beispiel ist es Benjamin Franklin, der von dieser Haltung profitiert hat:

Anfangs glaubte ich mit einer Liste von zwölf Tugenden auskommen zu können. Doch ein befreundeter Qäker wies mich liebenswürdigerweise darauf hin, daß ich allgemein als stolz gelte und daß dieser Stolz häufig im Gespräch zutage trete. Er meinte, daß ich mich nicht damit begnüge, in einem bestimmten Punkt recht zu bekommen, sondern während solcher Diskussionen anmaßend und beleidigend auftrete. Die Richtigkeit dieser Behauptung belegte er durch zahlreiche Beispiele. Ich beschloß nun, mich nach Kräften um die Überwindung dieser einen unter meinen nicht eben wenigen Schwächen zu bemühen, und fügte meiner Liste den Begriff Demut *hinzu.*[6]

Wie man sieht, ist es möglich, die Fehler und Schwächen eines anderen Menschen wahrzunehmen und dennoch klar und mitempfindend zu bleiben. Ebenso können wir die Schwächen der Zöllner und Sünder, der Heroindealer und Zuhälter oder Waffenhändler registrieren, ohne deshalb gleich unser inneres Gleichgewicht zu verlieren.

In Wahrheit ist ein sogenannter Fehler nichts anderes als eine Schwachstelle, ein Punkt also, in dem die Charakterentwicklung noch nicht abgeschlossen ist. Und das ist eine Chance. Ist ein Mensch starrsinnig oder passiv oder jähzornig, so offenbaren diese Schwächen gerade die Schwachstellen seines Charakters, an denen sein Talent durchbrechen kann. Schließlich ist die Wut der Impuls, der uns befähigt, gegen das Böse in der Welt wirklich etwas zu unternehmen. Unser Starrsinn gibt uns erst die Kraft, so lange durchzuhalten, bis wir *Mu* verstanden haben. Eine ganze Portion Passivität oder Leidensfähigkeit brauchen wir auch, um all die Rückschläge zu erdulden, die wir auf dem Weg erleiden. Wenn wir – jeder für sich – ehrlich anerkennen, daß sich in uns noch vieles ändern kann, und wenn wir darauf achtgeben, wie wir die Eigenschaften unseres Charakters für diesen Zweck einsetzen können, dann gelangen wir von allein dahin, den andern die gleiche Chance einzuräumen.

Halten die Mitglieder einer Gemeinschaft an den Vorurteilen fest, die sie sich über die jeweils anderen gebildet haben, so ist menschliche Nähe zwischen ihnen nicht möglich, dies gilt insbesondere für den Buddha-Sangha. Ich war einmal Angehöriger eines kleinen Sangha, in dem es bestimmte Leute gab, die kein Wort miteinander redeten, und zwar wegen irgendwelcher Vorkommnisse, die schon fünfundzwanzig Jahre zurücklagen. Sobald wir unsere alten Wahrnehmungen loslassen, geben wir anderen Menschen die Chance, sich zu verändern. Halten wir sie hingegen fest, so sind wir auch mitverantwortlich für die Fortdauer der entsprechenden Schwächen.

Mein Meister Yasutani Hakuun Roshi hatte einen aufbrausenden Charakter. In Anbetracht seiner Lebensgeschichte fällt es mir nicht schwer zu begreifen, daß dieser Jähzorn schon in seiner frühen Kindheit entstanden war. Ich bin mir ziemlich sicher, daß er in seiner Jugend wegen dieser Neigung einiges auszustehen hatte. Als Zen-Meister gelang es ihm indes, diese Leidenschaft höchst wirksam zu kanalisieren. Er fühlte sich von den geistlichen Repräsentanten der Soto-Linie verraten, weil diese Schule sich angeblich außerstande gesehen hatte, einen Meister für Yasutanis religiöse Unterweisung bereitzustellen. Nachdem er in Harada Dai'un Roshi einen Meister gefunden hatte, trennte er sich von der Soto-Schule und begründete seinen eigenen Dharma-Pfad. Sein Leben lang hat er die Irrtümer gewisser Zen-Größen kritisiert, und seine grimmigen Worte haben viele seiner Anhänger erst auf ihre eigenen Fehler aufmerksam gemacht.

Immer wieder wurde er gefragt: »Verstoßen Sie nicht gegen das Sechste Gebot, wenn Sie in dieser Weise über die Soto-Hierarchie sprechen?« Darauf antwortete er nur: »Wir müssen unsere Stimme gegen die Verbreitung einer falschen und gedankenlosen Dharma-Auffassung erheben ... Tun wir dies nicht, so verstoßen wir gegen das Gebot.«[7]

Der Roshi setzte seine vorherrschende Leidenschaft ein, um den Dharma vor Entstellungen zu schützen. Sein Vorgehen hätte er etwa so beschreiben können: »Ich weise so angemessen, wie mir dies möglich ist, auf besondere Irrtümer hin.

Dies ist kein ›Sprechen über die Fehler anderer‹, denn es entspricht in der Tat dem Geist sämtlicher Gebote, die uns alle dazu anhalten, das Buddha-Tao immer deutlicher sichtbar zu machen.«

Mitunter gelange ich zu der Auffassung, daß es notwendig und angemessen ist, jemandem zu erklären: »Vielleicht wäre es besser für Sie, Sie würden Ihre Schulung nicht an dem und dem Ort fortsetzen oder bei diesem oder jenem Lehrer.« Würde ich anders handeln, so würde ich gegen das Prinzip aller Gebote verstoßen. Wenn mich jedoch in einer öffentlichen Runde jemand fragen würde: »Was halten Sie von Doodah Roshi?«, so würde ich vermutlich eine ziemlich vage Antwort geben. Es kommt also immer darauf an, ob jemand tatsächlich religiöse Unterweisung sucht oder ob er sich nur ein Vorurteil über den Charakter eines Mannes bilden will.

Wie Frankenstein können wir durch Worte Monster in die Welt setzen. Obwohl diesen Kreationen letztendlich keine Wirklichkeit zukommt, verdichten sie sich doch in den Köpfen der Menschen – einschließlich der Opfer unseres Klatsches – zu Bildern. Selbst wenn wir derartige Verurteilungen mit handfesten Beweisen untermauern können, unterbinden wir durch unser Geschwätz vielleicht das menschliche und geistige Wachstum des betreffenden Menschen. Und im Verlauf eines solchen Wachstumsprozesses kann in der Tat Unaufrichtigkeit sich in wahre Liebe verwandeln, Selbstüberschätzung in ein vorbildliches Verhalten. Wenn jedoch jeder negative Qualitäten mit sich herumträgt, so wird inneres Wachstum erheblich erschwert.

Man kann den Unterschied zwischen einem angemessenen Aufzeigen von Schwachstellen und der Suche nach Fehlern bei anderen leicht aufzeigen. Beides verhält sich zueinander etwa so wie die Dokusan-Arbeit zu gedankenlosem Geschwätz. Wenn ein Schüler zu mir sagt: »Meine Konzentrationsfähigkeit hat zugenommen«, dann erwidere ich vielleicht: »Solange wir uns auf *Mu* konzentrieren, sind da noch zwei verschiedene Dinge, und wir sind von *Mu* getrennt. Deshalb müssen wir dafür sorgen, daß *Mu Mu* atmet.« Begegne ich einem Schüler in dieser Weise, so – glaube ich – wird er den spezifischen Charakter dieser

Reaktion verstehen. Denn schließlich fixiere ich damit nicht ein starres Bild seines Charakters.

Was ist das Ergebnis angemessener Wahrnehmung? Diese Frage betrifft den Zweck und die Wirkung sämtlicher Gebote. Das heißt, sie betrifft die Reaktion von Menschen auf die dem Grundsatz des Rechten Sprechens und des Rechten Handelns innewohnende Unterweisung.

Mu-chou fragte einen Mönch: »Woher kommst du gerade?«
Der Mönch stieß einen Schrei aus.
Mou-chou sagte: »Dieser Schrei gilt wohl mir?«
Wiederum stieß der Mönch einen Schrei aus.
Mu-chou sagte: »Drei Schreie, vier Schreie – und dann?«
Der Mönch schwieg.
Mu-chou schlug ihn und sagte: »Du diebischer Schwindler.«[8]

Mu-chous Entgegnung »Dieser Schrei gilt wohl mir« war eine ironische Reaktion, die soviel besagen sollte wie: »Eins zu Null für dich ...« Aber der Mönch bemerkte diese Ironie nicht und fing statt dessen an, sich zu wiederholen. Der abschließende Schlag und die »Beleidigung« stellten einen letzten Versuch dar, den Mu-chou unternahm, um den Mönch doch noch auf die richtige Spur zu setzen. Und so war Mu-chou in seinem Tun nicht weniger mitempfindend als Benjamin Franklins Freund, von dem weiter vorne die Rede gewesen ist. Der einzige Unterschied zwischen den beiden Beispielen besteht darin, daß in dem soeben beschriebenen Fall die Erleuchtung auf dem Spiel stand und nicht nur die Wahrnehmung einer moralischen Schwäche.

In einer Auseinandersetzung mit den Hohenpriestern und den Ältesten des Volkes erklärte Jesus einmal: »Wahrlich, ich sage euch: Zöllner und Dirnen kommen noch vor euch in das Reich Gottes.«[9] Dies war eine großartige Beschimpfung, aber gewiß haben einige seiner Zuhörer verstanden, worum es Jesus ging.

Jemandem zu vermitteln, worum es eigentlich geht, das ist der Sinn des Schimpfens. Dies setzt allerdings voraus, daß der Getadelte über die nötige Reife verfügt und die

Gelegenheit günstig ist. Unter diesen Bedingungen ist es auch einerlei, ob der Tadel von außen oder von innen kommt. Auf psychologischer Ebene mögen Verallgemeinerungen wie »Ich fühle mich minderwertig« oder »Ich habe Angst vor Frauen« ihre Berechtigung haben und das Ergebnis eines inneren Kampfes sein, der eine befreiende Wirkung hat. Aber das ist nur ein erstes Stadium. Denn echtes Selbstwertgefühl und Selbstvertrauen bedürfen noch eines weiteren Schrittes, und bevor wir nicht unsere Schwächen und Fixierungen anerkennen können, sind wir auch nicht imstande, sie über Bord zu werfen. Wenn wir einem anderen Menschen auf diesem Weg behilflich sind, so erfüllen wir das Sechste Gebot.

Es gibt nun allerdings eine noch wesentlich tiefer reichende Freiheit, die sich nicht darin erschöpft, daß wir ein neues Selbstvertrauen gewinnen. Hsüeh-tou hat in die *Niederschrift von der blaugrünen Felswand* eine Passage aus dem Diamant-Sutra aufgenommen, um diese tiefste Form der Freiheit zu charakterisieren:

»Wenn die anderen dich verachten und du im Begriff stehst, wegen deines schlechten Karma in deinem früheren Leben in die Hölle zu kommen, dann wird das schlechte Karma aus deinem früheren Leben getilgt, weil du von den andern verachtet wirst.«[10]

»Du diebischer Schwindler!« Mit dieser Feststellung beschreibt Mu-chou nicht nur exakt den Fehler des Mönches. Alles wird in diesem Augenblick nichtig, und das Sechste Gebot ist erfüllt.

Das Siebte Hauptgebot:
NICHT SICH SELBST DURCH VERUNGLIMPFUNG ANDERER LOBEN

Möchtest du wahrhaft das Tao praktizieren,
dann betrachte die Welt nicht als unwissend.
Wenn du die Welt verdammst,
so verdammst du damit dich selbst.

Das Sutra
gesprochen vom Hohen Sitz des Dharma-Schatzes[1]

Ich kann mich noch gut daran erinnern, wie ich von Sensaki Sensei mein erstes Koan erhalten habe. Ich ging damals umher, betrachtete die anderen Leute und bildete mir ein, ich sei nun etwas Besonderes. Zunächst war dies, denke ich, ein relativ harmloser Tick, taten mir doch nur die andern leid, weil sie kein Koan hatten. Diese Haltung hätte jedoch leicht in Arroganz umschlagen können. Die Arroganz indes verurteilt den Arroganten selbst, wie schon Hui-neng sagt. Sie vermittelt der Welt den Eindruck, daß der Betreffende sich mit sich selbst nicht recht wohlfühlt und deshalb zum Selbstlob greifen und andere verunglimpfen muß.

Beispiele für diese sich selbst disqualifizierende Arroganz findet man zuhauf. Nehmen wir etwa die Außenpolitik der Vereinigten Staaten: Es ist unübersehbar, daß die Verurteilung anderer Nationen und die Selbstbeweihräucherung, die für die US-Regierung so typisch sind, letztendlich nur Ausdruck eines durch Furcht bedingten übertriebenen nationalen Sicherheitsstrebens ist. Wir zweifeln an unserem eigenen Wert und fühlen uns verwundbar, und so schlagen wir prophylaktisch immer wieder zu, um die andern daran zu hindern, uns zuerst anzugreifen. Natürlich ist dieses Verhalten nicht nur für die Vereinigten Staaten charakteristisch. Der gleiche außenpolitische Mechanismus ist sowohl in der Politik anderer Staaten wirksam wie auch im Verhalten kleinerer Gruppen, von einzelnen Personen ganz zu schweigen.

Vergessen wir deshalb unsere Arroganz! Beginnen wir statt dessen mit Zazen, geben wir unsere Verhärtungen und Fixierungen auf und richten wir unser Bewußtsein auf *Mu* – werden wir *Mu*! Auch im Alltagsleben genügt es, wenn wir uns auf die Erledigung der im Sangha anfallenden Aufgaben beschränken und alles übrige hinter uns lassen.

Verschüttet unser Kind seine Milch, so gibt es eine ganze Reihe von Möglichkeiten, auf dieses Maleur zu reagieren. Das Karma der Situation enthielt unweigerlich zahlreiche Faktoren, und deshalb kann es so etwas wie die abstrakt beste Reaktion gar nicht geben. Vielleicht wäre in diesem bestimmten Fall eine reine Schadensbehebung angebracht. So könnten wir etwa zu dem Kind sagen: »Komm, wischen wir das schnell wieder auf.« Entscheidend ist: Solange unser Geist in sich ruht, fällt es uns nicht schwer, ein guter Vater oder eine gute Mutter zu sein, in Übereinstimmung mit dem Tao zu sprechen und zu handeln und durch Wort und Tat das Tao zu bezeugen.

Aber sobald unser Geist nicht in sich ruht, fehlt es uns an Standfestigkeit, und so suchen wir fortwährend nach Rechtfertigung dieses Zustands. Und natürlich ist es dann immer der andere, der für unseren Zustand verantwortlich ist. Und so heißt es dann plötzlich: »Mußt du denn immer deine Milch verschütten?« – Wobei natürlich vorausgesetzt wird, daß der Vater oder die Mutter selbst über jeden Irrtum und jede Ungeschicklichkeit erhaben ist. Hui-neng sagt:

Selbst wenn du körperlich gesund bist, kannst du doch leicht in Selbsttäuschung verfallen und stets über die schlechten Eigenschaften der andern sprechen, sobald du nur den Mund aufmachst. Dies widerspricht dem Geist des Tao.[2]

Damit wir uns nicht falsch verstehen. Hui-neng scheut zwar vor harten Worten nicht zurück, aber er will ganz gewiß nicht sagen, daß wir als mit einer Art Erbsünde behaftete Menschen gar nicht anders können, als andere oder uns selbst zu verunglimpfen. Vielmehr ist es sein Anliegen, uns klarzumachen, daß wir das allen Wesen seit Anbeginn innewohnende Tathagata-Wesen leugnen, wenn wir andere Menschen verurteilen. Hui-neng fordert eigentlich nur: »Haltet das Buddha-Tao in Ehren und laßt euren Geist von Ruhe erfüllt sein.«

Als Te-shans Schüler Hsüeh-feng seinen Meister einmal tadelte, weil dieser vor dem Glocken-Zeichen zum Essen erschienen war, machte Te-shan einfach kehrt und ging zurück in sein Zimmer.[3] An diesem Tag war das Essen nicht rechtzeitig fertig geworden, aber Te-shan versuchte weder sein eigenes Verhalten zu rechtfertigen, noch kritisierte er Hsueh-feng. Er sagte nicht einmal freundlich: »Weißt du, wir haben nur soundsoviel Zeit für das Essen. Wenn das Essen zu spät fertig ist, dann fällt die Ruhe-Zeit der Mönche um so kürzer aus. Wir haben einen sehr eng bemessenen Tagesplan in diesem Kloster, und wenn die Ruhe-Zeit auf diese Weise verkürzt wird, so haben die Mönche keine Möglichkeit, die so verlorene Erholungszeit an anderer Stelle wieder einzusparen.« Nein, Te-shan reagierte völlig ausgeglichen und heiter und fand nichts dabei, sich zurechtweisen zu lassen und seinerseits noch eine kleine Belehrung an den Mann zu bringen.

Te-shans Kehrtwendung tat der ganzen Situation in vollkommener Weise genüge. Aber das entging Hsueh-feng, und so lief er zu Yen-t'ou, um sich zu rechtfertigen, denn er war stolz darauf, seinem alten Meister auch einmal eine Belehrung erteilt zu haben; dabei übersah er allerdings, daß er selbst eine Lektion erhalten hatte. Manchmal wird auch ein Kind die mütterliche Bemerkung »Komm, wir wischen das schnell wieder auf« mit der Entschuldigung »Das wollte ich nicht« quittieren, anstatt einfach einen Schwamm zu holen. Das zeigt schon, daß wir nicht damit rechnen können, mit unseren einfühlsamen Reaktionen sogleich Erfolg zu haben – jedenfalls nicht kurzfristig. Te-shan war also offenbar zunächst kein Erfolg beschieden, aber sein Verhalten ist für uns alle äußerst lehrreich, denn sein Herz war völlig rein.

Te-shan war bereit, sich von seinem eigenen Schüler belehren zu lassen, und dadurch gibt er uns ein Beispiel, was echte Bescheidenheit ist – nämlich die Anerkennung der Wesensverwandtschaft aller Dinge und die Offenheit nicht nur gegenüber einem siebenjährigen Kind (wie Chao-chou sie lehrte), sondern auch gegenüber den Erwartungen eines Hundes. Auch die Drossel hat uns etwas zu sagen.

Während eines Sesshin in Kamakura lachte ein älterer Schüler plötzlich laut auf. Viele Menschen wären vermutlich verärgert, wenn sie während Sesshin in dieser Weise gestört würden; sie würden sich vielleicht beim Roshi über dieses Verhalten beschweren, das eines fortgeschrittenen Schülers unwürdig sei. Bei einer Schülerin löste dieses laute Lachen jedoch *Kenshō* aus. Es war der Funke, der ihre Dharmakerze zum Leuchten brachte. Wenn Begriffe wie »selbst« und »andere(s)«, »gehörig« und »ungehörig« in unserem Bewußtsein keine Rolle mehr spielen, dann ist unsere gesamte Umgebung lebendige Unterweisung. Im Zustand einer solchen Offenheit sind selbst die Fliegen und die Würmer in unseren Eingeweiden unsere Lehrer und ebenso unser großer Berg Haleakula und das Gras, das neben dem Zendo wächst.

Solange unsere eingebildete Überlegenheit jedoch die Oberhand hat, nützen uns selbst die besten Lehrer nichts, und die Funken finden nichts, woran sie sich entzünden könnten. Solange wir unsere alten Neurosen der Angst und der ständigen Verteidigungsbereitschaft pflegen, sind wir in unserem Verhalten auf uns selbst fixiert. Aber worin besteht dann unsere Offenheit? Sind wir offen für die chinesische Drossel? Sind wir offen für einen gutgemeinten Rat? Oder ist unsere ganze Offenheit nur gleichbedeutend mit der Bereitschaft, jederzeit angreifen zu können? Solange wir lediglich unsere eigenen Blößen bedecken und bei anderen nach Schwäche suchen, befinden wir uns noch nicht auf dem Weg der Praxis. Erst wenn wir unsere eigene Schattenseite und die strahlend helle Seite des anderen aufrichtig anzuerkennen vermögen, wandeln wir wahrhaft auf dem rechten Pfad.

Eine meiner schönsten Erinnerungen verdanke ich einer Familie, bei der ich vor vielen Jahren eine Zeitlang gelebt habe. Die Eltern hatten beide eine schlechtbezahlte Arbeit, und deswegen war die Familie oft in erheblichen Schwierigkeiten. Gleichwohl verstanden sich die Mitglieder dieser Familie ausgezeichnet, denn sie hatten einen Mechanismus entwickelt, der es ihnen gestattete, wechselseitig bestehende Ressentiments durch eine Art Rollenspiel auszudrücken. So imitierte beispielsweise die Tochter ihre launische Mutter und die Mutter ihre anspruchsvolle Tochter. Dabei mußte jeder der beiden lauthals lachen, wenn sie ihre ach so kostbaren Vorlieben und Abneigungen wie in einem Spiegel zu sehen bekam. Die Außenwelt bildet die Innenwelt ab; deshalb hören wir am frühen Abend den Ruf der Eule.

Auch im Dojo vollzieht sich ein ständiger Rollenwechsel. Anfänger bekommen plötzlich Vorbildcharakter. Wenn ein Schüler stets pünktlich ist, die ihm zugewiesene Arbeit sorgsam ausführt, auf Ordnung und Sauberkeit Wert legt und voll Ausdauer *sitzt*, dann ist er in der Tat ein für die übrigen ermutigendes Vorbild. Das Innere steht somit für Belehrung offen, die Außenwelt hingegen ist unser Betätigungsfeld.

Wir sollten daher stets danach streben, den Mittleren Weg zu erreichen. Wenn es uns gelingt, von unsicherem oder berechnendem Verhalten Abstand zu nehmen, dann dienen wir dem Dharma. Wenn wir uns dazu durchringen können, die Aufrichtigkeit der Motive anderer Menschen nicht automatisch anzuzweifeln, dann ist ein echter Wandel des Charakters möglich und ein Geist, der vielleicht für die Erleuchtung empfänglich ist.

Bodhidharma sagte: »Das Selbst-Wesen ist vielschichtig und geheimnisvoll. Im Bereich des gerechten Dharma ist vom Gebot, sich nicht durch Verunglimpfung anderer selbst zu loben, die Rede, wenn das Ich *nicht gegen das* Du *ausgespielt wird.«*

In der Dimension des Selbst-Wesens ist jegliche Vorstellung von *Ich* und *Du* gegenstandslos. Auf dieser Ebene ist nach Torei Enjis Auskunft selbst der bösartige Mensch eine Inkarnation des Buddha.[4]

Dogen Zenji sagt: »Die Buddhas und die Meister früherer Zeiten haben den leeren Himmel und die große Erde erkannt. Offenbaren sie den edlen Körper, so ist weder Innen noch außen in dieser Leere. Offenbaren sie den Dharma-Körper in völliger Klarheit, so bleibt nicht eine Krume Erde auf dem Boden zurück.«

Wie verfährt man beim Anlegen der eigenen Kleider, wenn es kein Innen und kein Außen mehr gibt? Was ist noch da, wenn nicht einmal eine Krume Erde auf dem Boden zurückbleibt? Man könnte im Hinblick auf Dogen Zenjis Worte noch weitere Fragen stellen, aber für unseren Zweck reicht die Feststellung, daß nach seiner Auskunft für wahrhaft erleuchtete Menschen die Nicht-Qualität von *Ich* und *Du* ebenso augenfällig ist wie die Leere vergleichender Begriffe und die Eitelkeit eines überlegenen Auftretens.

Gibt es keine festen Vorstellungen von *Ich* und *Du* mehr, dann ist es auch unangemessen, daß wichtige Entscheidungen von nur einer Person getroffen werden. Westliche Zen-Zentren haben aus Japan und Korea eine ziemlich autoritäre Methode der Entscheidungsfindung übernommen, und diese Struktur hat in westlichen Sanghas häufig erhebliche Probleme verursacht. Der Roshi, dessen Handeln im allgemeinen von einer tiefen Erleuchtungserfahrung getragen ist, kann despotisch erscheinen, sofern er die von seinen Entscheidungen Betroffenen nicht in angemessenem Umfang zu Rate zieht. Für meinen Geschmack stellt das von den Quäkern in der »Bewegung für eine neue Gesellschaft« entwickelte Prinzip der einvernehmlichen Entscheidungsfindung ein Modell dar, an dem sich auch die westliche Zen-Bewegung in ihrem Bestreben orientieren könnte, die Sangha-Verwaltung nach dem Geist des Siebten Gebotes zu strukturieren.[5] Der Roshi und der jeweilige Sangha werden im Regelfall etwas unterschiedliche Interpretationen des Dharma vertreten. Aber im Verlauf eines Prozesses der Meinungsbildung, in den auch der Roshi eingebunden ist, sollte es doch möglich sein, eine Übereinstimmung zu erreichen. Dies wiederum ist eine schöpferische Lernerfahrung für alle Beteiligten.

Vor einigen Jahren hat Gary Snyder einen kleinen Angriff in diese Richtung unternommen und nachdrücklich auf die *Digha Nikaya II* hingewiesen, eine Schrift, in der die buddhistische Auffassung von der Bedeutung der übereinstimmenden Entscheidung beispielhaft erläutert wird. Es lohnt sich, die Stelle ganz zu zitieren, da die in dieser Schrift enthaltenen Hinweise auf eine würdige Behandlung der Frau und auf weitere traditionelle Kulturwerte nicht ganz uninteressant sind.

Die Gedanken Shakyamuni Buddhas über die Frage der Gerechten Gesellschaft

Ajatasattu, der König von Magadha, erwog im Geiste, den Stamm der Vajji anzugreifen. Aber er hegte Zweifel an seinem Erfolg. Daher sandte er seinen Minister zum Buddha, der sein Lager auf der Geierspitze aufgeschlagen hatte, um diesen zu fragen, was er von den Vajji halte. Shakyamuni und Ananda berieten sich und kamen im Hinblick auf den Charakter der Vajji zu einem gemeinsamen Ergebnis in folgenden Punkten:

1. *Die Vajji treffen häufig zusammen, und viele Menschen nehmen an diesen Zusammenkünften teil.*
2. *Die Vajji fassen nur einstimmige Beschlüsse und führen einmütig alle notwendigen Unternehmungen des Stammes durch.*
3. *Die Vajji beschließen keine Gesetze, solange kein Präzedenzfall dies zwingend erfordert. Auch verstoßen sie nicht gegen die*

bestehenden Gesetze, sondern sie leben in Übereinstimmung mit den überlieferten Gesetzen, die seit altersher gelten.

4. *Die Vajji achten, ehren und verehren ihre Alten und halten deren Rat in Ehren.*
5. *Die Vajji nehmen sich ihre Frauen nicht mit Gewalt, ebensowenig beschränken sie Frauen und Mädchen in deren Bewegungsfreiheit.*
6. *Die Vajji achten, ehren und hegen ihre heiligen Orte und halten sich an die überkommenen Opferbräuche.*
7. *Die Vajji gewähren den Arhats, den Weisen und den Yogis Zuflucht, Schutz und Unterstützung und hoffen, daß all jene, die bislang noch nicht in ihr Gebiet gekommen sind, den Weg zu ihnen finden werden. Weiterhin wünschen sie, daß jene, die sich bei ihnen angesiedelt haben, weiterhin dort friedlich wohnen bleiben, solange es ihnen gefällt.*

Und der Buddha sagte: »Solange sie diese sieben Grundsätze beherzigen, werden die Vajji in Wohlstand leben, und keine Verfallserscheinungen werden ihr Gemeinwesen bedrohen.[6]

Der Minister erklärte nun: »Solange die Vajji diese sieben Grundsätze beherzigen, vermag der König von Magadha nicht einmal einen Finger gegen sie zu erheben.« Es heißt, der Buddha habe im Hinblick auf seinen eigenen Sangha mehrmals über diese sieben Grundsätze gesprochen.[7]

So erscheint das Siebte als ein Gegenstück zum Ersten Gebot, welches das Nicht-Töten fordert. Solange wir uns selbst nicht auf Kosten anderer loben und bestrebt sind, im Verein mit den anderen das Potential der lebendigen Gemeinschaft zur Entfaltung zu bringen, leisten wir unseren Beitrag zur Erlösung aller Wesen. Schon Hui-neng hat darauf hingewiesen, daß die Errettung aller Wesen in unserem Geist stattfindet.[8] Wenn unser Geist eins ist mit dem Geist aller Dinge, dann sind alle Vergleiche bestenfalls Halbwahrheiten und die Arbeit, die wir verrichten, ist das große Werk des ganzen Universums.

Das Achte Hauptgebot:

DEN ÜBERFLUSS DES DHARMA NICHT EIGENMÄCHTIG ZURÜCKHALTEN

Rekapitulieren wir. Was ist der »Dharma«? Der Dharma ist das Wahre-Wesen aller Dinge im ganzen Universum und dieses selbst. Er ist eine Leere, übervoll an Möglichkeiten. Er ist das Ins-Dasein-Treten und das Vergehen dieser Möglichkeiten. Er ist das Zusammenwirken der Wesen, ihre wechselseitige Durchdringung und gegenseitige Abhängigkeit.

Der Dharma ist aber auch das besondere Gesetz, wie es in bestimmten Lehren niedergelegt ist. Der Buddha-Dharma ist das Gesetz des Buddhismus – das kosmische Gesetz, wie es vom Buddha und seinen Nachfolgern interpretiert worden ist. Man sagt, der Buddha habe das Rad des Gesetzes in Bewegung gesetzt. Das heißt, er hat dem kosmischen Dharma Ausdruck verschafft.

Der Dharma der Wissenschaft – wenn diese Bezeichnung gestattet ist – ist das kosmische Gesetz, wie es die Biologen und Physiker interpretieren. Die Formel $E = mc^2$ gibt eine objektive Beschreibung der Dinge, und jeder Versuch, dieser Wahrheit zu entfliehen, muß scheitern. Dies gilt gleichermaßen für den Buddha-Dharma, auch ihn können wir nicht straflos ignorieren:

Als Pai-chang einmal eine Reihe von Vorträgen hielt, kam mit den Mönchen auch ein alter Mann herein, um seinen Worten zu lauschen. Gemeinsam mit den Mönchen ging dieser Mann dann wieder fort. Eines Tages jedoch ging er nicht mit ihnen fort.
Pai-chang fragte ihn nun: »Wer bist du, der du hier vor mir stehst?« Der alte Mann erwiderte: »Im Grunde bin ich kein menschliches Wesen. In den Tagen des Kāshyapa-Buddha war ich Oberpriester auf diesem Berg. Eines Tages wollte ein Mönch von mir wissen:

›Unterliegt ein vollständig erleuchteter Mensch dem Gesetz von Ursache und Wirkung?‹ Ich entgegnete ihm: ›Ein solcher Mensch unterliegt nicht dem Gesetz von Ursache und Wirkung.‹ Wegen dieser Antwort wurde ich fünfhundertmal als Fuchs wiedergeboren. Ich bitte dich deshalb um ein klärendes Wort, damit ich Erlösung von meinem Leben als Fuchs finden kann. Bitte sag' mir, unterliegt nun ein vollständig erleuchteter Mensch dem Gesetz von Ursache und Wirkung?« Pai-chang erwiderte: »Dem Gesetz von Ursache und Wirkung kann niemand sich entziehen.« Als er dies vernahm, gelangte der alte Mann zur Erleuchtung.[1]

Wir können diesem Gesetz nicht entrinnen, gleichwohl bleibt das Gesetz des Karma oder, noch allgemeiner ausgedrückt, der Dharma für uns unfaßbar. Religion, Philosophie und Wissenschaft haben sich allenthalben der Suche nach dem Dharma und seiner Ergründung verschrieben. Die Anschauungen der modernen Physik kommen dem buddhistischen Verständnis dieses Gesetzes sehr nahe. Auch der modernen Physik erweisen sich die Erscheinungen als zugleich leer und doch nicht leer – eine Auffassung die bereits das *Cheng-tao-ko* vertritt.[2] Je intensiver die Physiker den Dharma zu ergründen suchen, um so stärker nähern sie sich der Grenze des Unerforschbaren an. Setzen wir für »Wahres-Wesen« den Begriff »Energie« und für »Möglichkeiten des Wahren-Wesens« die moderne Bezeichnung »Tendenzen«, so kommen wir der Theorie der heutigen Physik schon recht nahe.[3] (Der Umkehrschluß ist gleichwohl nicht korrekt. Denn die von der Physik konstatierte Leere ist nach wie vor ein Aspekt der Erscheinungswelt. Als Zen-Buddhisten hingegen halten wir es mit dem Sprichwort »Selbst der Himmel verdient es, geschlagen zu werden.« Denn wir müssen auch über die Vorstellung der Leere noch hinausgelangen.)

Was aber haben wir uns in diesem Zusammenhang unter dem »Überfluß des Dharma« vorzustellen? Legen wir der Beantwortung dieser Frage die verschiedenen Bedeutungsnuancen des Begriffes »Dharma« zugrunde, so wird »Überfluß des Dharma« etwa soviel bedeuten wie »Energie und die ihr innewohnenden Tendenzen«. Dem Überfluß der Erscheinungswelt entspricht der Reichtum unseres individuellen Geistes. Folglich ist das Erste samt allen übrigen Geboten im Achten Gebot zusammengefaßt. »Den Überfluß des Dharma nicht eigensüchtig zurückzuhalten« ist somit der positive Widerschein des Nicht-Tötens. »Du sollst nicht töten« heißt schließlich nichts anderes als: »Hege und fördere das Lebendige.«

Der Überfluß des Dharma beinhaltet natürlich auch unseren Umgang mit Geld; unser Verhältnis zum Geld ist der Prüfstein der Reinheit unseres Geistes. Tatsächlich gibt es so etwas sie schmutziges Geld. In der Quelle des Zeniarai Benten genannten Shinto-Schreins zu Kamakura kann man sein Geld reinwaschen. Mir gefällt diese Gepflogenheit, und bin davon überzeugt, daß das Geld tatsächlich rein wird, wenn jemand diese Waschung in ehrlicher Absicht vollzieht. Noch besser allerdings ist es, wenn wir Geld nur als ein Mittel betrachten, das wir im Austausch gegen Brot oder Arbeit hergeben oder entgegennehmen. Rechte Lebensweise verlangt mehr von uns als lediglich die Weigerung, dem Alkoholiker eine Flasche Schnaps zu verkaufen. Mit Geld Geld zu verdienen, ist nach meiner Ansicht keine legitime Methode, den eigenen Lebensunterhalt zu verdienen.

Ob wir nun geben oder nehmen, was zählt, ist nur die innere Haltung. Wir sollten an solchen Akten innerlich nicht mehr beteiligt sein, als wir es sind, wenn wir uns von einem Stuhl erheben. Als Seisetsu Shūryo Kohushe Roshi des Engaku-Klosters in Kamakura war, mußte das Dojo wegen der großen Zahl der dort anwesenden Mönche erweitert werden. Ein reicher Kaufmann stiftete zu diesem Zweck fünfhundert Goldstücke, eine zu jener Zeit ungeheure Geldsumme.

Wie die Geschichte nun weiterging, darüber gibt es unterschiedliche Versionen, aber laut Nakagawa Soen Roshi, der mir von diesem Vorfall erzählte, sagte Seisetsu Zenji zu dem Kaufmann ganz lapidar: »In Ordnung, ich nehme es.«

Der Kaufmann war etwas verstimmt darüber, daß er nicht einmal ein Dankeschön erhalten hatte. Deshalb erklärte er: »In diesem Beutel sind fünfhundert Goldstücke.«

Seisetsu ließ sich von seiner *Go*-Partie nicht abbringen, schaute nur kurz auf und entgegnete ganz einfach: »Das sagtest du bereits.«

Geld-Energie, Arbeits-Energie, die Energie des Lächelns und der Musik – wir sind in der, karmisch bedingten, glücklichen Lage, unsere Energie zwischen den verschiedenen Dharma gleichsam hin- und herfließen zu lassen. Wie eine Tomatenpflanze, die in der Erde Wurzeln schlägt, um weitere Tomatenpflanzen hervorzubringen, ist es auch unsere eigentliche Bestimmung, als diese eine Lebenskraft jene andere Lebenskraft zu bereichern.

Ohne ein stärker ausgeprägtes Bewußtsein von uns selbst zu haben als die Tomatenpflanze, streichen wir also das Haus, graben den Garten um und tippen an der Schreibmaschine.

Der reiche Kaufmann erwartete als Entschädigung für seine Gabe Dank, und somit hielt er in der Tat den Überfluß des Dharma eigensüchtig zurück. Seisetsu Zenji erwies sich durch seine Unterweisung als ein großzügiger Mann, der genau wußte, was die Situation verlangte. Wir können sicher sein, daß er unter anderen Umständen mit Dankesworten und Freundlichkeiten nicht gespart hätte. Meister Eckhart hat einmal gesagt:

»Es erscheint als ein groß' Ding, wenn ein Mensch tausend Mark Goldes um Gottes willen hingäbe und mit seinem Gelde viele Klöster und Klausen baute und alle Armen speiste; das wäre eine große Sache. Aber der wäre viel glücklicher, der ebensoviel um Gottes willen verschmähte.«[4]

In dieser Haltung bewährt sich ein Mensch, der den Überfluß des Dharma nicht eigensüchtig zurückhält.

Als Hue-hai einmal gefragt wurde, was man tun müsse, um gemäß dem Tao, dem rechten Weg, zu leben, erklärte er, daß dies nur durch Danaparamita, die völlige Selbsthingabe, das vollkommene Schenken möglich sei.[5] Man könnte diese innere Einstellung mit einer tiefen Verbeugung vergleichen.

Yamada Roshi sagt, die Verbeugung sei ein Akt, in dem wir alles von uns werfen. Es heißt auch, daß wir die Füße des Buddha über unsern Kopf erheben, wenn wir im Zustand einer tiefen Verbeugung unsere Hände aufwärts bewegen. Dem Zen-Anfänger mag es zunächst schwerfallen, all dies zu akzeptieren, da es die Menschenwürde zu verletzen scheint. Deshalb muß man wissen, daß das Niederwerfen vor dem Altar der im täglichen Leben praktizierten Danaparamita entspricht. Von den *Jatakas* einmal abgesehen, gibt es in der buddhistischen Literatur zahlreiche Geschichten, in denen das Gebot, den Überfluß des Dharma nicht eigensüchtig zurückzuhalten, im Sinne einer vollständigen Hingabe interpretiert wird:

Im Japan des 18. Jahrhunderts lebte eine Nonne namens Jimon. In einer kalten Nacht kam ein Dieb in ihre Hütte, der nach Wertgegenständen suchte. Völlig furchtlos erhob sich Jimon von ihrem Lager und sagte: »Wie unangenehm es gewesen sein muß, in einer solch kalten Nacht über die Berge und Felder hierherzukommen. Warte einen Augenblick, dann werde ich dir etwas Warmes geben.« Sie bereitete ihm eine Hafersuppe und nötigte ihn, sich ans Feuer zu setzen. Dann sagte sie zu ihm: »Ich habe mich von der Welt zurückgezogen und besitze deshalb keinerlei Wertsachen mehr, aber nimm nur alles, was du willst. Gestatte mir nur, daß ich dir etwas sage. Ich habe dich genau angesehen, und mir scheint, es dürfte dir nicht schwerfallen – egal durch welche Arbeit –, deinen Lebensunterhalt auf ehrliche Weise zu verdienen. Gereicht es dir aber unter diesen Umständen nicht zur Unehre, daß du so tief gesunken bist und nicht nur über dich, sondern auch über deine ganze Familie solche Schande bringst? Überdenke deshalb deinen Standpunkt und nimm Abstand von deinem bisherigen Geschäft. Nimm alles, was ich habe, verkauf es und mach daraus ein Kapital, das es dir gestattet, eine Tätigkeit auszuüben, die deinen Fähigkei-

ten entspricht. Dann wird dir wohler sein.« Diese Worte hinterließen bei dem Dieb einen so tiefen Eindruck, daß er ohne Beute von dannen ging.[6]

Jimon war eine ergebene Schülerin unseres ersten Patriarchen:

Bodhidharma sagt: »Die Natur des Selbst ist vielschichtig und geheimnisvoll. Im Bezirk des wahren, alldurchdringenden Dharma ist von dem Gebot, den Überfluß des Dharma nicht eigensüchtig zurückzuhalten, die Rede, wenn kein Geiz die Großzügigkeit des Herzens trübt.«

In dem alldurchdringenden Dharma findet sich hier eine Frau, dort ein Algaroba-Baum, hier ein Lavafels, dort eine Katze. Jedes dieser einzelnen Wesen ist sowohl eine Manifestation des Tathagata als auch eine einmalige Gestalt des Lebens, die mit nichts anderem, was je existiert hat oder existieren wird, identisch ist. Jedes Wesen kann uns alles lehren und alles aus sich entbinden. Das Universum erstrahlt in seinem Reichtum und sendet in jedem seiner Wesen Blitze aus. Da sie dies wußte, konnte Jimon den Überfluß des Dharma mit anderen teilen.

Wie die übrigen gemahnt uns das Achte Gebot nicht in erster Linie zur Vorsicht. Vielmehr bestätigt es nur das, was ohnehin seit Anbeginn wahr gewesen ist. Deshalb können wir sagen, daß der reiche Kaufmann das Gebot verletzt oder dessen Sinn nicht verstanden hat. Denn er wähnte das Geld in einem prinzipiellen Sinne in seinem Besitz und glaubte, es liege allein bei ihm, seinen Reichtum mit dem Enkaku-Kloster zu teilen. Aber tatsächlich war seine Handlung nicht wichtiger oder besser als ein Lächeln oder eine Blume, die wir einem Kind schenken. Das heißt jedoch nicht, ein Zen-Schüler könnte etwa die Sesshin-Gebühren durch ein Blumengeschenk begleichen. Jeder Anlaß fordert ein ihm gemäßes Verhalten.

Im *Fukan Zazengi* sagt Dogen Zenji: »Das Schatzhaus der Kostbarkeiten öffnet sich von ganz allein. Nehmt euch nach Belieben davon und bedient euch ihrer nach Gutdünken.«[7] Natürlich ist dieser Ausspruch ein Koan. Wie aber ist er zu verstehen? Meint Dogen Zenji etwa, es sei uns freigestellt, eine Atombombe zur Explosion zu bringen oder eine Raffinerie in die Luft zu jagen – weil uns nun einmal danach ist? Bodidharma und Dogen Zenji sprechen in *dieser* Welt, aber der Ursprung ihrer Rede ist der Wesens-Grund.

Das folgende Zitat verdeutlicht den Zusammenhang:

Dogen Zenji sagt: »Ein Wort, ein Vers – das ist die zehntausend Dinge und die hundert Grasbüschel. Ein Dharma, eine Erleuchtung – das ist alle Buddhas und Dharma-Nachfolger. Deshalb hat es seit Anbeginn niemals so etwas wie Geiz gegeben.«

»Zehntausend Dinge« ist die chinesische Umschreibung für »alles«. Aber wie soll ein Wort oder ein Vers alles sein? Nicht zufällig hat Nagakawa Soen Roshi über Yün-mens berühmte Ein-Wort-Pointe – die im Japanischen *Kan-Shiketsu* (getrockneter Scheiß-Spatel) lautet – gesagt, daß auch *Kan* ausreichend sei oder *Kkk*. Bisweilen riefen die alten Meister *»Katzu«*, manchmal zogen sie es jedoch vor, eine Blume emporzuhalten. Auch Blake fragt seinen Leser, ob dieser fähig ist, die Welt in einem Sandkorn zu erkennen.

Auf der andern Seite der Trennlinie gilt allerdings die gleiche Wahrheit. Die Bezeichnung »Grasbüschel« steht in der Literatur des Zen für »Selbsttäuschung« oder »Weltverhaftetheit«. Ein Wort nur – und die hundert oder die 84 000 Täuschungen und Formen der Weltverhaftetheit werden offenbar.

Als der Buddha vor seinen Zuhörern eine Blume emporhielt, war das eine vollständige und vollkommene Präsentation des ganzen Universums und der Lehren sämtlicher Buddhas und Dharma-Nachfolger.[8] Die Schlüsselblume am Ufer des Baches, das planschende Kind in der Badewanne, die Katze, die miauend an der Tür entlangstreicht, die Wolke über dem Haleakala – all dies vermag für uns die reichste Unterweisung zu sein.

Wann immer wir uns jedoch in unserm Denken und Tun von Täuschungen und dem Beharren auf Begriffen wie *mein* und *dein, unser* und *euer* leiten lassen, verleugnen wir die Einheit der Welt – egal, ob wir uns knauserig oder großzügig zeigen. Diese dualistische Weltsicht ist, wie auch Yasutani Roshi betont, unsere grundlegende Selbsttäuschung. Wohin diese Betrachtungsweise führt, offenbaren auch die gesellschaftlichen Verhältnisse, in denen wir leben. Zeigt sich nicht gerade in den fortgeschrittensten Industriegesellschaften, daß die Wut der Armen ständig anwächst und die Reichen immer arroganter werden? Auch im Verhältnis der Staaten und Gesellschaftssysteme zueinander bleibt diese dualistische Weltsicht nicht ohne Folgen: Denn zunächst einmal ist jedes einzelne Land bestrebt, seinen eigenen Vorteil zu sichern und alle Konkurrenten zurückzudrängen, während doch die rasant fortschreitende Technologisierung die Welt immer enger zusammenrücken läßt. Aber selbst in unserem näheren gesellschaftlichen Umfeld und in der Familie neigen wir nicht selten dazu, uns zu kleineren Interessengemeinschaften zusammenzuschließen und die Interessen anderer Gruppen mit Argwohn zu betrachten. Es ist leicht, die Welt zu kritisieren, weniger leicht hingegen einzusehen, daß wir selbst das Leid der Welt mitzuverantworten haben, weil wir ständig gegen dieses Gebot verstoßen.

Unser erstes Gelübde lautet: »Obwohl die vielen Dinge ohne Zahl sind, gelobe ich, sie in meinem Geist zu erretten.« Diese Worte sind im Grunde genommen nur eine Paraphrasierung des Achten Gebotes. Aber solange wir in Begriffen wie »mein« und »dein« denken, ist dieses Gelübde sinnlos, da diese dualistische Weltauffassung uns daran hindert, die vielfältigen Erscheinungen dieser Welt *wirklich* wahrzunehmen:

Ti-tsang fragte Hsiu-shan: »Woher kommst du?«
Hsiu-shan antwortete: »Von Süden.«

Ti-tsang fragte: »Wie steht es gegenwärtig um den südlichen Buddhismus?«
Hsiu-shan sagte: »Er ist in aller Munde.«
Ti-tsang sagte: »Da ist es doch wesentlich besser, Reis anzubauen, wie ich es tue.«
Hsiu-shan sagte: »Wie kannst du solchermaßen alle Wesen der Drei Welten erretten?«
Ti-tsang sagte: »Was meinst du mit den ›Drei Welten‹?«[9]

Hsui-shan vertritt in dem vorstehenden Dialog die »akademische« Auffassung des Buddhismus. Er hat eine ganz präzise Vorstellung von den Drei Welten des Verlangens, der Form und der Nicht-Form, und so gelangt er zu der abstrakten Schlußfolgerung, es sei unsere Pflicht, in die Welt hinauszuziehen, über die Prinzipien des Buddhismus zu diskutieren und für deren Verbreitung zu sorgen. Hsiu-shan vertritt die Ansicht: Wie willst du dein Gelübde, alle Wesen in allen Dimensionen zu erretten, in die Tat umsetzen, wenn du den ganzen Tag nur im Dreck herumwühlst? Denn er betrachtete die Wesen als Ganzheiten, die sich »da draußen« befinden.

Ti-tsang war einer der buddhistischen Heroen der T'ang-Periode, des goldenen Zeitalters des Zen also. Er war der Meister Fa-yens und weithin bekannt für seine Fähigkeit, die Worte seiner Schüler aufs scharfsinnigste gegen sie zu kehren wie ein Judokämpfer, der sich die Kraft eines Gegners zunutze macht. Auch in dem oben zitierten Dialog legt er, um mit Abe Masao Sensei zu sprechen, die Wurzeln von Hsiu-shans Verblendung frei.[10] Zwar diente ihm das Reisfeld als Metapher, aber in seinem Tun war er darauf bedacht, die ganze Fülle des Dharma zu vergegenwärtigen.

Es gibt viele Menschen, denen es nicht schwerfällt, Worte wie Wahrheit, Gerechtigkeit, Frieden, Liebe usw. im Munde zu führen. Aber wenn sie in ihrem Sprechen und Handeln nicht aus jenem leeren, von Großzügigkeit erfüllten Zentrum schöpfen, werden sie von diesen abstrakten Begriffen benutzt. Die Wahrheit, die sie vertreten, ist stets *ihre* Wahrheit und die Gerechtigkeit *ihr* Begriff von Gerechtigkeit, und die Gesamtheit der Wesen, die es zu erretten gilt, ist im Denken dieser Menschen auf ihre Gruppe, Klasse, Nation und so fort beschränkt. Dabei gerät allerdings die Tatsache aus dem Blickfeld, daß bereits alle Wesen errettet sind.

Beispiele echter Anteilnahme sind die Tomatenpflanze und das Plankton. Wahre Anteilnahme bekundet den Geist des Universums, einen Geist, der nichts für sich behält. Solange wir in Abstraktionen gefangen sind, etwa der Vorstellung von den Drei Welten anhängen, kreisen wir stets um das eigene Selbst. Erst wenn es uns gelingt, in einem bestimmten Dharma den universellen Dharma zu erblicken, in einer Wildblume den Himmel – nur dann sind wir frei von Abstraktionen. Erst dann können wir die »Großen Gelübde für Alle« sprechen, und zwar als Ausdruck unseres eigenen Geistes der rückhaltlosen Großmut. Solange wir unbeirrbar bei *Mu* verharren, handeln wir in Übereinstimmung mit diesem Gebot, selbst wenn wir einen Teelöffel zum Munde führen.

Das Neunte Hauptgebot:

SICH NICHT VON GEFÜHLEN DER WUT MITREISSEN LASSEN

Als vor einigen Jahren erstmals tibetische Meister nach Hawaii kamen, nahm mich einer von ihnen anläßlich eines Empfangs beiseite und fragte: »Und was sagen Zen-Meister über die Wut?«

Ich erwiderte ihm: »Im Grunde gibt es keine Wut und auch niemanden, der wütend werden könnte.« Er sah mich ein wenig befremdet an, sagte jedoch nichts.

Heute kann ich natürlich nur mutmaßen, was alles in jener nicht sonderlich geglückten Unterhaltung ungesagt geblieben ist. Denke ich an meine Antwort zurück, so komme ich mir ein wenig vor wie Hui, der Einsiedler, der gesagt haben soll: »Nichts Besonderes.« Als Ch'ang-sha dies erfuhr, schrieb er das folgende Gedicht:

Du, der du auf einem dreißig Meter hohen Mast sitzst,
Wenngleich du den Weg betreten hast, so fehlt es dir noch an Echtheit.
Entferne dich noch einen Schrittweit von der Spitze deines Mastes,
Und das nach den zehn Richtungen hin sich erstreckende Universum wird dein Körper sein.[1]

Der Mensch auf der Spitze des Mastes gleicht dem Buddha nach dessen großer Erleuchtung – bevor er nach Schülern Ausschau hielt. Tatsächlich ist alles leer, aber wie es im *Herz-Sutra* heißt, ist Leere auch Form.[2] Falls so etwas wie Wut jedoch gar nicht existiert, was regt sich dann in meinem Herzen, sobald jemand sich über ein buddhistisches Zeremoniell lustig macht? Dabei muß ich an die bitteren Erfahrungen denken, die ich selbst mit meiner Wut gemacht habe. Die Geschichte liegt lange zurück:

1942 veröffentlichte der Schriftsteller Philip Wylie unter dem Titel *Generation of Vipers* ein Buch, in dem er sich die

Wut über all die Frauen vom Leibe geschrieben hatte, die ihn in seiner Entwicklung gehemmt hatten. Ich las das Buch erst nach dem Krieg, und bei der Lektüre wurde mir bewußt, wie sehr ich während meiner Kindheit und Jugend durch dominierende Frauen in der Entwicklung meines männlichen Selbstbewußtseins behindert worden war. Dieser Vorwurf richtete sich weniger gegen meine Mutter als in erste Linie gegen eine meiner Großmütter.

Zwar war ich mir nun meiner diesbezüglichen Gefühle bewußt, aber ich hatte keine Ahnung, wie ich mit ihnen umgehen sollte. Ich erinnere mich noch ganz genau, wie ich im Alter von dreiunddreißig Jahren in einem japanischen Kloster erstmals an einem Sesshin teilnahm. Ich saß auf meinem Kissen und war im Geiste unentwegt damit beschäftigt, meine Mutter zu beschimpfen, die, wie ich glaubte, der Meinung war, ich hätte mich in einer Geldangelegenheit nicht ganz korrekt verhalten. Der entsprechende Vorfall lag damals bereits gut zwei Jahre zurück.

Da ich zu diesem Zeitpunkt nur sehr wenig Japanisch verstand, konnte ich auch niemanden bitten, mir bei der Lösung der Probleme zu helfen, die mich während dieses Sesshin plagten. Einige Zeit später – aber noch während des gleichen Japanaufenthaltes – *saß* ich unter Anleitung eines anderen Meisters, der mich mit dem Koan *Mu* »arbeiten« ließ. Als ich mich nun immer tiefer auf *Mu* einließ, entdeckte ich eine Basis, die noch unter meine Emotionen hinabreichte. Als ich dann in die Vereinigten Staaten zurückkehrte, gelang es mir, die Beziehung zu meiner Mutter zu verbessern, denn mein Denken wurde nun nicht mehr von der Erinnerung beherrscht, und so konnte ich jetzt unmittelbar auf sie eingehen.

Als ich dort 1950 in Enkakuji auf meinen Kissen saß und pausenlos das verderbliche Anti-Mantra »Meine gottverdammte Mutter« vor mich hinmurmelte, war dies wohl das Beste, was ich in jenem Augenblick in Sachen Selbst-Erkenntnis tun konnte. Ich war mir sehr wohl bewußt, daß ich im Netz der Ichverhaftetheit gefangen saß, und ich bemühte mich, meine Achtsamkeit wieder auf mein Koan zu lenken, wann immer ich mich dabei ertappte, daß ich wieder einmal in blinder Wut über meine Mutter nachdachte. Meine Gefühle tobten in mir wie ein Buschfeuer, und ich war meinen eigenen Emotionen hilflos ausgeliefert.

Mein eigentliches Problem war damals meine Unreife. Die Drei Gifte haben diesen Namen nicht zufällig erhalten. Denn sie sind in der Tat giftig, und sie sind Ausdruck der gefährlichsten Form der Infantilität. Als Kinder und Heranwachsende hassen wir oftmals aus reiner Notwehr und halten unsere schwache Identität als Person oder Gruppe aufrecht, indem wir aggressive Reden schwingen und bisweilen auch vor entsprechenden Taten nicht zurückscheuen. All dies unternehmen wir, um eine eindeutige Identität zu erlangen. Aber auch viele Erwachsene reagieren in bestimmten Situationen nicht anders als schutzbedürftige Kinder und Jugendliche. Wenn uns jemand mit harten Worten der Kritik angreift, so fällt es uns sehr schwer, sofern wir überhaupt dazu imstande sind, in diesem Geschehen eine Offenbarung des Buddha zu sehen. Im *Ts'ai-ken t'an* heißt es:

Sind deine Ohren beständig angefüllt mit tückischem Geschwätz und ist dein Geist voll unerwünschter Gedanken, so kannst du all dies nehmen und zum Guten wenden und das Geschwätz und die Gedanken zum Wetzstein deiner Praxis machen. Wenn Angenehmes nur zu deinen Ohren käme und Schönes nur in deinem Geist verweilte, dein ganzes Leben wäre dann voll Gift und Unrat.[3]

Es ist uns nicht nur darum zu tun, unseren Geist zu beruhigen, sondern unser Ziel ist die *Praxis*. Das bedeutet allerdings, daß wir alles, was von außen auf uns zukommt oder was sich in unserem Kopf ereignet, dieser Praxis *dienstbar* machen. Was immer auch geschieht, kann uns als Erinnerungsstütze dienen. Einer meiner Freunde pflegt in diesem Zusammenhang den Zen-Meister Seung-Sahn zu zitieren:

»Wer dich lobt, ist ein Dieb. Und wer Kritik an dir übt, der ist dein wahrer Freund.« Alles und jedes kann uns zum Wetzstein der Praxis werden.

Die Vernachlässigung dieser Wetzstein-Praxis führt in der internationalen Politik stets aufs neue zu ernsten Konflikten. Aus »Das laß ich mir nicht bieten« wird dann: »Das lassen wir uns nicht bieten«. Da wir schon beim Thema sind: Es macht mich wütend, wenn ich sehe, daß die politischen Führer dieser Welt sich wie eigensinnige Kinder aufführen. Gleichwohl sind sie die Repräsentanten ihrer jeweiligen Völker, und sie sprechen nicht nur für sich selbst, sondern für uns alle.

Frauen, die von Kindesbeinen an unter patriarchalischer Unterdrückung zu leiden hatten, können vielleicht den Schmerz und die Wut nachfühlen, die mich in meiner Kindheit und Jugend gequält haben, auch wenn sich unsere Situationen ansonsten grundlegend unterscheiden. Aufgrund meines persönlichen Werdegangs, so meine ich, kann ich vermutlich die Grundsätze des Feminismus besser verstehen, als so mancher Mann, der unter der Obhut von Frauen aufgewachsen ist, die in ihrem Verhalten dem üblichen Rollenklischee so ganz entsprachen. Aber ob Mann oder Frau – wir alle müssen unsere Wut anerkennen und lernen, mit ihr umzugehen.

In dem folgenden Zitat ist von einem Dichter die Rede und von seiner Wut:

Als [Robert Louis Stevenson] einmal sah, wie ein Mann einen Hund mißhandelte, schritt er sofort ein. Der Besitzer verbat sich die Einmischung und schrie: »Schließlich gehört der Hund ja nicht Ihnen.« Worauf Stevenson zurückbrüllte: »Aber es ist Gottes *Hund, und ich bin hier, ihn zu beschützen.«*[4]

Stevensons berühmt gewordener Brief, in dem er sich gegen die Verleumdung Pater Damiens zur Wehr setzte, ist ein weiteres Beispiel gerechtfertigter Wut. Damien war ein Priester, der sich auf der Insel Molokai um die Leprakranken kümmerte. Seine Wohltätigkeit hatte ihm einen gewissen Ruhm eingetragen. Ein protestantischer Geistlicher in Honolulu hatte sich in einem privaten Brief, der später veröffentlicht wurde, über ihn beklagt. In dem Brief bezichtigte er Damien des zügellosen Stolzes, eines launischen Temperaments und sogar der sexuellen Ausschweifung. In einem offenen Brief behauptete Stevenson, der betreffende Geistliche sei von Konkurrenzneid getrieben.[5]

Wo verläuft in solchen Fällen genau die Grenze zwischen berechtigter moralischer Empörung und Selbstgerechtigkeit? Wenn wir jemand anderen einfühlsam und in der Sache klar kritisieren, so dient das nicht unbedingt der eigenen Ich-Stärkung, obwohl sich natürlich beide Haltungen vermischen können. Von Stevenson heißt es, er habe später die zügellose Sprache bereut, zu der er sich in seinem offenen Brief hatte hinreißen lassen.

In diesem Zusammenhang muß ich auch an Yasutani Roshis aufbrausenden Charakter denken. Wenn er über die untergeordnete Bedeutung sprach, die im modernen Soto-Zen der Erleuchtung beigemessen wird, so konnte er vor Wut überschäumen. Bei zahlreichen Gelegenheiten sprach er selbst im Kreis seiner Schüler, die mit ihm in dieser Frage natürlich ohnehin völlig übereinstimmten, mit finsterem Gesicht und flammenden Worten über diese Frage:

Wie ich höre, gibt es heutzutage an den buddhistischen Universitäten Leute – sogenannte Professoren –, die ohne jegliches Urteilsvermögen den von Dogen gelehrten Dharma mit billigem Teeverschnitt verunreinigen. Unter ihnen gibt es einige verwirrte und betrügerische Anfänger, aber es finden sich bei ihnen auch Leute, die schon lange Zeit Zen praktizieren. Diese Bande unverbesserlicher Teufel, die Himmel und Erde mit ihrem Betrug hintergehen, sind nichts weiter als Gewürm im Körper des Löwen. Sie wissen nicht einmal, wie bemitleidenswert sie sind, diese Verleumder der Drei Kostbarkeiten. Sie werden nach ihrem Tod zur Hölle fahren, und das, weil sie nicht die Unterweisung wahrer Meister gesucht haben und im Gefolge ihrer ganz und gar falschen scholastischen

Auslegung des Zen vollends dem moralischen Verderben anheimgefallen sind. Wir können diesen Stand der Dinge nicht genug bedauern.[6]

Ich kann mir gut vorstellen, wie der alte Roshi dies niedergeschrieben hat, wie er mit schmalen Lippen und funkelnden Augen mit einem Pinsel die Schriftzeichen geradezu auf das Papier geworfen hat. Vermutlich glich er in diesem Augenblick Fudō Myō-ō, dem unbeweglichen König der erhabenen Weisheit, wie er in Darstellungen des buddhistischen Götterpantheon zu sehen ist: inmitten von Flammen sitzend, das Gesicht rot, die Augen hervorquellend und mit dem grimmigsten Gesichtsausdruck, den man sich nur vorstellen kann.

In der buddhistischen Ikonographie ist Fudō ein Widerschein Kanzeons, der Inkarnation des Mitleids und des Mitgefühls. Fudō und Kanzeon erfüllen somit die gleiche Funktion: Genau wie Yasutani Roshi haben sie sich die Errettung aller Wesen zur Aufgabe gemacht.

Wie aber sollen wir die von Fudō und von Yasutani Roshi zum Ausdruck gebrachte Wut mit den folgenden Worten des *Hsin-hsin ming* in Einklang bringen?

Das Angenehme und Erwünschte dem Unangenehmen und Unerwünschten entgegenzusetzen:
Das ist die Krankheit des Geistes.
Wo die tiefe Bedeutung (des Weges) nicht erkannt wird, da wird der innere Friede sinnlos gestört.[7]

Als Yasutani Roshi mit bitteren Worten über die Gelehrten-Priester von der Komazawa-Universität herfiel, hielt er zweifelsohne das, was ihm erwünscht war, dem entgegen, was ihm unerwünscht war. War jedoch deshalb sein Geist von der oben beschriebenen Krankheit befallen? Überhaupt nicht – jedenfalls nicht mehr, als unser Geist von Selbsttäuschung angekränkelt ist, wenn wir angesichts einer Verletzung des menschlichen Anstands mit aufgebrachten Worten und wütendem Gesicht reagieren. Yasutani Roshi hatte die tiefe Bedeutung des Weges erkannt, und deshalb blieb sein Seelenfriede unberührt. In diesem Punkt allerdings unterscheiden wir uns möglicherweise von ihm. Aber im Zustand moralischer Empörung versuchen wir durch unser Verhalten nichts anderes als er zum Ausdruck zu bringen: »Dies ist wahr, und jenes ist unwahr.« Ein solcher Ausbruch der Leidenschaft ist die ins Dasein tretende Reinheit des Tathagata, und ihr Motiv ist das Mitleid Kanzeons.

Bodhidharma sagt: »Die Natur des Selbst ist vielschichtig und geheimnisvoll. Im Bezirk des selbstlosen Dharma ist von dem Gebot, sich nicht von Gefühlen der Wut mitreißen zu lassen, die Rede, wenn für das Selbst die Realität nicht manipuliert wird.

Sobald unser Handeln auch nur von dem geringsten Impuls eines Selbst-Interesses geleitet wird, liegt bereits eine Verletzung dieses Gebotes vor. Yasutani Roshi hingegen hatte nur das eine Ziel – nämlich den Dharma zu schützen, seine eigenen Interessen waren ihm in diesem Zusammenhang völlig gleichgültig. Sein Tempel war winzig, seine Kutte abgetragen und schäbig, und er verwandte all seine Zeit und Energie darauf, den Geist des Nicht-Selbst zu vermitteln. Im *Hsin-hsin ming* hingegen ist die Rede von selbstbezogenen Vorlieben und Vorurteilen, von Urteilen, deren »Erzeuger« jenes *Ich* ist, das Menschen und Dinge nur unter dem Gesichtspunkt des eigenen Vorteils betrachtet.

Als wir vor zwei Jahren mit der Baubehörde von Maui County über den Umbau unseres Zentrums sprachen, fragte ich im Sangha, ob jemand bereit sei, an meiner Stelle an den Verhandlungen teilzunehmen. Um diesen zunächst vielleicht seltsam anmutenden Wunsch zu begründen, erklärte ich, daß ich in der Stadt als ungeduldig und anspruchsvoll gelte und daß meine Anwesenheit deshalb möglicherweise die Verhandlungen erschweren werde. Daraufhin fragte mich jemand: »Reagieren Sie nicht verärgert, wenn Ihnen zu Ohren kommt, daß man Sie in der Stadt für ungeduldig und anspruchsvoll hält?« Ich war erstaunt über diese Frage. Vor zwanzig Jahren hätte mich so etwas vermutlich wirklich in Rage gebracht. Aber jetzt ... wahrscheinlich werde ich allmählich alt.

In der Verwirrung des Augenblicks übersehen wir häufig, daß unsere Reaktionen auf Selbstbezogenheit beruhen. Deshalb ist es so wichtig, daß wir in uns die grenzenlose Leere kultivieren und lernen, unser Handeln und unseren »Selbst«-Ausdruck in dieser Dimension zu verankern. Wenn uns dies gelingt, so können uns die Reaktionen anderer Menschen nicht mehr aus dem inneren Gleichgewicht bringen. Unter diesen Bedingungen brauchen wir nicht lange, um festzustellen, ob unsere jeweiligen Reaktionen selbstbezogen sind oder nicht. Und diese Achtsamkeit kann dann zum Wetzstein unserer Praxis werden.

In dem folgenden Koan ist davon die Rede, wie Chien-yuan auf die kompromißlose Haltung seines Meisters zunächst wütend reagierte, dann jedoch seine Praxis vertiefte und zu jenem »Ort« gelangte, wo er schließlich die Weisheit seines Meisters wie ein Echo wiedergeben konnte.

Tao-wu und Chien-yuan statteten einmal gemeinsam einem Haus einen Kondolenzbesuch ab. Chien-yuan rüttelte an dem Sarg und fragte: »Tot oder lebendig?«
Tao-wu entgegnete: »Ich sag' nicht – tot, und ich sag' nicht – lebendig.«
Chien-yuan fragte: »Warum sagst du es nicht?«
Tao-wu erwiderte: »Ich sag' es nicht.«
Auf dem Heimweg sagte Chien-yuan: »Euer Hochwürden, bitte sagt es mir doch jetzt – sonst schlage ich Euch.«
Tao-wu entgegnete: »Schlag mich doch, wenn du willst – aber ich sag' es nicht.« Und so schlug ihn Chien-yuan.
Später, als Tao-wu schon verschieden war, ging Chien-yuan zu Shih-shuang und erzählte ihm die Geschichte. Shih-shuang entgegnete ihm: »Ich sag' nicht – tot, ich sag' nicht – lebendig.«
Chien-yuan sagte: »Warum sagst du es nicht?«
Shih-shuang entgegnete: Ich sag' es nicht! Ich sag' es nicht!« Bei diesen Worten überkam Chien-yuan die Erleuchtung.[8]

Die alten Meister waren leidenschaftliche Verfechter des Dharma. War Nan-chuang wirklich wütend, als er die Katze tötete? Ich bin sicher, daß er bei der Gelegenheit sein finsterstes Gesicht aufgesetzt hat.[9]

Damit hier kein Mißverständnis aufkommt. Der Dharma des Nicht-Selbst ist völlig ruhig, solange nichts geschieht, und aktiv, wann immer die Dinge in Erscheinung treten. Ungeachtet dessen war Nan-ch'uans Handlungsweise nicht im üblichen Wortsinn eine spontane Reaktion. Bloße Spontaneität ist noch nicht der *Weg*. Jedwede erleuchtete Reaktion erwächst aus tiefem inneren Frieden, und ihr wesentliches Charakteristikum ist die Unterweisung.

Dogen Zenji sagt: »Weder vorwärts noch zurück, weder wirklich noch leer. Dort ist ein Ozean strahlender Wolken. Dort ist ein Ozean erhabener Wolken.«

Diese Feststellung enthält zahllose Koan-Pointen, und es widerstrebt mir deshalb, hier einen großen interpretatorischen Aufwand zu betreiben. Tatsächlich bezieht sich die Aussage auf den Mittleren Weg, auf den Tathagata, wie er sich in dieser Welt manifestiert. Und dennoch – was heißt das: »Weder vorwärts noch zurück?« Diese Worte bezeichnen den »Ort« der Stille, aus dem der Tathagata hervorgeht. Und was bedeutet: »... weder wirklich noch leer«? Das *Cheng-tao ko* erhellt diesen Punkt durch einen Verweis auf das Mani-Juwel:

Es ermöglicht uns das Sehen, das Hören, das Riechen, das Schmekken, das Empfinden und das Gewahrsein.
All dieses ist zugleich leer und nichtleer.[10]

Was aber ist »ein Ozean strahlender Wolken« und was »ein Ozean erhabener Wolken«? Hier auf Maui fällt mir auf, daß bei bedecktem Himmel die chinesische Drossel singt, und bei Sonnenschein singen die Kardinal- und die Mynahvögel. Bisweilen erhaben, dann wieder strahlend – das lehrt uns die Drossel, das lehrt uns der Mynahvogel. Wenn es regnet, suche ich einen Unterstand, scheint die Sonne, unternehme ich einen Spaziergang mit meinem Hund. Falls jemand sich beklagt, so versuche ich mir ein Urteil zu bilden. Mitunter läßt es sich nicht vermeiden, mit erhobener Stimme zu sagen: »Hör endlich damit auf!« Wann immer es im Herzen meines Herzens »weder vorwärts noch zurück« gibt, ist mein Betragen echte Unterweisung. Denn wie es im *Diamant-Sutra* ganz richtig heißt, manifestieren wir uns immer dann als der Tathagata, wenn wir von unserer ursprünglichen Behausung, der Leere selbst, herkommen.[11]

Aber dieses Gebot ist mehr als eine moralische Anweisung. Wut und Liebe bezeichnen nichts weiter als bestimmte Tendenzen der Energie. Wer unfähig ist, Wut überhaupt zu verspüren, der blockiert sein eigenes schöpferisches Potential. Aber damit nicht genug. Thich Nhat Hanh sagt:

Begegne deiner Wut mit dem äußersten Respekt und dem größten Wohlwollen, denn sie ist schließlich nichts anderes als du selbst. Unterdrücke sie nicht – betrachte sie nur mit klarem Bewußtsein. Das Bewußtsein ist wie die Sonne. Wenn die Sonne die Dinge mit ihrem Licht erwärmt, so verwandeln sie sich. Sind wir uns unseres Zornes bewußt, so verwandelt er sich. Zerstören wir hingegen unsere Wut, so zerstören wir den Buddha. Denn Buddha und Mara sind Ausdruck des gleichen Wesens. Wenn wir daher unserer Wut mit Bedachtsamkeit begegnen, ist das, als nähmen wir einen kleinen Bruder bei der Hand.[12]

Diese Feststellung ist in der Tat eine »strahlende Wolke«. Und was ist mit den »erhabenen Wolken«? Bei William Blake heißt es:

Der Mensch gelangt ins Himmelreich, nicht weil er die Leidenschaften unterworfen und besiegt hat oder weil ihm keine Leidenschaften geblieben sind, sondern nur, weil er sie mit seinem Verständnis durchdrungen hat. Die wahren Schätze des Himmels sind nicht die verleugneten Leidenschaften, sondern die Verwirklichungen des Geistes, aus dem alle Leidenschaften in ihrer Ewigen Erhabenheit gänzlich unverstümmelt hervorgehen.[13]

Dem alten Chao-chou möchte ich jedoch das letzte Wort überlassen:

Chao-chou: Die Buddhaschaft ist Leidenschaft, und Leidenschaft ist Buddhaschaft.
Mönch: In wem erzeugt der Buddha die Leidenschaften?
Chao-chou: In jedem von uns erzeugt der Buddha die Leidenschaften.
Mönch: Wie aber überwinden wir sie?
Chao-chou: Weshalb sollten wir sie überwinden?[14]

Das Zehnte Hauptgebot:
NICHT ÜBER DIE DREI KOSTBARKEITEN LÄSTERN

Die Drei Kostbarkeiten bilden die Basis der buddhistischen Praxis und sind darüber hinaus Grundprinzipien jeglicher religiösen Praxis. Die Drei Kostbarkeiten sind natürlich der Buddha, der Dharma und der Sangha, also die Erleuchtung, die Wahrheit und die Harmonie. Wenn wir also Abstand davon nehmen, uns abfällig über die Drei Kostbarkeiten zu äußern, so betreten wir einen Weg, in dessen Verlauf sie sich uns geistig erschließen und zu Leitsternen unseres Lebens werden.

Der Buddha ist der Erleuchtete, das heißt zunächst der historische Buddha, aber gleichermaßen das Wesen des Universums und aller denkbaren »Universa«, die Weisheit der Erdwürmer und der Schmutz, in dem sie leben. Dharma ist die Lehre und zugleich die unendliche und unergründliche Wirklichkeit, deren Gesetzmäßigkeit in ihm sichtbar wird, jene Wirklichkeit, die zugleich mit dem plötzlichen Schrei eines Gecko an einem frühen Abend in Hawaii in voller Klarheit in das Bewußtsein tritt. Im engsten Wortsinn bezeichnet der Sangha die zwischen den Anhängern des Buddha herrschende Harmonie, aber auch den Einklang aller Wesen, die durch ein vollkommen schönes Netzwerk wechselseitiger Beziehungen miteinander verknüpft sind, ebensogut aber auch den kosmischen Gleichklang der Sterne und die unaufhebbare Symbiose zwischen der Termite und ihren Parasiten.

Der Sangha ist überdies die zwischen Lehre und Erleuchtung, Erscheinungswelt und Absolutem, Form und Leere bestehende Harmonie – er ist das *Herz-Sutra,* wie es in dem Regenbogen ins Dasein tritt, der die Manoa-Wasserfälle mit mildem Glanz umspielt.[1]

Nur wer sie selbst erfahren hat, kann auch die Bedeutung der Drei Kostbarkeiten ganz ermessen. Vielleicht erscheint es nur zu klar, daß das »Budda-Wesen das ganze Universum erfüllt«[2], daß es allgegenwärtig ist und im Grunde genommen nicht zu diffamieren ist – aber welche Art von Klarheit ist das schon? Sind diese Charakterisierungen nicht womöglich doch ein wenig abstrakt und intellektuell? Und vielleicht herrscht ja doch keine verbreitete Klarheit darüber, daß das Budda-Wesen die innerste Natur der Moral ausmacht.

Betrachten wir beispielsweise Yun-mens berühmten Ausspruch »Jeder Tag ist ein guter Tag«.[3] Während einer Fragestunde wollte einmal ein Schüler von mir wissen, ob denn Yun-men nicht mit gleicher Berechtigung hätte sagen können: »Jeder Tag ist ein schlechter Tag?« Ich verneinte dies und wies darauf hin, daß Hakuin Zenji gesagt hat: »Alle Wesen sind von Natur der Buddha« und nicht: »Alle Wesen sind von Natur Mara«.[4]

Gelingt es uns nur einmal, einen Zustand völliger Selbstvergessenheit zu erreichen, so öffnen sich in uns unendliche »Räume«, und der Weg des Mitgefühls liegt offen da. Mara erweist sich dann eindeutig als ein Irrtum und das Gute als das Tao; und die Drei Kostbarkeiten offenbaren sich uns als unsere Heimstatt.

Die Drei Reinen Gebote werden fortan den Weg bezeichnen, den wir in dieser Welt einschlagen:

Nimm Abstand von allem Bösen.
Tue nur das Gute.
Errette die vielen Wesen.[5]

Sofern wir diese drei Grundsätze beherzigen, erweisen sich die Erleuchtung, das Tao und die Harmonie als Leitmotive unseres Handelns. Wir üben uns in der Disziplinierung unserer selbst und sind zugleich völlig frei in unserem Handeln. Die Zehn Hauptgebote sind uns Wegweiser auf diesem Pfad, die unser Handeln sicher leiten.

Die Zehn Hauptgebote, die Drei Reinen Gebote und die Drei Gelübde der Zufluchtnahme sind Bestandteil des *Jukai* genannten buddhistischen Initiationsrituals. Während dieses Zeremoniels gelobt der Schüler vor den Versammelten und dem Roshi (dem Repräsentanten Shakyamunis), sich die Sechzehn Bodisattva-Gebote zu eigen zu machen und sich künftig als »Schüler Shakyamuni Buddhas« zu bekennen. Dann übergibt der Roshi dem Schüler ein *Ketchimyaku,* wörtlich übersetzt ein »Blutpuls«-Zertifikat, das dessen Abstammung von Shakyamuni Buddha belegt, und ein *Rakusu,* ein aus Flicken gefertigtes »Lätzchen«, ein Symbol des Buddha-Gewandes, das der Schüler bei allen zenbuddhistischen Zusammenkünften anlegt. Dies ist ein feierliches Ritual, dessen Funktion es ist, Rechtes Denken und Rechtes Tun mit dem Geist der Verehrung und der religiösen Praxis zu verbinden.

In den meisten westlichen Zen-Zentren werden die Schüler dazu angehalten, ihr *Rakusu* selbst zu nähen, bevor sie sich dem Jukai-Zeremoniell unterziehen. Dies knüpft an eine altehrwürdige buddhistische Tradition an, derzufolge man seine Kleider selbst fertigt. Der Novize entledigt sich seiner Kleider, geht nackt zur Mülldeponie der Stadt, um dort Kleiderfetzen aufzusammeln. Diese Fetzen werden danach gebleicht und zu einem Umhang zusammengenäht, der dann mit den billigsten Farben, die zu bekommen sind, eingefärbt wird. Wenn der Schüler sein eigenes Rakusu aus Stoffetzen zusammennäht, vergegenwärtigt er sich in diesem Akt die uneingeschränkte religiöse Integrität unserer großen Vorbilder, die ebenfalls das alte Gewand der Drei Gifte ab- und das neue Gewand des Buddha angelegt haben.

Hakuin Zenji schreibt: »Dieser Körper ist der wahre Buddha.«[6] Indem wir das Gewand des Buddha tragen und aus seinen Reisschalen unsere Nahrung zu uns nehmen (wie wir in den Sutras anerkennen, die wir vor jeder Mahlzeit sprechen), bestätigen wir die Weisheit des Buddha und bekennen uns in ähnlich selbstverständlicher Weise zu den aus dieser Weisheit sich herleitenden Geboten, wie wir etwa unsere Kinder versorgen oder mit dem Auto ins Büro fahren.

Vor Beginn einer jeden zenbuddhistischen Sutra-Rezitation bekennen wir uns zu den Drei Kostbarkeiten. Wir sprechen das *Ti Sarana*, das »Gatha der Zufluchtnahme«, das im Mittelpunkt sämtlicher buddhistischer Zeremonien steht – ob im Mahāyana, dem Vajrayana oder im Theravada. Senzaki Nyogen Sensei pflegte dies Gatha stets in der Ursprungssprache, das heißt in Pali zu rezitieren, um so die Einheit aller Richtungen des Buddhismus zu betonen:

Buddham saranam gacchami
Dahmmam saranam gacchami
Sangham saranam gacchami

Die übliche Übersetzung des »Ti Sarana« lautet:

Ich nehme meine Zuflucht zum Buddha,
ich nehme meine Zuflucht zur Lehre,
ich nehme meine Zuflucht zur Gemeinschaft.

Durch diese Worte bekennen wir, daß wir den Buddha, den Dharma und den Sangha als unsere Heimstatt betrachten. Wann immer wir dies Gatha mit Bedacht sprechen, geloben wir, uns voll und ganz mit den Drei Kostbarkeiten zu identifizieren, sie anzunehmen, sie in Ehren zu halten und sie in unserem Leben zu verwirklichen. So erneuern wir in jeder unserer Zeremonien in aller gebotenen Kürze das Jukai-Ritual, und zwar in Gemeinschaft mit allen Buddhisten überall auf der Welt. Wann immer wir bei den Drei Kostbarkeiten unsere Zuflucht suchen, verhalten wir uns wie Jui-yen, der mit seinem Meister sprach:

Jeden Tag sagte Jui-yen zu sich selbst: »Meister!«
Und er antwortete auch sich selbst: »Ja!«
»Sei wachsam!«
»Ja! Ja!«
»Laß dich nie von anderen täuschen!«
»Nein! Nein!«[8]

Dieses Koan wird häufig als eine Art der Selbst-Ermahnung aufgefaßt, etwa so, als wenn wir uns am Ende eines Tages Rechenschaft über unsere Fehler ablegen und uns vornehmen, es künftig besser zu machen. Gegen diese Art von Meditation ist zwar nichts einzuwenden, aber Jui-yens Verhalten bedeutet dennoch etwas anderes. Er nimmt in diesem Akt die Drei Kostbarkeiten an, er hält sie in Ehren, und er verwirklicht sie in seinem Leben. Jui-yen sagt lediglich dreimal in verschiedener Form: »Ich kehre heim.«

Jui-yen verwandte zwar nicht direkt die Worte »Buddha, Dharma und Sangha«, er rief sich nur immer wieder selbst dazu auf, von nichts und niemandem abhängig zu werden. Und deshalb sind seine Worte Gelübde, die tiefer reichen als irgendein förmliches Versprechen, das wir im Tempel abgeben. Der »Weiß-nicht-Geist«, der das Wesen der Drei Kostbarkeiten ausmacht und sie mit Leben erfüllt, ist Jui-yens Inspiration und Wegweiser. Tatsächlich kann es leicht geschehen, daß wir die Drei Kostbarkeiten lästern, während wir äußerlich unsere Zuflucht bei ihnen nehmen. So hat Wu-men beispielsweise einmal gesagt: »Wenn du den Namen des Buddha beiläufig aussprichst, dann solltest du drei Tage lang deinen Mund ausspülen. Bist du ein solcher Mensch und hörst du, wie jemand sagt: ›Der Geist selbst ist der Buddha‹, dann wirst du deine Ohren bedecken und aus dem Zimmer fliehen.«[9]

Mit dieser Feststellung will Wu-men nicht sagen, alle Rituale seien gegen den Geist des Buddhismus, vielmehr verweisen seine Worte auf die Balance des Madhyamika, des Mittleren Weges. »Der Buddha ist nicht der Buddha, deshalb nennen wir ihn Buddha«, pflegte Professor D. T. Suzuki, in freier Wiedergabe des *Diamant-Sutra* zu sagen.

Chao-chou wandte sich einmal an seine Schüler und erklärte: »Es bereitet mir Unbehagen, das Wort ›Buddha‹ zu hören.«
Ein Mönch fragte daraufhin: »Wie können Euer Hochwürden dann überhaupt andere unterweisen?«
Chao-chou erwiderte: »Buddha, Buddha.«[10]

»Wann immer du dem Buddha begegnest, tötest du den Buddha«, deshalb müssen wir jegliche fixe Vorstellung von dem Buddha auslöschen.[11] Aber der Buddha ist zugleich unser kostbarer Lehrer, und ohne ihn wäre unsere gesamte Praxis ganz und gar sinnlos. Das gleiche gilt für alle Archetypen und Metaphern. Wenn mir der Begriff »süß« nicht zur Verfügung steht, so kann ich auch nicht sinnvoll über den Ohia-Honig sprechen. Wenn ich nichts von »rot« weiß, so kann ich unmöglich einen Vulkanausbruch des Vilanca bei Nacht beschreiben. Aber das Wort »süß« weckt sogleich die Assoziation »sentimental«, und bei »rot« denkt man sofort an »Kommunismus«. Auf diese Weise geraten wir unter die Herrschaft der Worte.

Als sich bei uns im Koko-An unlängst Buddhisten der verschiedensten Richtungen und Schulen trafen, wollte einer der Teilnehmer wissen, ob wir die Bodidharma-Figur auf unserem Altar »Heiliger Dharma« nennen. Ich verneinte dies, und da der Fragesteller japanisch sprach, erwiderte ich ihm in seiner Sprache, daß wir die Figur als »Daruma Daishi« ansprechen, was nichts anderes bedeutet als »Großer Meister (Bodhi) Dharma«. Aber es bleibt die Frage: Besteht ein Unterschied zwischen einem »Heiligen« und einem »Großen Meister«? So befindet sich etwa die heilige Maria – die Gottesmutter – im Himmel und vernimmt dort voll Mitgefühl unsere Gebete, und ihre Antwort hören wir in unserem Herzen. Wo ist aber Bodhidharma? Nicht im »Himmel«, würde ich meinen. Und ich denke, daß er eher aus unserem Herzen zu uns spricht als zu oder in unserem Herzen. Aber diese Unterscheidung ist in der Tat nur durch unsere kulturellen und religiösen Traditionen bedingt. Ebensogut könnte man sagen, Maria sei unser Wahres-Wesen und Daruma stehe uns in der Not unseres Herzens bei.

Bodhidharma sagt: »Die Natur des Selbst ist vielschichtig und geheimnisvoll, im Bezirk des Einen ist die Rede von dem Gebot, die Drei Kostbarkeiten nicht zu lästern, wenn die dualistische Vorstel-

lung außer Kraft gesetzt ist, derzufolge ein Unterschied besteht zwischen gewöhnlichen Wesen und den Wissenden.«

Wenn wir die Drei Kostbarkeiten wahrhaft zu unserer Wohnstatt machen, wenn sie ein vertrauter Bestandteil unserer Sutra-Rezitation sind, des Zerkauens von Körnerfrüchten, des Gesprächs mit unseren Freunden, dann wird die Unterscheidung zwischen »gewöhnlich« und »wissend« vollends gegenstandslos. Überkommt uns ein Hungergefühl, so essen wir, fühlen wir uns müde, so schlafen wir.

Aber worin besteht eigentlich der Unterschied zwischen einem solchen Verhalten und dem Betragen eines Menschen, der sich unbewußt durch sein vergangenes Karma bestimmen läßt, seine Kinder schlägt und sich betrinkt und der ißt, wann immer er Hunger verspürt, und schläft, sobald Müdigkeit ihn überkommt? Der Unterschied besteht einzig und allein in dem Umstand, daß der eine sich für eine bestimmte Praxis entschieden hat, während der andere all dies nur »zufällig« tut. Der Unterschied besteht zudem darin, daß der eine sich die Bodhisattva-Gebote zu eigen gemacht hat, während der andere sich nicht ausdrücklich zu ihnen bekennt.

Wann immer die dreifache Zufluchtnahme unser Fühlen, Denken und Handeln bestimmt, stellen wir fest, daß es nichts gibt, was dem Buddha-Wesen fremd wäre. Wer seine Kinder schlägt und sich sinnlos betrinkt, dem mangelt es an Vertrauen in das eigene Buddha-Wesen. Gegen die Gebote verstoßen wir immer dann, wenn wir unsere Einheit mit dem Buddha-Wesen leugnen und uns im Hinblick auf einen beliebigen Maßstab für unwichtig oder aber für bedeutend halten.

Menschen, die unter den Vorurteilen der Gesellschaft zu leiden haben, wie beispielsweise die Harjan in Indien, die Burkumin in Japan, die Schwarzen in den Vereinigten Staaten und in Südafrika oder die Strafgefangenen aller Länder und Gesellschaftsformen – sie alle können persönlich die

Buddhaschaft erfahren und sich ihrer Minderwertigkeitsgefühle entledigen. Selbst ein Philanthrop kann seine Zuflucht bei den Drei Kostbarkeiten nehmen, ohne sich innerlich in Gefühlen der Großmut zu gefallen.

Dies allein verdient den Namen »Praxis«. Wir kennen Bodhidharma nur als einen erleuchteten alten Mann, aber auch er hat sein ganzes Leben lang hart an sich gearbeitet, daran kann gar kein Zweifel bestehen. Er konnte der Weisheit in seiner Jugend nicht in gleicher Weise Ausdruck verleihen wie später, nachdem er in China angekommen war. In den Jahren unserer eigenen Unreife haben wir die gleichen Prüfungen zu bestehen wie damals Bodidharma, und die wundervolle Lehre, die er in den Jahren seiner Reife entwickelt hat, kann für uns ein Quell der Inspiration sein.

Aber Vorsicht! Es besteht kein Anlaß, den alten Mann Bodhidharma blindwütig zu verehren. Es gibt schlechterdings kein gewöhnliches Wesen und keinen Wissenden, keinen Führer und keinen Geführten, keinen Roshi und keinen Schüler. Wann immer wir die Drei Kostbarkeiten in unserem Herz-Geist entdecken, tun wir dem Zehnten Gebot genüge. Der Roshi muß für den Vorwurf offen sein, er sei ein männlicher Chauvinist. Der Schüler muß imstande sein, sich ähnlich unangenehme Dinge anzuhören. Nach diesem Grundsatz reden wir im Diamant-Sangha ganz offen miteinander, veranstalten Gesprächs-Workshops, Diskussionszirkel für Frauen und Männer und sprechen so lange über wirtschaftliche und finanzielle Entscheidungen, bis wir einen Konsens erreicht haben.

Wir alle sitzen an der Werkbank und schleifen und polieren die Drei Juwele (Kostbarkeiten). Und es gibt auf der ganzen Welt keine Arbeit, die wichtiger wäre.

Dogen Zenji sagt: »Das Teisho unseres gegenwärtigen Körpers ist der Hafen und die Fischreuse. Dies ist das Allerwichtigste in dieser Welt. Seine Tugend findet eine Heimstatt im Ozean des Wahren-Wesens. Keine Erklärung vermag es zu erhellen. Uns bleibt nichts, als es voll Ehrfurcht und Dankbarkeit anzuerkennen.

Dies ist einer der schwierigsten Aussprüche Dōgen Zenjis. Mit dem »Teisho unseres gegenwärtigen Körpers« verweist er uns auf den – alles andere als beliebigen – Weg des Bodhisattva, über den sich indes begrifflich nichts Definitives aussagen läßt. Dōgen Zenjis Worte machen deutlich, daß das Leben des Buddha, das wundersame So-Sein der Dinge – der Flüsse, Bäume, Tiere und Menschen – und die Identität des Tathagata mit dem Akt des Aufstehens und Sich-Ankleidens sich sämtlich als die »Sprache« des gegenwärtigen Körpers erweisen: der Hafen und die Fischreuse, hier sammeln sich die Fische, dort die Boote. Es gibt nichts, was wichtiger wäre.

»Seine Tugend findet eine Heimstatt im Ozean des Wahren-Wesens.« Dies entspricht dem Akt der Zufluchtnahme, den wir vollziehen, wenn wir uns beispielsweise zum Schlafen niederlegen.

In dem mit »Reines Betragen« überschriebenen Kapitel des *Hua-yen-Sutra* findet sich das folgende Gatha, das zum Abschluß des Tages gesprochen wird:

> *Nun, da es Zeit ist, auszuruhen und schlafen zu gehen,*
> *Gelobe ich mit allen Wesen,*
> *friedvolle Ruhe zu finden*
> *und ein von Wirrnis freies Herz.*[12]

Der Ozean des Wahren-Wesens ist das Wesen des Buddha, wie es das ganze Universum erfüllt und gleichwohl die Leere aller Dinge bestehen läßt. Ich gelobe, diese Ruhe zu verkörpern. Aber wie? Indem wir es uns zur Gepflogenheit machen, dieses Gatha vor dem Zubettgehen zu rezitieren. Das wäre immerhin ein Anfang.

»Keine Erklärung vermag es zu erhellen.« Der Dharma ist unvergleichlich tief und vielschichtig. Wenn wir behaupten, er sei gleichsam ein Abbild aller Möglichkeiten des Wahren-Wesens in der Blüte ihres So-Seins, in ihrem intimen Zusammenspiel – ein Abbild aller Wesen, wie sie sich wechselseitig reflektieren und durchdringen, dann liefern wir lediglich eine Erklärung. Wir dürfen den Dharma nicht mit einer Art Philosophie verwechseln.

»Uns bleibt nichts, als ihn voll Ehrfurcht und Dankbarkeit anzuerkennen.« Denn der Sangha steht für die Harmonie und für die tatsächliche Identität aller Wesen und ihres Karmas mit dem absoluten, unbewegten Buddha. Ich verbeuge mich in Dankbarkeit. Mehr gibt es hierzu nicht zu sagen.

SELBSTSCHUTZ

Im Fugai-Ekun-Kloster konnten einmal wegen einer religiösen Feier die Vorbereitungen für das Abendessen nicht rechtzeitig beginnen. Sobald die Zeremonie beendet war, nahm der Koch seine Sichel zur Hand und klaubte im Garten in aller Eile das notwendige Gemüse zusammen. In seiner Hast schnitt er auch eine Schlange entzwei und warf, ohne es zu bemerken, zugleich mit dem Gemüse auch deren Kopf in den Suppentopf.
Als das Essen schließlich aufgetragen wurde, erklärten die Mönche, sie hätten noch nie zuvor eine so köstliche Suppe gegessen. Nur der Roshi entdeckte etwas Merkwürdiges in seiner Eßschale. Er rief den Koch zu sich, hielt diesem den Kopf der Schlange unter die Nase und fragte ihn: »Was ist das hier?«
Der Koch nahm das Stück in die Hand, sagte: »Oh danke, Roshi« und schluckte es unverzüglich hinunter.[1]

Dies ist eines von vielen klassischen Mondo, die uns lehren, wie wir mit Herausforderungen umgehen können, statt uns von ihnen in der üblichen Weise in die Defensive drängen zu lassen. Wie hätte in dem beschriebenen Fall die »normale« Reaktion ausgesehen? In den Situationen, wie wir sie aus dem Alltagsleben kennen, hätte der Koch dem Roshi vermutlich entgegnet: »Tut mir leid, aber das Zeremoniell hat so lange gedauert, und so mußte ich in aller Eile die Essensvorbereitungen treffen. Dabei ist mir völlig entgangen, daß ein Stück Schlange in die Suppe gelangt ist. Verzeih mir meine Unaufmerksamkeit.«

Eine ziemlich jämmerliche Reaktion – das wird wohl niemand bestreiten. In dem geschilderten Beispiel hatte es der Koch indes gar nicht nötig, sich zu verteidigen. Keine Sekunde lang faßte er die Herausforderung des Roshis als Anklage auf. Er maß der ganzen Angelegenheit keine besondere Bedeutung bei und erteilte allen Anwesenden ein wunderbares Teisho.

Wie aber gehen wir üblicherweise mit Herausforderungen um? Wir haben stets zwei Möglichkeiten: Entweder wir gehen in die Defensive, oder wir lernen zu »tanzen«. Es gibt verschiedene Verteidigungsstrategien: Wir können entweder unser Gegenüber unter Druck setzen, uns entschuldigen oder die ganze Angelegenheit totschweigen. Aber stets ermangelt die Defensive des »tänzerischen« Elementes. In all diesen Fällen findet kein Teisho statt, das heißt keine Darlegung der Wirklichkeit, und keine Unterweisung.

Aber auch das »Tanzen«, der spielerische Umgang mit Herausforderungen also, ist facettenreich. Bisweilen gibt es die Möglichkeit, wie etwa in der vorstehenden Geschichte, das ganze Problem einfach verschwinden zu lassen. Mitunter kann man es aber auch sorgfältig zu einem Bündel verschnüren und dem Gegner in aller angemessenen Form zurückgeben. Manchmal ist bereits ein Lachen ausreichend. Es spricht vieles dafür, daß auch die oben geschilderte Situation von den Anwesenden als äußerst amüsant empfunden worden ist.

In gewissen Fällen besteht die spielerische Reaktion in Fragen wie: »Und was meinst du dazu?« – »Was würdest du an meiner Stelle tun?«

Ching-ch'ing fragte einen Mönch: »Was für ein Geräusch ist das da draußen?«
Der Mönch antwortete: »Der Regen, der auf das Dach prasselt.«
Ching-ch'ing sagte: »Gewöhnliche Leute kehren das Unterste nach oben, sind in Selbsttäuschungen befangen und laufen den Dingen der Außenwelt hinterher.«
Der Mönch erwiderte: »Und wie würden denn Euer Hochwürden selbst sich verhalten?«
Ching-ch'ing sagte: »Ich stehe gerade im Begriff, mich über mich selbst zu täuschen.«
Der Mönch fragte: »Und was meint Ihr mit ›... im Begriff, mich über mich selbst zu täuschen‹?«

Ching-ch'ing entgegnete: »Die Welt der Leere zu erlangen, mag nicht so schwierig sein, aber die von allen Zutaten entblößte reine Substanz beim Namen zu nennen, das ist allerdings äußerst mühsam.«[2]

Der Mönch hatte nicht die geringste Ahnung, worüber Ching-ch'ing eigentlich redete, aber er »tanzte« mit bewundernswürdigem Geschick und gab Ching-ch'ing sogar die Stichworte. Ein anderer wäre womöglich bereits nach Ching-ch'ings erstem »Rüffel« eingeschüchtert gewesen und in die Defensive gegangen und wäre somit nicht in den Genuß des vollen Teisho gelangt. Der Mönch in dieser Geschichte hatte sogar den Mut, noch ein zweites Mal nachzuhaken. Yasutani Roshi pflegte zu sagen: »Man sollte stets fragen«, was nichts anderes bedeutet als: »Wenn Unklarheiten bestehen – nur heraus damit.«

Wer zu »tanzen« gelernt hat, der ist frei von den Wirkungen des Karma. Als ich einmal in einer Situation nicht wußte, wie ich vor fremden Menschen über meine Religionszugehörigkeit sprechen sollte, fragte ich R. H. Blyth, was er erwidern würde, falls jemand von ihm wissen wolle, ob er Buddhist sei. Er entgegnete: »Ich würde sagen: ›Sofern Sie kein Buddhist sind, bin ich einer.‹« Diese Reaktion ist zwar sehr intelligent, aber gleichwohl äußerst defensiv. Denn diese Antwort bringt den Frager in die Rolle des Verlierers, und das ist nicht der Zweck des »Tanzens«.

Freisein von karmischer Bedingtheit bedeutet nicht, den Kausalzusammenhang zu überschreiten. Vielmehr sind wir frei vom Karma, wenn wir anerkennen, daß unsere Wahrnehmungen leer sind, und wir nicht mehr bestrebt sind, unser Ich wie eine Festung stets in einem guten Zustand zu erhalten. Und wenn nun ein Fremder durch die zerstörten Mauern dieser Festung hereinspaziert kommt? Hallo Fremdling – wie wär's mit einem Tänzchen?

Unsere Bereitschaft, den Tanz zu wagen, ist gleichbedeutend mit unserer Lernbereitschaft – mit der Offenheit, inneres Wachstum zuzulassen.

Tan-hsia fragte einmal einen Mönch: »Woher kommst du?«
Der Mönch erwiderte: »Vom Fuß des Berges.«
Tan-hsia fragte weiter: »Hast du heute schon deine Portion Reis gegessen?«
Der Mönch entgegnete: »Ja, das habe ich.«
Tan-hsia ließ jedoch nicht locker: »Was für ein Mensch war das, der dir den Reis gegeben hat? Hatte er offene Augen?« Der Mönch schwieg.
Bei anderer Gelegenheit sagte Ch'ang ching zu Pao-fu: »Gewiß müssen wir dem Buddha und den ehrwürdigen Patriarchen Dank erweisen, indem wir anderen Leuten zu essen geben. Aber wie kommt es dann, daß derjenige, der den Reis gegeben hat, keine Augen hatte?«
Pao-fu entgegnete: »Der Spender wie der Beschenkte sind beide blind.«
Chang-ching sagte: »Ist dann jemand, der seine Wohltätigkeit bis zum äußersten steigert, dennoch blind?«
Pao-fu erwiderte: »Hältst du mich etwa für blind?«[3]

»Hältst du mich etwa für blind?« – was für eine fürchterliche Antwort! Aber diese Reaktion ist typisch für das Verhalten, das wir angesichts von »Konfrontationen« meistens an den Tag legen.

Was aber hindert uns daran zu tanzen? Das Ich, das Ich und abermals das Ich! – Wie kommt der dazu, mich für blind zu halten? Das ist ja eine Beleidigung! Und das verbitte ich mir!

Aber wer verbittet sich da etwas? Alle Skandas sind leer, wie wir wissen, und alle entsprechenden Wahrnehmungen sind völlig gegenstandslos. Leer und gleichwohl nicht leer. Was jedoch ist die Form dieser Leere? Das wäre eine tänzerische Reaktion auf die von Ching-ch'ing zuletzt aufgeworfene Frage: »Ist dann jemand, der seine Wohltätigkeit bis zum äußersten steigert, dennoch blind?« Aber welche anderen Möglichkeiten gibt es noch, diese Frage zu beantworten? Yuan-wu, der Kompilator der *Niederschrift von der blaugrünen Felswand* hatte eine Antwort parat: »Blind«, sagte Yuan-wu.[4] So ist's recht!

Wer zu tanzen versteht, der verliert sich im Akt des Tanzens. »Hältst du mich etwa für blind?« ist hingegen eine sehr Ich-bewußte Entgegnung. Pao-fu sollte später ein großer Meister werden, aber zu diesem Zeitpunkt war er noch grün hinter den Ohren. Er hatte noch einen mächtigen Ich-Panzer.

Als ich noch für das »Upward-Bound-Programm« der Universität von Hawaii tätig war, versuchte ich, meine Studenten dahinzubringen, die verschiedenen Figuren des Romans, den sie gerade lasen, auch einmal schauspielerisch darzustellen. Obwohl sie gehalten waren, ihre Rollen zu Hause vorzubereiten, standen sie jedesmal mit dem Buch in der Hand vorne im Hörsaal und lasen mit völlig monotoner Stimme Stellen wie diese vom Blatt ab: »›Wohin gehst du?‹ fragte er.«

Diese Studenten hatten einfach nicht gelernt, von sich selbst abzusehen. Sie hatten nicht gelernt, mit der jeweils anstehenden Sache eins zu werden. Wie anders ist da doch Marcel Marceau, der große französische Pantomime. Wenn er auftritt, ist Marcel Marceau gleichsam verschwunden. An seiner Stelle sehen wir einen Ballonflieger, einen Schmetterlingsfänger, einen Gefangenen in einer engen Zelle. Er tanzt mit den Gegebenheiten und gerät dabei in einen Zustand völliger Selbstvergessenheit.

Und das ist es: Je tiefer der französische Pantomime in einen Zustand der Selbstvergessenheit gerät, um so einzigartiger ist seine Ausstrahlung. Im ganzen Universum gibt es nichts und niemanden, der ihm gleich wäre. Sobald wir jedoch in die Defensive gehen, wirken wir langweilig, das heißt, unterscheiden wir uns kaum mehr von den andern.

Einer meiner Kollegen bemerkte einmal: »Wenn ich während Dokusan mit einem Schüler zusammensitze, so begegne ich meinem eigenen Meister.« Was aber geschieht während Dokusan? Meister und Schüler vergessen sich selbst – so sollte es jedenfalls sein. Wenn der Schüler etwas nicht weiß, sagt er: »Das weiß ich nicht.« Kann ich eine

Frage nicht beantworten, so erkläre ich ebenso: »Das weiß ich nicht.« Bisweilen weisen mich Schüler auf bestimmte Aspekte eines Koan hin, die mir bis dahin völlig entgangen sind. Manchmal erklären sie mir aber auch, in welcher Hinsicht ich als Meister noch dazu lernen kann, und das ist mir eine große Hilfe. Wogegen sollte ich mich in derartigen Situationen verteidigen?

Yün-yen kehrte eines Tages den Boden. Tao-wu sagte: »Du schuftest schwer, nicht wahr?«
Yün-yen erwiderte: »Du solltest eigentlich wissen, daß es jemanden gibt, der niemals schuftet.«
Tao-wu sagte: »Tatsächlich? Willst du damit sagen, es gibt einen zweiten Mond?«
Yün-yen hielt seinen Besen empor und fragte: »Wie viele Monde ist das hier?« Tao-fu schwieg.[5]

Diese zwei Dharma-Brüder, die zufällig auch biologische Brüder waren, verstanden es, die leicht geflochtene Kugel der Weisheit aufs eleganteste hin- und herzuschieben. Abwechselnd brachten sie den Dharma aufs schönste zur Darstellung. Als das Mondo beendet war, hatte Tao-wu nichts Weiteres hinzuzufügen. Aber vermutlich haben sie sich über ihren gelungenen Dialog köstlich amüsiert.

Vergleichen wir nun diese »Konfrontation« mit der üblichen Form der Auseinandersetzung, die meistens in ein schier endloses Drama ausartet: »Er hat dies gesagt, und dann habe ich das gesagt. Aber ich hätte etwas anderes sagen sollen, dann hätte er vielleicht jenes gesagt – und dann hätte ich gesagt ...« Um Gottes willen! Das hört ja niemals auf.

Dies ist das generelle Problem jeglicher Form des Selbstschutzes. Solche Auseinandersetzungen haben prinzipiell kein Ende. Dieser Mechanismus der Selbstverteidigung setzt erst unter dem Sauerstoffzelt aus. In unserem tiefsten Innern wissen wir das, und gerade durch dieses Wissen fühlen wir uns verunsichert. Deshalb verdrängen wir das entsprechende Bewußtsein, solange es eben geht. Aber tatsächlich gibt es nichts, was wir zu verteidigen oder zu schützen hätten. Und ebensowenig gibt es Gewißheiten, auf die wir uns blindlings stützen könnten.

Kuei-shan fragte Yang-shan: »Nehmen wir einmal an, jemand fragt dich: ›Was wäre, wenn einer behauptet, das Bewußtsein aller Wesen sei aufgrund karmischer Bedingungen in einem Zustand der Unordnung, so daß nichts Sicheres existiert, worauf sie sich in ihren Entscheidungen stützen könnten?‹ Wie würdest du einen solchen Menschen behandeln?«
Yang-shan erwiderte: »Würde ein solcher Mensch auf der Bildfläche erscheinen, so würde ich ihm zurufen. Wendet er mir dann seinen Kopf zu, so würde ich zu ihm sagen: ›Was ist denn das?‹ Dann würde ich ihn ein wenig schmoren lassen, und danach würde ich sagen: ›Unser Bewußtsein befindet sich nicht nur aufgrund karmischer Bedingungen in einem Zustand der Unordnung, sondern es existiert in der Tat nichts Sicheres, worauf wir uns in unseren Entscheidungen stützen könnten.‹«
Kue-shan entgegnete: »Oh, gut.«[6]

Und genau dies ist der zentrale »Witz« des Zen-Buddhismus und des gesamten Universums überhaupt. Es gibt schlechterdings kein Absolutes, und ebendies macht das Absolute aus. Erleuchtung ist Praxis, wie Dogen Zenji gesagt hat.[7] Und was ist *Praxis*? Unsere Praxis besteht darin, diesem Umstand Rechnung zu tragen. Wann immer wir uns abschotten, behindern wir nur diese Art der Praxis in ihrer Entfaltung. Tanzen wir hingegen, so handeln wir in Übereinstimmung mit dem universellen So-Sein der Dinge.

Der Unterschied zwischen jenen, die tanzen können, und denen, die stets nur an sich selbst kleben, entspricht dem Gegensatz von Leichtigkeit und Schwere. Ein Empfinden der Leichtigkeit stellt sich ein, sobald wir begreifen, daß unser innerstes Selbst nichts anderes ist als die große Leere selbst – der »Ort« des großen Friedens. Dem Buddha ähnlich, dem unter dem Bodhi-Baum die Erleuchtung zuteil wurde, treten auch wir aus der Erfahrung der Reinen Leere in den Sangha ein, in den ewigen Tanz des Samsara.

Zugleich mit der Erleuchtung und der Wahrheit ist der

Sangha eine der Kostbarkeiten des Buddha-Tao. Singen und Tanzen sind Offenbarungen des Dharma. Kochen und Gartenarbeit sind Offenbarungen des Buddha. Der Sangha ist die Komplementarität von Einheit und Verschiedenheit, von Leere und Form. Der Sangha ist die Geschichte des Buddha, wie sie sich in unserer gemeinsamen Arbeit ihren Ausdruck verschafft.

Das Sangha-Ideal ist der Leitstern, der es uns ermöglicht, uns in den verwickelten Verhältnissen zurechtzufinden, die überall dort entstehen, wo Menschen aufeinandertreffen. Keiner von uns ist wie der andere, und deshalb kommt es immer wieder zu Mißverständnissen. Sobald wir jedoch den Zustand der Reinen Leere erfahren und begriffen haben, daß all unsere Probleme in gewisser Hinsicht gegenstandslos sind, leben wir in einem Zustand echter Hingabe an die Wirklichkeit, weil wir uns nun nicht länger um uns selber sorgen. Das unerschöpfliche Potential des *Dharmakaya* kann so zu unserem eigenen von Hemmnissen befreiten großen Handeln werden. Unterschiede und Differenzen erweisen sich uns als Konfigurationen, als »Stoff«, an dem wir uns erproben können. Und so können wir unsere kollektive Energie auf die Erfüllung der großen Aufgabe richten.

Verneigen wir uns deshalb vor der universellen Wirklichkeit.

EINIGE BEMERKUNGEN ZU SAMU

Obwohl das sino-japanische Wort *Samu* in den meisten Zen-Zentren des Westens durchaus gebräuchlich ist, taucht es meines Wissens in der englischsprachigen Zen-Literatur lediglich einmal auf – und zwar in *Unsui*, einem von Sato und Nishimura gemeinsam verfaßten Buch. Der Begriff wird dort allerdings komischerweise in einem falschen Zusammenhang angeführt.[1] Für mich beweist dies wieder einmal, daß im westlichen Buddhismus die Theorie der Praxis noch hinterherhinkt! Eine Untersuchung des Begriffes und seiner traditionellen Verwendung kann daher dazu beitragen, dem abendländischen Zen-Schüler die Funktion des als *Samu* bezeichneten »Arbeits-Dienstes« verständlich zu machen.

Die Etymologie des Wortes »Samu« (chinesisch: *tso-wu*) ist äußerst aufschlußreich. Das Wort enthält zwei Bestandteile, wobei *Sa* soviel bedeutet wie: »Arbeit, Herstellung, Ackerbau oder Ernte« und *Mu* etwa die Grundbedeutung hat: »die Aufmerksamkeit auf etwas richten« und davon abgeleitet: »Dienst, Pflicht oder Berufung«. Dieser zweite Bestandteil des Wortes kann auch soviel heißen wie »buddhistischer Dienst« im Sinne von »Sutra-Dienst« (der eigentlichen Beschäftigung der Mönche und Nonnen, um es einmal so auszudrücken).

Betrachten wir *Samu* in Analogie zum *Kinhin*, dem Sutra-Gehen, so könnten wir den Begriff auch mit »Arbeits-Dienst« oder »Arbeits-Sutra« übersetzen. Das Wort bezeichnet somit ein durch den Geist religiöser Hingabe charakterisiertes Arbeiten.

Diese Interpretation entspricht der Bedeutung, die *Samu* in der monastischen Tradition Chinas und Japans beigemessen wird. Das *Kosoku Zenshu Zenmon Koan Taikan*, eine maßgebliche Koan-Sammlung, widmet *Samu* ein eigenes Kapitel und verzeichnet mehr als zweihundert entsprechende Beispiele.[2] Professor D. T. Suzuki hat zwar in seinen Schriften eine Analyse des sino-japanischen Begriffs nicht vorgenommen (er übersetzt das Wort schlicht mit »Arbeit«), aber in *The Training of the Zen Buddhist Monk*[3] hat er dem Thema ein ganzes Kapitel gewidmet. Auch in seinem Aufsatz »The Meditation Hall«, der in *Essays in Zen Buddhism (First Series)* erschienen ist, befaßt er sich mit der Bedeutung von Samu.[4]

Ganz offensichtlich ist der Begriff Samu genau wie die so bezeichnete Praxis in China entstanden. Denn auch in Professor Hajime Nakamuras Standardwerk *Bukkyogo Daijiten*[5] findet sich keinerlei Hinweis auf eine Sanskrit-Wurzel, und Suzuki weist darauf hin, daß Arbeit als Teil der monastischen Schulung charakteristisch für das chinesische Zen gewesen sei.[6]

Nach meiner Kenntnis wird der Begriff »Samu« erstmals in dem von Hui-neng, dem sechsten Patriarchen, verfaßten *Sutra (gesprochen) vom Hohen Sitz des Dharma-Schatzes* erwähnt. Hier wird berichtet, daß Huineng nach seinem ersten Gespräch mit Hung-jen und noch bevor er in die Reismühle »abkommandiert« wurde, fortgesandt wurde, um »gemeinsam mit den übrigen Mönchen Samu zu praktizieren«.[7]

Wir können also mit großer Sicherheit davon ausgehen, daß der Begriff und die Praxis schon mindestens ein Jahrhundert vor Pai-chang in Gebrauch waren, von dem der berühmte Ausspruch überliefert ist: »Ein Tag ohne Arbeit, ein Tag ohne Essen.«[8] Zu Hung-jens Lebzeiten hatte sich der chinesische Buddhismus allerdings noch nicht in Sekten aufgespalten. Deshalb ist es durchaus möglich, daß die Praxis des Samu nicht allein im Zen wurzelt. Diese Frage läßt sich zum gegenwärtigen Zeitpunkt allerdings nicht abschließend beantworten.

Wie dem auch sei, wir verehren Pai-chang, der einer der Begründer der monastischen Tradition des Zen gewesen ist, noch heute als Begründer des Samu. Dogen Zenji schreibt über diesen bedeutenden Meister:

Von dem Tag an, da er Schüler Ma-tsus wurde, bis zum Abend seines Todes verging im Leben Pai-changs nicht ein Tag ohne Arbeit; immer war er bestrebt, den Menschen im allgemeinen und der Mönchsgemeinschaft im besonderen nützlich zu sein. Besonderer Dank gebührt ihm für seine Worte: »Ein Tag ohne Arbeit, ein Tag ohne Essen.«
Pai-chang-shih stand bereits im höchsten Greisenalter, und wann immer die Mönche ein »gemeinsames« Samu veranstalteten und hart arbeiteten, wurden sie von Schmerz und Scham ergriffen, wenn sie auch ihren verehrten Meister bei solchen Gelegenheiten schwere Arbeit verrichten sahen. Als schließlich ein neues Gemeinschafts-Samu herannahte, verbargen einige Mönche Pai-changs Arbeitswerkzeuge und gaben sie auch nicht heraus, als er ausdrücklich darum bat. Da er an diesem Tag die Spitzhacke und den Bambuskorb nicht benutzt hatte, weigerte sich Pai-chang entsprechend seinem Grundsatz, Nahrung zu sich zu nehmen. Er sagte: »Ein Tag ohne Samu, ein Tag ohne Essen.«
Jetzt erklingen diese Worte für uns aus dem Land des Großen Friedens, und die innerste Tradition aller Rinzai-Tempel, aber auch aller übrigen Zen-Tempel besteht in der praktischen Anwendung von Pai-changs profunder Weisheit.[9]

Diese profunde Weisheit gestattet nach meinem Verständnis eine Reihe historischer, aber auch unsere Gegenwart betreffende Schlußfolgerungen, wobei die verschiedenen Aspekte nicht klar voneinander abzugrenzen sind. In der Frühzeit des chinesischen Zen diente Samu ganz wesentlich auch dem Unterhalt des betreffenden Klosters, zugleich war es eine Art Sutra-Rezitation mit Spitzhacke und Bambuskorb. Nach dem Ende der T'ang-Periode sicherten die Zen-Klöster ihr wirtschaftliches Überleben in erster Linie durch den Bettelgang der Mönche, die Entgegennahme von Schenkungen und durch die Verpachtung von Land. In dieser Phase trat Samu ein wenig in den Hintergrund. Die religiöse

Bedeutung der Arbeit geriet indes nicht in Vergessenheit, und noch in der Sung-Periode galt Samu neben Zazen, Teisho und Dokusan als einer der vier Grundpfeiler der Zen-Praxis.[10] Im Japan des dreizehnten Jahrhunderts ging Dogen Zenji in seinen Schriften ausführlich auf Samu ein und betonte immer wieder die Bedeutung der »Arbeit«, und diese Einschätzung spiegelt sich bis heute in der religiösen Praxis der Zen-Klöster.

Ohne Samu wäre der Zen-Buddhismus nichts weiter als ein vom täglichen Leben abgelöster Kult. Samu ist gleichsam die Fortsetzung der Sutra-Rezitation bei der Gartenarbeit und die Ausdehnung der Meditation auf die Verrichtungen des täglichen Lebens. Es ist die Bodhisattva-Praxis, wie sie im Rahmen des Klosterlebens zum Ausdruck gelangt – und für den Laien-Schüler ist Samu die Bodhisattva-Arbeit, die er in der Welt verrichtet. Suzuki zitiert Meister Eckhardt: »Was ein Mann durch Kontemplation in sich aufnimmt, das schwitzt er als Liebe wieder aus.« Suzuki erweitert diesen Gedanken in der folgenden Betrachtung:

Ein Anhänger des Zen würde sagen: »..., das schwitzt er durch Arbeit wieder aus«, und das bedeutet, daß Arbeit die konkrete Aktualisierung der Liebe darstellt. Tauler betrachtete das Spinnen ebenso wie Schuhmacherarbeiten oder sonstige häusliche Verrichtungen als Gnadengeschenke des Heiligen Geistes. In Bruder Lorenz' Augen war das Kochen ein Sakrament. George Herbert hat geschrieben:

Wer einen Raum nach Deinen Gesetzen säubert, tut eine gute Tat und adelt seine Arbeit.[11]

Wie können wir diese Auffassung der Arbeit als Aktualisierung der Liebe auch in unserem abendländischen Sangha fruchtbar machen? Wir werden in diesem Bestreben kaum erfolgreich sein, solange wir unsere eigenen Wurzeln verleugnen. Genausowenig aber dürfen wir verleugnen, daß unsere Lebensumstände völlig andere sind als die Verhältnisse in den alten Klöstern, in denen die Mönche gemeinsam aßen, badeten, arbeiteten, schliefen, Zazen praktizierten und auf ein Signal hin sogar gemeinsam die Toilette aufsuchten.[12].

Als in der westlichen Kultur verwurzelte Zen-Schüler müssen wir feststellen, daß unsere Samu-Verantwortung sich nicht mehr auf die traditionellen Verrichtungen beschränken läßt, daß wir also unsere Wohnung genauso in Ordnung halten müssen wie unseren Tempel und für die Zustände in unserer Gesellschaft nicht weniger verantwortlich zeichnen als für den Zustand des Tempel-Anwesens. Gleichwohl hat die Idee des *Samu* auch uns Heutigen noch viel zu bieten, wenn wir sie im Sinne des japanischen Wortes *Fushin* (chinesisch *p'u-ch'ing*) auffassen, was soviel bedeutet wie »gemeinsam arbeiten«, wie wir es ja auch aus Anlaß unserer Sangha-Arbeitstage praktizieren. Bei Suzuki heißt es in diesem Zusammenhang:

Bei diesen Gelegenheiten ... machte sich ein geradezu demokratischer Geist geltend. Das Wort P'u-chi'ing – »alle sind geladen« – bedeutet, daß alle Mitglieder der Bruderschaft sich zur Feldarbeit versammeln ..., ohne Rücksicht des Ranges üben bei diesen Anlässen alle Brüder dieselbe Tätigkeit aus.[13]

Das Wort »Fushin« bezeichnet in der japanischen Umgangssprache »Bauarbeiten«, wie sie etwa bei der Errichtung eines Hauses anfallen. Der Ursprung des Wortes geht aber ungeachtet dessen auf den bereits erwähnten Zen-Begriff zurück, der soviel bedeutet wie »alle sind geladen, eine gemeinsame Anstrengung zu unternehmen«.[14] Die Errichtung eines Hauses war in früheren Zeiten ganz zweifellos ein solches Gemeinschaftswerk.

Im Hinblick auf die Wertschätzung der Arbeit gibt es zwischen der chinesischen und der westlichen Kultur kaum einen Unterschied. Wenn wir also bestrebt sind, unseren eigenen wie auch den Bedürfnissen anderer Menschen in angemessener Weise Rechnung zu tragen, so lassen wir uns mehr von Pai-chang inspirieren als von den frühen indischen Bettelmönchen.[15] Tatsächlich impliziert die Reformierung des Zen-Buddhismus, wie sie sich im Zusammenhang mit seiner Ausbreitung nach Westen vollzogen hat, auch eine Tendenz zu größerer wirtschaftlicher Unabhängigkeit und sozialer Verantwortung auf seiten des Buddha-Sangha. Die Eigeninitiative und der Dienst an der Gemeinschaft sind positive Elemente der abendländischen Tradition. Und so werden das tägliche *Samu* unserer internen Sanghamitglieder und die regelmäßig stattfindenden Sangha-Arbeitstage, zu denen alle Mitglieder eingeladen sind, gleichermaßen aus den lebendigen Traditionen des Westens wie des Ostens gespeist.

Im Koko-An-Zendo haben wir bereits den Versuch unternommen, Samu in eine Art Sozialdienst zu verwandeln. Während der Schulungsperiode des Jahres 1983 haben unsere internen Schüler täglich drei Stunden lang in sozialen Institutionen gearbeitet. Zwei von ihnen waren in der Sozialstation eines Vergnügungsviertels tätig, zwei andere in einer Sterbeklinik, und zwei weitere kümmerten sich um die benachteiligten Ureinwohner Hawaiis usw. Die Erfahrungen, die sie im Zusammenhang mit ihrer Tätigkeit gewonnen hatten, brachten die Schüler anschließend in das Sangha-Leben ein. Sie sprachen auf Veranstaltungen, die wir angesetzt hatten, und diskutierten mit den übrigen Sangha-Mitgliedern über die Frage, was man alles tun könne, um die Grundsätze unserer Praxis im täglichen Leben anzuwenden.

Samu ist also im Grunde nichts anderes als eine Art von Zazen, das sich als Arbeit in der Welt verwirklicht. Auf diese Weise etablieren wir das *Bodhimanda* oder den »Ort des Tao«, wann immer wir in Gemeinschaft *sitzen* oder in der Gemeinschaft unseres Tempels oder in der Welt arbeiten. Und auf diesem Weg machen wir nicht nur uns selbst den Dharma unserer großen Vorbilder zu eigen, sondern vermitteln ihn auch an künftige Zen-Schüler und an alle übrigen Wesen. Dies ist unsere Sutra-Rezitation, die sich an die Buddhas aller Weltgegenden und Zeiten richtet. Und das begründet den Reichtum unseres Sangha.

DAS SELBST

Wir stammen direkt vom Buddha her.
Wir stammen nur indirekt vom Buddha her.
Verwandtschaft mit Buddha, Dharma und Sangha bedeutet,
die Ewigkeit, Freude, das Selbst und die Reinheit zu erfahren.

Enmei Jikku Kanno Gyo[1]

Diese Zeilen sind dem »Zehn-Verse-Kannon-Sutra des Ewigen Lebens« entnommen. Im Kontext dieses Sutra möchte ich einige Betrachtungen über das »Selbst« anstellen, zunächst allerdings halte ich es für angebracht, den Text selbst ein wenig zu erläutern.

Der Begriff »Ewigkeit« bezieht sich in diesem Sutra nicht auf die Zeit, die keinen Anfang und kein Ende hat, sondern vielmehr auf die große zeitlose Leere, aus der wir geformt sind. Der Begriff steht hier also gleichbedeutend mit »Nirvana«, für jenes »Etwas« also, das wir nicht erreichen können, sondern das als elementare und doch wirkmächtige Leere unser Wahres-Wesen seit jeher ausmacht. Das Wort »Freude« können wir in diesem Kontext auch durch »Sorglosigkeit« ersetzen, denn es bedeutet hier etwa: Ruhe und Frieden.

Wir stammen direkt vom Buddha, dem Dharma und dem Sangha her, wie der Baum in einer engen Beziehung zu dem Samen steht, aus dem er einmal entstanden ist. Wir stammen vom Buddha nur indirekt her, wie auch der Baum seine Existenz nur mittelbar dem Erdreich, der Luft, dem Sonnenlicht und dem Regen verdankt. In dieser karmisch bedingten »Verwandtschaft« erfahren wir die Ewigkeit, die Freude, die Reinheit und das Selbst. Aber was hat das *Selbst* mit dieser ganzen Frage zu tun? könnte man einwenden.

In der von D. T. Suzuki erstellten Übersetzung dieses Sutra ist nicht vom »Selbst« die Rede, sondern von »Autonomie«.[2] Diese Übersetzung ist zwar korrekt, sie gibt indes nur eine Seite der gesamten Bedeutung wieder. Im Zustand der Erleuchtung stehe ich zwar entschlossen und ganz allein im Universum, aber ich bin zugleich auch *eines mit* dem Universum. Der Begriff der Autonomie betont den Aspekt unserer individuellen Einzigartigkeit, ohne dem Umstand der wechselseitigen Durchdringung der Dinge gebührend Rechnung zu tragen.

In meinen jüngeren Jahren nahm ich an, ich müsse alles tun, um mich von meinem Selbst zu befreien, und auch heute begegne ich immer wieder Menschen, die dem gleichen Trugschluß unterliegen. Wir können uns von unserem Selbst nicht befreien, und ich nehme an, nicht einmal wenn wir Selbstmord begingen. Im übrigen widerspricht der Versuch, sich des eigenen Selbst zu entledigen, dem Geist des Buddha-Tao.

Worum es eigentlich geht, ist, wie Yamada Roshi schon gesagt hat, daß wir unser Selbst im Akt der Vereinigung mit etwas einfach vergessen.

Das Selbst, das zugleich autonom und eins ist mit allen Dingen, ist das vergessene, nicht das irgendwie eliminierte Selbst. Aber was müssen wir tun, um unser Selbst zu vergessen? Wir vergessen es, sobald wir in einem Tun oder in der Erfüllung einer Aufgabe ganz aufgehen. Wenn uns die Lektüre eines Buches ganz gefangennimmt, dann erleben wir die Worte, die wir lesen, so, als handle es sich um unsere eigenen Gedanken. Wenn wir ganz von *Mu* absorbiert sind, dann atmet *Mu* nur mehr *Mu*, und der Geruch von Räucherwerk sitzt dort auf unserem Kissen. Das Rauschen der Bäume im Wind wandelt dann zwischen den einzelnen Zazen-Perioden in Kinhin einher. Das Bellen eines Hundes verneigt sich demütig vor dem Altar. Und gleichwohl handelt es sich bei alledem um simple Taten, die von einer Gretl oder einem Hans ausgeführt werden.

Aber welche Rolle kommt dann dem Gegenstand zu, auf den wir unsere Aufmerksamkeit richten? Dieser Gegenstand ermöglicht uns die Wahrnehmung, daß ein Vogel mit unserer Stimme singt. Auf der einen Seite ist Zazen zu jedem beliebigen Zeitpunkt ein in sich vollständiges und völlig selbstgenügsames Geschehen. Auf der anderen Seite vollzieht es sich Schritt für Schritt und ist somit ein Reifungsprozeß. Wir vergessen uns selbst, indem wir uns diesem Prozeß hingeben, wie die Surfer, die sich selbst vergessen, wenn sie sich auf ihrem Brett von den Wellen davontragen lassen. Der Gegenstand unseres Tuns und die Erfahrung des Tuns verschmelzen dabei in dem Akt selbst – ob auf dem Kissen oder in der Welt. Was wir auch zuvor mit Hilfe des analytischen, begrifflichen Denkens ergründet haben, all dies ist nun integraler Bestandteil des reinen Tuns geworden.

Der Buddha und seine sämtlichen Nachfolger weisen immer wieder darauf hin, wie gefährlich es ist, auf die intellektuellen Strukturen hereinzufallen, die unsere Erfahrung künstlich einschränken, und auf Begriffe, welche die lebendige Tasächlichkeit der Dinge selbst verwischen. Sogar unsere Vorstellung von dem Buddha müssen wir vergessen: »Der Buddha ist nicht der Buddha, deshalb nennt man ihn Buddha.«[3] Und damit meine ich nicht etwa nur den historischen Buddha.

Der Begriff des »Buddha« ist mitunter geeignet, bestimmte Zusammenhänge zu verdeutlichen. Aber eine solche Verwendung des Buddha-Namens ist nur sinnvoll, sofern die Gesprächspartner nicht der Illusion verfallen, sie hätten zugleich mit dem Begriff auch die entsprechende Wirklichkeit unter ihrer Kontrolle. Um solchen Mißverständnissen vorzubeugen, sagen wir etwa: Der Liebende ist kein Liebender, und eben deshalb nennen wir ihn einen Liebenden. Oder: Der Heiler ist kein Heiler, und eben deshalb nennen wir ihn einen Heiler.

Unsere Aufgabe ist das jeweilige *Tun*: die Vergegenwärtigung von *Mu*, das Abtrocknen der Tasse, die Reparatur des

Daches, die innere Auseinandersetzung mit einer bestimmten Idee. Sobald wir uns in unserem Tun verlieren, trocknet sich die Tasse von selbst ab, holt der Hammer von ganz alleine aus und erfüllt die eine Idee unser ganzes Bewußtsein. Und was *Mu* anbelangt, so nimmt »sie« oder »er« abends beim Zubettgehen eine horizontale Lage ein.

Die christliche Lehre vom Gehorsam weist eine Reihe von Übereinstimmungen mit der zenbuddhistischen Auffassung vom Vergessen des Selbst auf. Meister Eckhardt beginnt die erste seiner Unterweisungen mit den folgenden Worten:

Aufrichtige und völlige Hingabe *ist eine Tugend vor allen Tugenden. Kein Werk von Belang kann ohne sie zustande kommen.*[4]

Wir dürfen allerdings in unserem Geist diesen »Gehorsam« oder diese »Hingabe« genausowenig zu einer starren Vorstellung gerinnen lassen wie den Buddha-Namen. Nur ein Akt des Nicht-Gehorchens verdient als Gehorchen bezeichnet zu werden.

Chung Kuo-shih rief dreimal den Namen seines Dieners, und jedesmal antwortete dieser. Kuo-shih sagte: »Ich glaubte bisher, ich sei dir gegenüber undankbar gewesen, jetzt indes muß ich feststellen, daß du mir Undank erweist.«[5]

In diesem Text ist jedoch nicht von konventioneller »Undankbarkeit« die Rede. Vielmehr ist der Begriff der »Dankbarkeit« in diesem Zusammenhang Teil eines Koan, mit dem der Zen-Schüler sich im Laufe seiner Schulung befaßt. Für unseren augenblicklichen Zweck entscheidend ist die natürliche Reaktion, die der Diener gegenüber seinem Meister an den Tag legt – klar wie ein Echo. Das Verhalten des Dieners ist ein Beispiel unverfälschten Gehorsams, allerdings eines durch und durch unkonventionellen Gehorsams. Der Diener ist ganz offen und befindet sich deshalb mit seinem Meister in einem Zustand vollständiger Harmonie. Diese Haltung entspricht genau dem Gehorsam, den Ling-yün angesichts der Pfirsichblüten bezeugte.

Sein Gedicht vermittelt einen Eindruck von der Tiefe seiner Erfahrung:

Dreißig Jahre lang suchte ich einen tüchtigen Schwertkämpfer.
Wie oft sind in dieser Zeit die Blätter gefallen, wie oft haben die Äste Knospen getrieben!
Aber erst in dem Augenblick, da ich die Pfirsichblüten schaute, seit jener Sekunde sind alle Zweifel von mir genommen.[6]

Während des letzten Sesshin, das wir im Koko-An-Zendo in Kuliouou auf Oahu durchführten, stieß Roshi Nakagawa im Dojo ein langgedehntes »Katsu« aus. Es klang etwa: *»Kaaaaaatsu!«* Plötzlich spürte ich, wie ich unversehens in sein »Aaaaaaah« miteinstimmte. Auch das ist ein Beispiel völligen Gehorsams.

Mit dem Begriff des »Gehorsams« sind in unserer eigenen, aber vermutlich auch in den übrigen Kulturen eine Reihe von Assoziationen verknüpft. Ein kreativer Vermittler religiöser Wahrheit verwendet gebräuchliche Wörter und erschließt mit ihrer Hilfe neue Wahrnehmungsebenen. Dogen Zenji war ein Meister des unkonventionellen Sprachgebrauchs. In den folgenden Zeilen spricht er über das Selbst und dessen Funktion:

Die Vorstellung, das Selbst treibe die Vielzahl der Dinge an und verbürge deren Wirklichkeit, ist pure Verblendung.
Die Vorstellung hingegen, die Vielzahl der Dinge treibe das Selbst an und verbürge dessen Wirklichkeit, das ist die wahre Erleuchtung.[7]

Dies ist gewiß keine im konventionellen Sinn »empirische« Feststellung über die Wirklichkeit, aber was Dogen Zenji hier zu vermitteln sucht, entzieht sich der konventionellen Darstellung. Worauf es hier ankommt, ist das folgende: Wäre Ling-yun bestrebt gewesen, mit pseudowissenschaftlichen Mitteln nachzuweisen, daß »seine« Pfirsichblüten die allerschönsten in ganz China seien, so hätte er sich zum Herrn über jene Blüten aufgeschwungen und sie seinen begrifflichen Vorstellungen einverleibt. Und genau dies kennzeichnet den Zustand der Verblendung. Ling-yun war indes ganz vom Geist des Gehorsams beziehungsweise der Hingabe durchdrungen; deshalb war er völlig leer und offen für die hauchzarte Macht der Blüten. Sie gaben den Anstoß zu einer ganz neuen Erfahrung und verbürgten ihm die Wirklichkeit auf eine ihm bis dahin nicht bekannte Weise. Sie waren die Funken, an denen sich seine Dharmakerze entzündete.

Das Wort »verbürgen« heißt im Sino-Japanischen *sho*, was wörtlich »Beweis« bedeutet. Dieser Wortstamm ist auch in *Inka Shomei* enthalten, dem Terminus, der den Akt der Bestätigung eines Roshi durch dessen Meister bezeichnet. Dabei überreicht der Meister seinem Dharma-Nachfolger als Nachweis der rechtmäßigen Nachfolge sein Siegel. Die wörtliche Übersetzung von *Inka Shomei* lautet: »das rechte Siegel des deutlich erbrachten Beweises«. Ling-yun wurde somit als der Dharma-Nachfolger jener Blüten erwiesen. Und somit gelingt es Dogen Zenji, durch seine kreative Verwendung der Sprache und seine Unabhängigkeit von allem begrifflichen Ballast den fundamentalen Ursprung jeglicher Autorität und das Wahre-Wesen des Selbst »sichtbar« zu machen. Wollen wir unsere eigene Freiheit erlangen, so müssen wir seiner Lehre gehorchen.

Das Selbst ist völlig leer und gehorsam, aber wem gilt dieser Gehorsam? Darauf könnte man vielleicht entgegnen, das Selbst müsse seinem eigenen Licht gehorchen. Gut. Aber betrachten wir diese Antwort noch einmal im Kontext dessen, was Yun-men über dieses Licht gesagt hat:

Yun-men sprach zu den Versammelten: »Jeder von euch hat sein eigenes Licht. Wollt ihr es aber sehen, so seid ihr dazu außerstande. Die Dunkelheit ist dunkel, dunkel. Was aber ist dann euer Licht?« Für seine Zuhörer beantwortete er dann selbst seine Frage: »Die Vorratskammer, das Tor!«[8]

Die Vorratskammer, das Tor – sie sind die Funken, die unsere Dharma-Kerze entzünden. Dies können sie allerdings nur, sofern wir uns selbst und unserer Umgebung mit dem gleichen Vertrauen begegnen, wie es den Diener Chung-Kuo-shuihs auszeichnete, als er seinem Meister antwortete. Ich kann mir allerdings durchaus eine Situation vorstellen, da jemand uns ruft und wir es für angebrachter halten, zu schweigen oder gar uns zu verstecken. Auch das ist Gehorsam. Wir würden in diesem Fall der Situation gemäß reagieren und vielleicht völlig selbstvergessen die Auffassung zum Ausdruck bringen: »Hier gehöre ich nicht hin.«

Daraus folgt: Obschon jener Ort im Grunde genommen ein Dojo ist, haftet diese Qualität einigen Lokalitäten in höherem Maße an als anderen. Die als Ewigkeit, Freude und Reinheit sich geltend machende Praxis des Selbst bedarf ihrerseits wiederum eines Ortes der Ewigkeit, der Freude und der Reinheit. Ein zenbuddhistischer Tempel ist in dieser Beziehung gewiß vertrauenerweckender als ein Fleischerladen. Aber dazu bedarf es nicht nur einer entsprechenden Architektur. Der aus motivierten »Dienern« der Erleuchtung gebildete Sangha läßt nach und nach das wahre Dojo entstehen.

Die wörtliche Übersetzung von »Dojo« lautet: »Weg-Halle«, und in diesem Fall bedeutet *Weg* oder *Tao* soviel wie »Erleuchtung«. Aber »Dojo« ist auch ein anderes Wort für »Bodhimanda«, jene Stelle unter dem Bodhi-Baum, an welcher dem Buddha sein großes Kensho zuteil wurde. Wie der Buddha erwählen somit auch wir einen Ort der Wesensschau.

Überdies ist ein Dojo ein wahrer Ort der Erleuchtung, ohne daß hierzu die Anwesenheit eines Lehrers notwendig wäre. Ich habe einmal in Oregon ein Dojo besucht, das bereits seit sieben Jahren bestand, obwohl noch nie zuvor ein Meister dort gewesen war. Aber ohne einen Sangha ist die schönste Zen-Halle nichts weiter als ein Fußboden, ein paar Mauern und eine Decke – eine Schale, in die das Leben noch keinen Einzug gehalten hat.

Nach Auskunft des *Herz-Sutra* sind alle Skandhas, die das Selbst konstituieren, leer. Im Dojo begegnen sich Menschen, deren Selbst zugleich autonom und vollständig leer ist. Sie lassen sich in ihrem Handeln von der Prajnaparamita leiten und sind jeder für sich der vollkommene Widerhall aller übrigen. Dies ist die grundlegende Bedeutung des Gehorsams. Und das Ziel unserer Praxis ist es, diese Bedeutung gemeinsam zu verwirklichen.

DIE SUCHE NACH DEM GEIST

P'an-shan sprach Worte der Unterweisung und sagte: »In den Drei Welten gibt es keinen Dharma. Wo sollen wir daher nach dem Geist Ausschau halten?«[1]

Der Begriff der »Drei Welten« läßt sich auf verschiedene Gegebenheiten unseres Lebens anwenden. So sprechen wir etwa von den Welten der Begierde, der Form und der Nicht-Form oder von den Welten der Gier, des Hasses und der Unwissenheit oder von den Welten der Vergangenheit, der Gegenwart und der Zukunft. In all diesen Welten gibt es nach P'an-shans Aussage keinen Dharma und keine Erscheinungen; keiner dieser Welten kommt überhaupt etwas Bestimmtes zu. Dann jedoch stellt er die Frage: »Wo sollen wir daher nach dem Geist Ausschau halten?« Dieser Teil seiner Aussage macht das eigentliche Koan aus und verdeutlicht uns, wie die vollständige Leere der Phänomene einschließlich des Selbst und des unendlichen »Weltgeistes« zu verstehen ist. Dom Aelred Graham stattete einmal Kobori Nanrei Roshi in Kyoto einen Besuch ab. Er sammelte damals gerade Material für sein Buch *Conversations: Christian and Buddhist.* Er zeigte seinem Gastgeber eine von Alan Watts beschriebene Kalligraphie-Karte. Auf dieser Karte war in sino-japanischen Schriftzeichen der Satz »Form ist Leere« niedergeschrieben, und Graham wollte nun von Kobori wissen, was diese Aussage bedeute.

Kobori Roshi entgegnete: »Ich weiß nicht, was sie bedeutet. Es handelt sich um einen berühmten Ausspruch, der den Schriften entnommen ist.«[2]

Wie mir scheint, hat Dom Aelred die Pointe dieser Bemerkung nicht verstanden, denn er wechselte das Thema und begann über den Zweck seines Besuches zu sprechen. Er erklärte, er habe die Absicht, das Christentum durch Einsichten aus der religiösen Tradition des Buddhismus zu erleuchten. Dabei war ihm völlig entgangen, daß Kobori Roshi die Frage seines ernsten Gastes bereits durch einen großen Blitzstrahl der Erleuchtung beantwortet hatte. Dom Aelred war so sehr auf seine Suche nach einem »Licht« fixiert, daß ihm Kobori Roshis »Botschaft« völlig entgangen war.

P'an-shan und das *Herz-Sutra* behaupten übereinstimmend, daß Form Leere sei. Aber was bedeutet das? Kobori Roshi erklärte schlicht: »Ich weiß es nicht – der Ausspruch stammt aus einem alten Sutra.« Ist es das, was mit P'anshans Feststellung gemeint ist?

Als der Kaiser Wu aus der Liang-Dynastie Bodhidharma fragte: »Welches ist der wichtigste Grundsatz der Heiligen Lehre?«, erwiderte Bodhidharma: »Leere Weite – nichts Heiliges.« Diese Antwort unterscheidet sich nicht wesentlich von der Reaktion, die Jesus gegenüber dem römischen Landpfleger von Judäa an den Tag legte. Als Pilatus ihn fragte: »Was ist Wahrheit?«, hatte Jesus geschwiegen. Dieses Schweigen ist von unergründlicher Tiefe.

Der Kaiser drang nun auf Bodhidharma ein und fragte diesen: »Und wer bist du, der hier vor mir steht?« Er erklärte mit anderen Worten: »Falls es stimmt, daß die Heilige Lehre völlig leer ist, was bist dann du, Bodhidharma, in deinem edlen Gewand, ein hochbetagter verehrungswürdiger Greis, dem ein außerordentlicher Ruf als buddhistischer Meister vorauseilt?«

Bodhidharma erwiderte: »Ich weiß es nicht«.[3]

Heißt das, das Bodhidharmas »Ich weiß es nicht« substantiell das gleiche aussagt wie Kobori Roshis gleichlautende Feststellung? Beide »Ich weiß nicht« waren immerhin als Erwiderung auf die Frage nach der Leere gemeint.

Aber wo in all dieser Leere sollen wir nun nach dem Geist Ausschau halten? Wenn wir lediglich Bodhidharma imitieren und ebenfalls erklären: »Ich weiß es nicht«, dann setzen wir uns nur gleichsam seinen Kopf auf. Falls wir andererseits versuchen, Bodhidharma mit Jesus zu vergleichen, dann mag dabei vielleicht eine interessante Erkenntnis herausspringen, aber zur Lösung unserer Frage würde dies wenig beitragen.

Aber Hilfe in unserer Ratlosigkeit ist es doch gerade, was wir suchen. Wie sollen wir nur verstehen, daß Gier, Haß und Unwissenheit gänzlich leer sind? Und was sollen wir mit dieser Erkenntnis im übrigen anfangen? Bei Meister Eckhart heißt es:

Wie könnte auch der getröstet sein und ohne Leid, der sich dem Schaden zukehrt und dem Leid und das in sich und sich in es einprägt und es anblickt, und es schaut wiederum ihn an, und er plaudert mit ihm und spricht mit dem Schaden, und der Schaden hinwiederum plaudert mit ihm, und beide schauen sich an von Angesicht zu Angesicht?[4]

Bedauerlicherweise nimmt Meister Eckhart in seiner weiteren Argumentation dann einen relativen Standpunkt ein und rät uns, eine Art von positivem Denken zu kultivieren. Er meint, wenn wir hundert Mark in der Tasche haben und vierzig davon verlieren, sollen wir mehr auf die übriggebliebenen sechzig schauen als auf die vierzig, die wir verloren haben. Dies deckt sich zwar nicht mit P'an-shans Feststellung, aber für sich genommen sind Meister Eckharts Worte über die Sinnlosigkeit derartiger Fixierungen durchaus lehrreich. Denn tatsächlich erfinden wir Formen, wo in Wirklichkeit keine sind. Wie grotesk ist es doch, sich im Geist beständig mit etwas zu befassen, was verloren ist! Denn wo ist der Verlust? Aber statt dies einzusehen, beschwören wir ein Gespenst herauf und fangen an, uns angeregt mit ihm zu unterhalten.

Die Erkenntnis, daß Gier, Haß und Unwissenheit eigentlich gar nicht *da* sind, trägt wesentlich mehr zu ihrer Überwindung bei als der Versuch, sie zu vergessen, indem man nur auf die schöne Seite der Dinge blickt. Der Buddhismus kennt zehn Kategorien der Geduld bzw. des Ertragens, und *K'ung-jen (kumin)* ist die höchste dieser Kategorien. Der Begriff bezeichnet die Standhaftigkeit eines Menschen, der zwar über sein Leiden nachdenkt, zugleich jedoch weiß, daß es völlig leer ist.

An diesem Punkt schlägt unsere Leidensfähigkeit in ein Samadhi der Fröhlichkeit und des Spiels um, das auf dem Grat von Leben-und-Tod sich vollzieht.

Die charakteristischen Merkmale eines erleuchteten Menschen, der die Ursachen des Leidens tatsächlich durchschaut hat, sind: Leichtigkeit und Munterkeit. Man kann sich allerdings in dieser Hinsicht durchaus über den eigenen Zustand täuschen, wenn man sich beispielsweise einbildet, im Erdgeschoß des eigenen Geistes herrsche – bildhaft gesprochen – bereits schönste Ordnung, während der Keller noch voll von Unrat und Spinnweben steckt. Zazen ist kein Schnellkurs in Sachen Erleuchtung, und so kann es durchaus geschehen, daß ein Zen-Schüler bereits über oberflächliche Erleuchtungserfahrungen verfügt, während in seinem »Untergeschoß« noch das Chaos herrscht. Wer mit Hilfe der Buddha-Weisheit den eigenen Reifungsprozeß vertiefen möchte, der hat sich für eine Lebensaufgabe entschieden. In vielen Fällen sollte ein solcher Reifungsprozeß sogar durch eine psychologische Beratung unterstützt werden oder wenigstens durch das offene und freundschaftliche Gespräch über bestimmte Schwachpunkte des betreffenden Menschen. Besonders wichtig ist es jedoch, daß wir für eine solche Unterstützung empfänglich sind, denn sofern wir das »Feedback« ignorieren, das wohlwollende Menschen uns geben, machen wir uns des geistigen Hochmuts schuldig, und das ist – wie alle wahren Meister immer wieder betont haben – die schlimmste aller Neurosen. Und bei alledem sind innere Leichtigkeit und eine Portion Humor die besten Navigationshilfen auf unserem nicht immer problemlosen Kurs.

Vor kurzem hatte ich Gelegenheit, einen Psychiater nach seiner Ansicht über den Feminismus zu befragen. Er sagte: »Der Feminismus hat durchaus seine Berechtigung, solange er nicht mit Bierernst betrieben wird.« Dieser Ausspruch mag herablassend klingen, und vielleicht hatte die Antwort meines Gesprächspartners auch einen entsprechenden Beigeschmack. Ganz unabhängig jedoch von dem konkreten Zusammenhang, in dem sie gesprochen wurden, enthalten diese Worte einen wahren Kern. Nehmen wir einmal an, jemand würde sagen: »Ganz unbestritten sind Mann und Frau verschieden, oder gibt es etwa einen einzigen bedeutenden Philosophen weiblichen Geschlechts?« Würden wir auf eine solche Feststellung entgegnen: »Immerhin hat es doch eine Susanne Langer gegeben«, dann wird es sicherlich zu einer verbissenen Diskussion über die Bedeutung der Philosophin Susanne Langer kommen. Viel besser wäre es in einem solchen Fall, dem betreffenden »Chauvi« ins Gesicht zu lachen und zu erklären: »Ach Gott, wieviel Unheil hat doch die Philosophie schon über die Menschheit gebracht! Seien Sie doch froh, daß die Frauen klug genug waren, sich damit gar nicht erst zu befassen!« Die Einstellung des männlichen Chauvinismus ist so lächerlich und albern, daß sie geradezu eine ironische Antwort herausfordert, und zwar eine möglichst absurde.

Während des Zweiten Weltkriegs war ich längere Zeit in japanischer Gefangenschaft. Als nicht mehr zu übersehen war, daß der Krieg für Japan verloren war, ließ der Lagerkommandant unseren Lagerältesten zu sich rufen und teilte ihm mit, im Falle einer japanischen Niederlage würden wir alle standrechtlich erschossen. Als wir von dieser Drohung erfuhren, waren wir natürlich sehr niedergeschlagen und verfielen in tiefes Selbstmitleid. Einer von unseren Leuten, ein unverbesserlicher Spaßvogel, trat, kurz nachdem diese Hiobsbotschaft eingetroffen war, in den Raum, in dem ich mit den anderen saß, und erklärte mit lauter Stimme: »Hey Jungs, wißt ihr schon das Neueste? Der Lagerkommandant hat gesagt, daß wir alle standrechtlich erschossen werden, wenn Japan den Krieg verliert.«

Keiner von uns hat damals auch nur den Mund aufgemacht, aber wir alle wünschten brennend, er möge doch endlich seine Klappe halten. Unser Spaßvogel war jedoch noch nicht fertig. Mit gespielter Dramatik fuhr er fort: »Jungs, eines ist ganz klar – in hundert Jahren schert sich niemand mehr darum.«

Keiner von uns lachte, wie ich zu unserer Schande leider zugeben muß. Aber wie hätten wir wohl reagiert – frage ich mich manchmal –, wenn er gesagt hätte: »Mann, oh Mann, was für ein Geknalle das geben wird, wenn die uns der Reihe nach abballern, hundertfünfundsiebzig Mann: *Peng-Peng-Peng-Peng!*« Wahrscheinlich hätte ihn einer von uns erwürgt. Aber ist es nicht so – die Gewehrsalven hätten vermutlich einen ganz schönen Krach gemacht, zwar nicht so laut, aber auch nicht grundsätzlich verschieden von dem Knall, den die Atombombe vielleicht eines Tages einmal verursachen wird?

In letzter Zeit sind einige der Mitglieder des Koko-An-Zendo der Hawaii Peace Fellowship und ähnlichen Organisationen beigetreten. Sie verteilen hier auf Hawaii Flugblätter an die zivilen und militärischen Mitarbeiter der US-Armee, die in der Nähe von Pearl Habour Atomwaffen gelagert hat. Diese Flugblätter sind in einem lockeren und humorvollen Ton verfaßt, denn der Humor ist eine wesentliche Bedingung sowohl jeglicher Kommunikation als auch der Erleuchtungserfahrung.

All dies hat natürlich auch seine Rückwirkungen auf unsere Praxis hier im Dojo. Thich Nhat Hanh sagt, man solle beim *Sitzen* stets ein wenig lächeln.[5] In der Kunstakademie von Honolulu ist ein Buddhakopf aus der nördlichen Wei-Dynastie zu besichtigen, über dessen Gesicht ein glückseliges Lächeln huscht. Diese Plastik sollte eigentlich jeder einmal gesehen haben. Wenn es mit unserer *Praxis* weder vor noch zurück geht, dann neigen wir dazu, unsere

Meditation gleichsam auf ein festes Fundament zu stellen, und dann stehen wir da und versuchen, das ganze Gewicht unseres *Mu* mit aller Macht hochzustemmen.

Aber das hat mit echtem Zazen nicht das geringste zu tun. Das Bodhimanda des Buddha ist völlig leer. Dieses Bewußtsein ist dem Empfinden nicht unähnlich, das ein Witz in uns evoziert. In beiden Fällen wird die übliche Struktur der Dinge gesprengt. Roshi Nakagawa Soen sagt: »Nimm dein *Mu* ganz leicht.« Wann immer wir selbst leicht, lebendig und offen sind, geraten wir mit der Leichtigkeit, der Lebendigkeit und der Offenheit des Selbst-Wesens in Berührung. Ich erinnere mich noch genau, wie Kawano Sokan Roshi am Ende seines Aufenthaltes hier bei uns in Honolulu von unserer Bodhidharma-Statue Abschied nahm. In der einen Hand hielt er seinen Koffer, während er die andere zu einem halben *Gassho* erhob – das Ganze wirkte wie die Parodie eines militärischen Grußes. Eine beschwingtere Geste ist kaum vorstellbar.

Die Mönche in den japanischen Klöstern finden es unangemessen, während der Teisho-Darbietung zu lachen. Es wird von ihnen erwartet, daß sie während dieser Unterweisung Zazen praktizieren und aufmerksam den Worten des Tathagata lauschen. Aber wann immer Yamamoto Gempo Roshi ein Teisho darbrachte, platzten die Anwesenden fast vor Lachen über das Trommelfeuer der Witze, die er in seinem bäuerlichen Dialekt zum Besten gab. Seine rustikalen Sprachbilder und Metaphern verschafften den Versammelten gleichsam ein Bad in dem »essentiellen« Schlamm der Reisfelder.

In den alten Tagen des Koko-An-Zendo hörten wir besonders gerne Soen Roshis Teisho über das einundzwanzigste Beispiel aus dem *Wu-men-kuan*. Yun-mens *Chien shih chueh* ist in westlichen Zen-Kreisen besser unter der japanischen Bezeichnung *Kan-Shiketsu* bekannt, was wörtlich übersetzt »getrocknetes Scheiß-Spatel« bedeutet. Es gibt zwar eine Reihe von euphemistischen Übersetzungen dieses »heiklen« Terminus, etwa »Toilettenpapier«, »Trokkenschmutz-Entferner« und ähnliches mehr. Aber das Wort *Kan-Shiketsu* bezeichnet ganz einfach ein Stöckchen aus weichem Holz, das dem gleichen Zweck dient wie die Maiskolben, die vor hundert Jahren in den Aborten unserer amerikanischen Vorfahren hingen.

Ein Mönch fragte Yun-men: »Was ist der Buddha?«
Yun-men erwiderte: »Getrockneter Scheiß-Spatel.«[6]

Soen Roshi war stets darauf bedacht, niemanden über den Inhalt dieses Koan im unklaren zu lassen. Da er außerstande war, den Unterschied zwischen »sit« und »shit« lautlich hörbar zu machen, legte er stets besonderen Wert darauf, die englische Übersetzung des Wortes *Kan-Shiketsu* korrekt wiederzugeben. Deshalb buchstabierte er langsam und sorgfältig »S-H-I-T« und fragte: »Haben Sie verstanden?« Zur Verdeutlichung vollführte er dann noch eine unmißverständliche Geste an seinem Allerwertesten.

Anschließend erzählte er eine skatologische Geschichte nach der anderen. Unter anderem berichtete er auch von einem großen Meister in Nordjapan, der berühmt war für seinen analytischen Geist und für seine Geschmackssicherheit in zeremoniellen Fragen. Als einmal im kältesten Winter der Diener dieses Meisters einen Blick in dessen O-benjo oder »Ort der Erleichterung« warf, war er zutiefst beeindruckt von dem Anblick, der sich ihm dort bot. Er sah eine wundervolle Skulptur aus Kot, darauf eine gefrorene Säule und auf dieser Säule ein einzelnes Blatt Toilettenpapier. Genau auf dieser Spitze erhob sich eine weitere gefrorene Säule, auf deren Spitze wiederum ein Stück Toilettenpapier angebracht war und so fort. So erhob sich in der Grube ein schlanker Turm, der schon fast deren oberen Rand erreicht hatte. Eine eindrucksvolle Variante des Benjo-Rituals!

Soen Roshi machte seinen Standpunkt auf genau die gleiche Weise deutlich wie Kobori Roshi. Er ließ das – aller religiösen Deutungen entkleidete – Faktum selbst erscheinen. Und auf nichts anderes will auch P'an-shan hinaus. Wo sollen wir nach dem Geist Ausschau halten – in diesem gänzlich leeren Universum?

DIE ENTFALTUNG DES GEISTES

Glaubt nicht, der Geist entfalte sich in den Farben. Glaubt nicht, der Geist entfalte sich in den Phänomenen der Töne, der Gerüche, des Geschmacks oder der Berührung. Richtet daher euere Heimstatt im »Nirgendwo« ein und bringt so den Geist zur Entfaltung.

Diamant-Sutra[1]

Klarheit bedeutet für den Buddhisten weder Klarheit noch Verwirrtheit, und gerade deswegen spricht man – der Logik des *Diamant-Sutra* gemäß – von Klarheit. Mit anderen Worten, es gibt eine Erfahrung der Klarheit, die nicht identisch ist mit jener relativen Klarheit, deren Gegensatz die Verwirrung ist. Ebenso ist Reinheit weder Reinheit noch Beflecktheit, und eben deshalb sprechen wir von Reinheit. Der Buddha hält uns dazu an, jenen klaren und reinen Geist zur Entfaltung zu bringen (wörtlich – zu gebären), der seine Identität nicht aus der Welt der Erscheinungen bezieht.

Wenn ich hier jedoch behaupte, daß die Identifikation mit den Dingen der Erscheinungswelt nicht der Entfaltung des Geistes dient, so heißt das nicht, daß wir nicht in gewisser Hinsicht auf diese Dinge angewiesen wären – etwa auf unsere Nahrung, unsere Freunde, unsere Bücher und Schallplatten. Aber was sind all diese Dinge letztendlich? Ist es nicht eigentlich so, daß wir »da draußen« niemals wirklich etwas finden können? Natürlich ist dies zunächst eine relativ oberflächliche Erfahrung, aber gleichwohl ist die Leere, die wir auf den ersten oberflächlichen Blick wahrnehmen, genau die gleiche Leere, von der auch der Buddha gesprochen hat. Allerdings hat der Buddha auf die tiefsten Tiefen dieses unendlichen Ozeans der Leere verwiesen.

Wie aber können wir selbst zu solchen Tiefen vordringen? Indem wir unsere inneren Kräfte *nicht* auf die Dinge der Außenwelt richten, behauptet der Buddha. Auch andere Lehrer sagen dies, zum Beispiel Meister Eckhart:

Die Seele ... wenn (sie) etwas recht Hohes und Edles zum Gegenstand hat, so zieht sie auch noch die fünf Kräfte, die sie den fünf Sinnen geliehen hatte, an sich, und dann heißt der Mensch sinnenlos und entrückt.[2]

Es handelt sich also um eine Frage der Praxis, um die Kultivierung dessen, was die Zisterzienser »den Geist des Schweigens« nennen. Sind wir mit unseren fünf Sinnen unentwegt auf der Jagd, so üben wir uns in der Gewohnheit, pausenlos alles zu kommentieren: »Da ist die Katze wieder« oder »Der Postbote hat heute Verspätung«. Solange wir unsere inneren Kräfte immerzu auf die Dinge der Außenwelt richten, sind wir fortwährend damit beschäftigt, alles zu kommentieren.

Meister Eckhart sagt:

Könntet ihr nur unversehens im Geiste aller Dinge verlustig gehen, dann vermöchtet ihr selbst euren eigenen Leib zu vergessen.[3]

Dies sind keine Worte der Körperfeindlichkeit. Viele Leute behaupten, es komme in erster Linie darauf an, das Selbst zu überwinden, von den eigenen Wünschen und Begierden loszukommen. Aber ganz sicher hatte auch Meister Eckhart ein ausgeprägtes Bewußtsein seiner selbst, und ganz gewiß verspürte er regelmäßig den Wunsch, zu essen oder zu schlafen. »Unversehens« den eigenen Leib vergessen ist in meiner Lesart identisch mit dem »Abfallen von Leib und Seele«, wie Dogen Zenji den Großen Tod umschreibt.[4]

Es ist aber auch gleichbedeutend mit dem »abgefallenen Leib-Seele«, mit der großen Predigerlaufbahn Meister Eckharts, den wundervollen Schriften Dogen Zenjis oder unserem Tun, wenn wir in völliger Hinwendung mit einem anderen Menschen am Telefon sprechen – und es geschieht, wenn wir »im Akt der Vereinigung mit etwas unser Selbst vergessen«.[5]

Und genau dies steht im Mittelpunkt des Zazen und des Alltagslebens aller echten Zen-Schüler. Auf unserem Kissen atmet von tiefer Ruhe erfüllt *Mu* sich selbst, und die Jagd unserer fünf Sinne findet ein Ende. Und so gelangt das vergessene Selbst zur Entfaltung – steht morgens auf, kleidet sich an und enthält sich der Jagd der fünf Sinne.

Bankei Yotaku Zenji wurde in der Tradition des Konfuzianismus erzogen. Schon als Junge rätselte er über die Bedeutung des konfuzianischen Begriffs »strahlende Tugend«. Wen von seinen Lehrern er auch in dieser Frage um Auskunft bat, keiner konnte ihm eine befriedigende Antwort geben. Schließlich riet ihm ein Lehrer, die rätselhaften Worte zum Gegenstand seines Zazen zu machen. Nun fing Bankei an, sich entschlossen dem Zazen zu widmen; dabei ging er soweit, daß er beinahe seine Gesundheit ruiniert hätte. Als er eines Tages so in völliger Versunkenheit dasaß, erstand in seinem Geiste das Wort »ungeboren«. Das war des Rätsels Lösung. Nun wußte er, was unter »strahlender Tugend« zu verstehen sei. Seit dieser Zeit lehrte er während seiner langen Jahre als Meister die Meditation des »Ungeborenen« und die Entfaltung des »Ungeborenen« im Alltagsleben.[6]

Meister Eckhart hat einmal einen Abschnitt aus der *Weisheit Salomos* paraphrasiert und erklärt: »Inmitten des Schweigens wurde in mir ein geheimes Wort gesprochen.«[7] Theologische Interpretationen würden diese Aussage vielleicht dahingehend deuten, daß Gott den Sohn aus sich gezeugt oder das Buddha-Wesen die Erleuchtung aus sich hervorgebracht habe.

Aber die Theologie hat keine Eingeweide, und sie kann weder am Abend einschlafen noch am Morgen wieder erwachen. Meister Eckhart hingegen verweist auf die reale menschliche Erfahrung.

Gleichwohl ist das tiefe Schweigen, das »Ungeborene«, nicht von dieser Welt. Nach Auskunft des gnostischen Thomasevangeliums hat Jesus gesagt:

Wenn ihr aus zwei eines macht und wenn ihr das Innere zum Äußeren macht und das Äußere zum Inneren und das Obere zum Unteren und wenn ihr das Männliche und das Weibliche zu einem und demselben macht ..., dann werdet ihr [in das Reich Gottes] eingehen.[8]

Genau dies ist es, was im Diamant-Sutra als »Nirgendwo« bezeichnet wird. Wenn wir in unserem Tun den Geist dieser Worte zur Geltung bringen, dann ist das »Ungeborene« unser Lebenselement. Denn es ist dieses Ungeborene – und damit der Geist selbst –, das nicht an der sichtbaren Seite der Dinge haften bleibt: Es nimmt das Innere zur Kenntnis ebenso wie das Äußere, das Obere wie das Untere, das Männliche wie das Weibliche. Bankei Zenji erklärt an einer Stelle:

Ihr alle habt euer Gesicht mir zugewandt und lauscht, was ich wohl sagen werde. Vermutlich fragt ihr euch: »Was wird Bankei wohl als nächstes sagen?« Ihr konzentriert euch auf das Zuhören, und so ist keiner von euch offen für das Krächzen einer Krähe oder das Tschilpen eines Sperlings, das in eurem Rücken ertönt. Der Grund dafür, weshalb wir die Dinge in aller Deutlichkeit hören und die verschiedenen Töne, wie sie um uns herum da *sind, klar unterscheiden können, ist der ungeborene Buddha-Geist, der unseren Akt des Hörens erfüllt.*[9]

Wenn wir im Einklang mit dem Ungeborenen auf die Töne dieser Welt lauschen oder messend, sägend, hämmernd Trennwände errichten oder in ausschließlicher Hinwendung auf *Mu* Zazen praktizieren – bezeugen wir nicht etwa in all diesem Tun den Nirgendwo-Geist? Wo aber liegt dann das Problem?

Das Problem ist: Die meisten Menschen übersehen, daß unser Körper das Dojo ist – daß unser Geist das Dojo ist. Sie glauben, das Dojo sei ein bestimmter Raum. Sie verneigen sich, wann immer sie diesen Raum betreten, und sie verneigen sich, wenn sie ihn verlassen. Als der Maui-Zendo in neue Räumlichkeiten umzog und meine Frau und ich das nun frei gewordene Haus in unser Privatquartier umfunktionierten, verbeugten sich unsere Besucher aus alter Gewohnheit noch immer, sobald sie das ehemalige Dojo betraten. Tatsächlich ist jedoch jeder Raum ein Dojo. Wer die Gelegenheit hat, sollte einmal darauf achten, wie sich ein japanischer Zen-Mönch verhält, der das erste Mal eine fremde Wohnung betritt. Vermutlich wird er an der Schwelle kurz innehalten – wie in einer angedeuteten Verneigung.

Das Problem ist weiterhin, daß viele Leute Zen offenbar als eine Art Hobby betrachten. Diese Tendenz ist in japanischen Laien-Zendo genauso zu erkennen wie in entsprechenden westlichen Einrichtungen. Während solche Zen-Schüler Zazen praktizieren, ist eine Atmosphäre unergründlicher Tiefe spürbar, und manchmal empfindet man diese Atmosphäre in ihrer Gegenwart auch in alltäglichen Situationen – aber in anderen Situationen fallen sie in ihre alten beengenden Verhaltensmuster zurück. Woran mag dies liegen? Zu einem derart gespaltenen Verhalten kommt es, wenn wir glauben, die Verneigung am Eingang/Ausgang des Dojo markiere unseren Ein- beziehungsweise Austritt aus der Welt der Zen-Praxis.

In Japan gibt es die Redensart, daß ein Meister der Teezeremonie seine Grundsätze selbst im Badezimmer noch beibehält. Auch Dogen Zenji hielt seine Mönche dazu an, in jeder Situation Zazen zu praktizieren. Im Badezimmer, wenn wir uns die Zähne putzen oder die Toilette benutzen – jedes Tun ist Zazen. Dogen Zenji hat für seine Mönche zwei Gathas verfaßt, die sie vor dem Zähneputzen rezitieren sollten – das eine, um Reinheit zu erlangen, und das andere, um den Zähnen die nötige Kraft zu verleihen, sich durch alle Verblendungen hindurchzunagen.[10] In allen zenbuddhistischen Klöstern verneigen sich die Mönche vor dem Badezimmer-Altar zu Boden, bevor sie ein Bad nehmen. Nach dem Bad wiederholen sie diesen Akt. Vor der Benutzung der Toilette verneigen sie sich vor der Gottheit des Untergrunds, die all ihren Kot in sich aufnimmt. Und im Anschluß an die Benutzung der Toilette verbeugen sie sich abermals vor dieser Gottheit.

In seinen Anweisungen an den *Tenzo*, also den Koch des Klosters, dringt Dogen Zenji darauf, dieser solle das für die Zubereitung der Mahlzeiten verwendete Gemüse sowie die Körnerfrüchte behandeln, »als wären sie deine eigenen Augäpfel«. In diesem Zusammenhang verwies er weiterhin auf den folgenden Ausspruch eines alten Meisters: »Kochst du Reis, betrachte den Kochtopf als dein eigenes Haupt. Wäschst du Reis, sei dir bewußt, daß das Wasser dein eigenes Leben ist.« Dann fährt Dogen Zenji fort:

Wenn jemand dies nicht begreift, so hat das seine Ursache darin, daß sein Denken umherrennt wie ein wildes Pferd und sein Gefühl herumhüpft wie ein Affe im Wald. Haltet ihr hingegen das Pferd und den Affen ein wenig im Zaume und laßt ihr sie über sich selbst nachdenken, so wird das Einssein aller Dinge ohne viel Umschweife erkannt. Ihr nehmt dann ein grünes Salatblatt und verwandelt es in eine sechzehn Fuß hohe Buddhastatue; ebenso aber könnt ihr eine sechzehn Fuß hohe Buddhastatue nehmen und sie in ein grünes Salatblatt verwandeln.[11]

Dem heutigen Laien, der in einer auf Gewinnmaximierung ausgerichteten Industriegesellschaft lebt, erscheint Dogen Zenjis Auffassung vermutlich zunächst ziemlich altmodisch und rätselhaft – immerhin mag es ja sein, daß derartige Grundsätze in einem weitab in den Bergen der Fukui-Präfektur gelegenen Kloster des dreizehnten Jahrhunderts ihre Berechtigung gehabt haben, aber in unserer gegenwärtigen Mensch und Natur rigoros ausbeutenden Gesellschaft kommen wir mit solchen Prinzipien kaum mehr weiter. Wie sollen wir verhindern, daß Zen zum Hobby degeneriert, da es doch so radikal verschieden ist von der Welt, die uns umgibt?

Unsere Dharma-Vorgänger – von Vimalakirti, dem Laien P'ang und einigen wenigen anderen abgesehen, die im Grunde lediglich die Regel bestätigen – haben das Weltleben gemieden, so gut sie eben konnten. Sofern wir uns nicht für die Anerkennung einer bestimmten monastischen Regel entscheiden, müssen wir uns einen eigenen Weg suchen. Ich glaube, daß wir in dieser Hinsicht drei Möglichkeiten haben:

Erstens kann ein Zen-Schüler versuchen, sich als Künstler, Lehrer oder in einem sozialen Beruf zu etablieren. Er kann jedoch auch einer geschäftlichen Tätigkeit nachgehen, die der Erfüllung echter menschlicher Grundbedürfnisse dient. Daneben kann er am Programm eines Zendo teilnehmen und sich in diesem Rahmen für das betreffende Zen-Zentrum engagieren. Dies wäre das Samu-Zendo-Modell, das in Kamakura schon zu einer festen Einrichtung geworden ist.

Zweitens gibt es für den Laien-Schüler die Möglichkeit, sich einem Sangha anzuschließen, der sich primär der Erfüllung sozialer Aufgaben verschrieben hat. Finanziell könnte sich eine solche Gemeinschaft durch die Teilzeitarbeit ihrer Mitglieder tragen. Der Diamant-Sangha stellt eine Kombination dieses und des Samu-Zendo-Modells dar. In einer solchen Gemeinschaft verwenden die Mitglieder ihre freie Zeit darauf, die Publikationen des Sangha zu betreuen, sie leisten Sozialarbeit und helfen bei der Pflege des Tempel-Anwesens.

Die dritte Möglichkeit, wie ein Sangha den eigenen Unterhalt gewährleisten kann, wäre eine ökologisch gesunde unternehmerische Tätigkeit, die ein echtes gesellschaftliches Bedürfnis erfüllt. Den Kern einer solchen Gemeinschaft würde eine Gruppe von Menschen bilden, die um einer kreativeren Lebensweise willen auf finanziell wesentlich lukrativere »bürgerliche« Karrieren verzichten und so den Bestand des Zendo gewährleisten. Die Arbeit im Garten des Zendo und die Pflege des gesamten Anwesens wären dabei gleichermaßen Bestandteil dieses Programms. Die Zen-Zentren in San Francisko und Los Angeles haben versucht, diesen Weg zu beschreiten.

Auch im Rahmen eines einzigen Zendo ließen sich die genannten Möglichkeiten kombinieren, aber die beschriebenen Lebensweisen können sich nur in einem echten Zendo und in einem wirklichen Sangha entfalten. Es ist sehr schwierig, den Weg des Buddha ohne Einbindung in eine entsprechende Gemeinschaft zu gehen – das gilt auch für andere religiöse Wege. Der aufrechte »Einzelkämpfer« unterliegt stets der Gefahr, unter dem Druck unserer von Gier bestimmten Welt in die Isolation zu geraten – und Isolation bedeutet letztendlich den Tod. Sogar Thoreau hielt immer ein paar Stühle für Gäste bereit. Und Robinson Crusoe ließ zumindest in seiner Vorstellung das Gespräch mit Freunden und Verwandten nie abreißen. Selbst die Ecke eines Schlafzimmers kann ein Zendo sein, sofern wir es uns zur Gepflogenheit machen, in dieser Ecke morgens und abends allein oder gemeinsam mit unserem Lebenspartner zu *sitzen*. Ebensogut aber kann das Wohnzimmer von Freunden ein Zendo sein – das heißt ein Ort, an dem wir zwei- oder dreimal wöchentlich Zazen praktizieren. Solange wir indes völlig unabhängig von jeglicher religiösen Gemeinschaft den Weg der Erleuchtung beschreiten, leben wir beständig in der Gefahr, dem Druck »der Welt« zu unterliegen.

Aber für welche Form der religiösen Gemeinschaft wir uns auch entscheiden, Gemeinschaftsleben als solches ist noch nicht ausreichend. Eine solche Praxis kann in eine Art Götzendienst ausarten und uns erneut mit den Drei Giften infizieren, sofern wir nicht – um mit Meister Eckart zu sprechen – »im Geiste aller Dinge verlustig gehen« und in Berührung gelangen mit dem »Nirgendwo« des Buddha, der »leeren Weite« Bodhidharmas und dem Einssein der Lehre Jesu. Zunächst müssen wir den Geist-Weg verlassen, da wir nur so jenen Zustand innerer Sammlung erreichen können, der allein gewährleistet, daß wir aufhören, durch unsere fünf Sinne nach den Gegenständen der Außenwelt zu jagen.

Diesen Geist bezeugen wir, indem wir innerlich weder bei den Farben verweilen, noch bei den Wahrnehmungen unseres Gehörs-, Geruchs-, Geschmacks- und Berührungssinnes, sondern an nichts festhalten. Ein auf wechselseitiges Vertrauen gegründeter Sangha bietet uns alle Voraussetzungen, derer wir bedürfen, um diesen Geist zu bezeugen – unerschütterlich inmitten unserer vergifteten Welt.

DER GEIST DER FRUCHTBARKEIT

Der Eremit des Lotus-Gipfels erhob vor den Augen der Versammelten seinen Stab und fragte: »Als die Alten dies hier *erlangt hatten, warum haben sie nicht daran festgehalten?« Die Versammelten schwiegen.*

Statt seiner Zuhörer antwortete er selbst: »Weil dem hier nicht die Kraft der Anleitung innewohnt.«[1]

Im Original heißt es: »Weil ihm nicht die Kraft innewohnt, den Pfad anderer zu bestimmen.« Dieser Fall, das fünfundzwanzigste Beispiel aus der *Niederschrift von der blaugrünen Felswand*, ist nur eines von vielen Koan, die darauf verweisen, wie entscheidend es ist, unter dem Bodhi-Baum hervorzutreten und der Situation der anderen Menschen Rechnung zu tragen.

Was aber bedeutete es, als der Eremit seinen Stab erhob? *Eben dies!* Nicht anders als Fu Ta-shih, der auf sein Lesepult schlug, um den Sinn des *Diamant-Sutra* zu verdeutlichen[2], verweist auch der Eremit des Lotus-Gipfels auf den Dharma, den klaren und reinen Gesetzes-Körper, der als die Vielzahl der Dinge zum Vorschein kommt.

Seine Frage lautete also: »Als den Alten die Erkenntnis des klaren und reinen Dharma zuteil wurde, warum verharrten sie nicht an jenem wundervollen ›Ort‹ des grenzenlosen, alles durchdringenden Friedens, bis sie in das *Parinirvana* eingingen?« Und als der Buddha beim Anblick des Morgensterns zur Erleuchtung gelangte, warum machte er sich dann noch die Mühe, fünf Schüler zu erwählen? Und als Mahakashyapa auf dem Berg Gridhrakuta (Geierberg) das tiefste Wesen der Buddha-Lehre erschaute, warum fühlte er sich dann noch genötigt, selbst ein Meister zu werden? Und warum machte sich Dogen Zenji – nachdem Körper und Seele von ihm abgefallen waren – noch die Mühe, nach Japan zurückzukehren?

Die Erkenntnis des *»Eben dies!«* bewirkte die vollständige Befreiung dieser großen Vorbilder von jedweder Selbstbezogenheit und offenbarte ihnen ihr Einssein mit allen Wesen. Aber diese Erkenntnis allein reicht nicht aus. Unsere Erfahrung des Leidens erfüllt sich erst im Mit-Leiden, der Hinwendung zu allen Wesen, die in ihren Geburtswehen gefangen sind.

Und so führt der Einsiedler sein Teisho fort und hält seinen Zuhörern noch immer seinen Stab entgegen und fragt: »Und was ist es nun?« Da niemand antwortet, erklärt er: »Daß ich meinen Stab oberhalb der Schulter erhoben halte – daß ich die tausend und zehntausend Gipfel ersteige.«[3] Die Myriaden Gipfel sind indes keine Gipfel der Isolation, sondern die Höhen und Tiefen unseres Lebens. Der Einsiedler spazierte zwischen diesen Gipfeln in aller Gelassenheit umher, und wir können sicher sein, daß er jedermann, dem er begegnete, genauso großzügig angeleitet hat wie in dem zitierten Beispiel seine Versammlung.

Und so obliegt es uns gleichermaßen, voll Großmut auf andere Menschen einzugehen. Als Beispiel dafür können uns nicht nur Shakyamuni, der Einsiedler und unsere übrigen Dharma-Vorgänger dienen, sondern nicht weniger solch unauffällige Wesen wie Buschwerk und Gräser. Mit jeder ihrer Fasern üben die Wesen der Pflanzenwelt einen sanften Einfluß auf ihre Umgebung aus, erhalten durch Fortpflanzung ihre Art, lassen neue Arten entstehen, sofern die Umstände dies zulassen – übermitteln sie ihre Lebenskraft dem Boden, dem Wasser, der Luft, den Insekten, den Tieren und den Menschen. In der abendländischen Kultur sprechen wir nicht zufällig von der »Mutter Natur«. Im Buddhismus bezeichnet man den gleichen Zusammenhang als *Sambhogakaya*, die Verkörperung des Indra-Netzes, die

Harmonie der universellen Symbiose. Der Sambhogakaya ist gleichsam das Medium, welches uns gestattet, dieser Einheit inne zu werden und sie zu bezeugen.

Wie aber können wir die Einheit aller Wesen bezeugen? Durch verantwortungsvolles Handeln, die Fähigkeit zu *antworten* und mit unserer Umwelt einfühlsam in einen Austausch zu treten, wie der Klee es tut, ein Symbol der Fruchtbarkeit. Wenn der Klee geschnitten wird, dann sterben seine Wurzeln ab und setzen Stickstoff frei, der den Erdboden anreichert. In einem solchermaßen genährten Ackerboden gedeihen dann die Regenwürmer und lagern weitere Nährstoffe ab. Auf diesen Boden fallen neue Samen, sie schlagen Wurzeln, reifen heran und dienen anderen Organismen als Nahrung.

Der Klee denkt über den Begriff von Verantwortung nicht nach, und nicht anders verhielt sich Shakyamuni. Er erhob sich schlicht von seinem Sitz und sah nach seinen Freunden. Der Klee versenkt seine Wurzeln in das Erdreich und läßt seine Blätter und Blüten emporwachsen.

Grundsätzlich besteht zwischen dem Klee und Shakyamuni im Hinblick auf ihr Nicht-Denken keinerlei Unterschied. Sie offenbaren sich in ihrem So-Sein, und ihre Reaktion besteht darin, je nach den konkreten Umständen Nahrung zu spenden. Das Nicht-Denken manifestiert sich hier als Klee und dort als Shakyamuni. Die *eine* universelle Natur offenbart sich in dieser Weise in der Welt. Wir sprechen in dem einen Fall vom Klee und in dem anderen von Shakyamuni, und wir erkennen ohne weiteres an, daß beide sehr verschieden sind. Der Klee produziert – ohne einen Gedanken – die Pollen, die von den Bienen aufgenommen werden. Shakyamuni läßt – ohne einen bestimmten Gedanken mit diesem Geschehen zu verknüpfen – vor seinen Anhängern eine Blume zwischen den Fingern zwirbeln. Aber der Klee kann keine Versammlung einberufen, und Shakyamuni kann nicht die im Erdreich vorhandenen Nährstoffe verwandeln.

Der Klee hat keine andere Wahl, als Nährstoffe zu erzeugen – dies ist seine einzige Fähigkeit. Shakyamuni hingegen ist sehr wohl imstande, seine nährende Funktion zu verleugnen. Es bedarf nur eines vergifteten Gedankens, und schon ist er ein vergifteter Mensch. Und es bedarf nur eines erleuchteten Gedankens, und schon ist er ein erleuchteter Mensch.

Nachdem er die große Erleuchtung erlangt hat, ist es allerdings wenig wahrscheinlich, daß er in seine vergifteten Gewohnheiten zurückfällt, gleichwohl ist es möglich, denn schließlich ist er nur ein Mensch.

Shakyamuni hat gesagt: »Alle Wesen sind der Tathagatha, aber ihre Verblendung und ihr Haften an den Dingen dieser Welt hindern sie daran, von dieser Tatsache Zeugnis abzulegen.« Was aber sind Verblendung und Welt-Verhaftetheit? Vergiftete Gedanken der Gier, des Hasses und der Unwissenheit. Das Gift, anderen die ihnen zustehende Nahrung vorzuenthalten. Und wodurch zeichnen sich erleuchtete Gedanken aus? Durch Mitgefühl, durch das Mit-Leiden mit anderen, durch das Echo, das die »Klänge dieser Welt« in uns erzeugen.

Shakyamuni hat den Prozeß der Verwandlung von einem selbstbezogenen Denken zur Erleuchtung an sich selbst vollzogen. Diese Metamorphose ist Ausdruck des im Menschen angelegten Potentials des Wahren-Wesens, genau wie in der Metamorphose der Raupe zum Schmetterling sich die Anlagen der Lepidoptera manifestieren.

Worin besteht nun aber diese Metamorphose des Menschen? Diese Frage verdient eine sorgfältig durchdachte Antwort. Es ist nicht so, daß wir im Augenblick der Erleuchtung jemand anderer würden – der Raupe vergleichbar, die sich in ihren Kokon einspinnt, um als Schmetterling darin neu geboren zu werden. Solche Analogien verwirren nur den Geist des Zen-Schülers. Sie verführen ihn zu solchen Gedanken wie: »Hätte ich doch nur schon Kensho erlangt, dann wären alle meine Probleme bereits gelöst.«

So verhält es sich nun allerdings nicht. Wir Menschen verwandeln uns nicht in etwas anderes. Kensho offenbart uns das Wahre-Wesen und gestattet uns je nach der Tiefe der Erfahrung einen mehr oder weniger tiefen Einblick in das Selbst-Wesen. Aber die Praxis ist deshalb noch lange nicht an ihr Ende gelangt, ja – genaugenommen beginnt sie an diesem Punkt wieder von neuem.

Ungeachtet dessen enthält die Zen-Praxis ein Erfahrungselement, das sich mit dem Begriff der Metamorphose durchaus angemessen charakterisieren läßt. Wenn wir im Anschluß an die Kensho-Erfahrung tatsächlich bestrebt sind, unsere Praxis neu zu gestalten, so stellen wir fest, daß wir bis dahin in gewisser Hinsicht Opfer unseres eigenen Denkens gewesen sind. Wir entdecken den wahren Ursprung unseres Denkens, den Quell unserer Beziehungsfähigkeit. Aber in diesem Akt verwandelt sich nicht der Mensch unversehens in einen Engel, vielmehr entdeckt er seine Affinität zum schweigenden Klee. Diese Metamorphose verändert nicht unsere Gestalt, sondern sie befähigt uns, die alte Wahrheit des Nicht-Geistes zu erfassen.

Alle Wesen, Steine, Wolken, Bäume und Tiere (einschließlich des menschlichen Tieres) manifestieren sich als Nicht-Geist. Obwohl sie hierin übereinstimmen, unterscheiden sie sich erheblich im Hinblick auf die Weisen ihrer Bezugnahme. Der Klee nährt sich selbst und gleichzeitig seine Umgebung – ohne einen Unterschied zu machen zwischen diesen beiden Aspekten des einen Geschehens. Das Schwein dagegen ist bisweilen aggressiv, bei anderen Gelegenheiten hingegen gutmütig und freundlich. Der Delphin wiederum rettet den Seemann vor dem Ertrinken. Und welchen Platz nimmt der Mensch in diesem System ein?

Der ungeläuterte, das heißt der nichtverwandelte Mensch, steht der Natur wie ein Fremdling gegenüber und sucht seine Befriedigung in sexueller Ausbeutung und durch die Unterjochung anderer Rassen, Nationen, sozialer Klassen oder Gattungen. Der geläuterte und verwandelte

Mensch hingegen weiß um das Netz des Indra und legt von diesem Bewußtsein Zeugnis ab – von der unendlichen Verwobenheit aller Dinge, die sich wechselseitig Nahrung spenden und Nahrung voneinander erhalten. Der grundlegende Unterschied zwischen der ausbeuterischen und der nährenden Haltung wird in Dogen Zenjis Zweizeiler *Genjokoan* deutlich, das ich bereits an anderer Stelle zitiert habe:

Die Vorstellung, das Selbst treibe die Vielzahl der Dinge an und verbürge deren Wirklichkeit, ist pure Verblendung.
Die Vorstellung hingegen, die Vielzahl der Dinge treibe das Selbst an und verbürge dessen Wirklichkeit, das ist die wahre Erleuchtung.[4]

Eine Situation, in der die Nationalstaaten auf der ganzen Erde die Entwicklung vorantreiben und unseren Planeten geradezu »auffressen«, kann in der Tat nur mehr als Folge einer tödlichen Verblendung bezeichnet werden. Wenn wir unser Herz hingegen von wildwuchernden Koa-Wäldern und schneebedeckten Vulkanen inspirieren lassen, so beschreiten wir den Weg der Buddhaschaft.

Welchen Standpunkt wir in dieser Frage beziehen, liegt gegenwärtig noch bei uns – bei jedem einzelnen von uns. Es steht uns frei, das Gen-Reservoir des Erd-Organismus weiterhin zu plündern und zu zerstören und uns damit unserer eigenen künftigen Wahlfreiheit zu berauben, genausogut aber können wir uns Disziplin auferlegen und den Quell unserer Beziehungsfähigkeit in uns freilegen. Dieser Quell ist der oben beschriebene »Geist« des Klees. Und aus dieser Quelle werden wir genährt und erhalten so die Kraft, auch andere und anderes zu nähren. Dort müssen wir uns niederlassen – und wäre es auch nur ein Mal in unserem Leben.

Wenn wir uns den »Geist des Klees« zu eigen machen, so liegt der Weg deutlich sichtbar vor uns. Das Selbst und »das andere« sind eines Geistes (oder auch eines Nicht-Geistes) die »Berge, Bäche und die große Erde, die Sonne, der Mond und die Sterne«.[5] Dies ist der Geist, der sich als Gesang des

Kardinalvogels oder als Weihrauchduft entfaltet und der uns das Wahre-Wesen verbürgt. Nur so tritt die reife Erfahrung des Menschen ins Dasein.

Auf dieser Ebene entdecken wir unsere Gemeinsamkeit mit dem gutmütigen und freundlichen Schwein und mit dem Delphin, der den erschöpften Seemann an den rettenden Strand trägt. Wir entdecken aber auch unsere Gemeinsamkeit mit dem Buddha, wie er in Varanasi zu seinen Freunden spricht, oder mit Gyogi Bosatsu, wie er im alten Japan Wassergräben für die Bauern aushob.

Aber wie verhält sich all dies zu jener »Natur, deren Rachen und Krallen von Blut triefen«? Und was ist mit William Blakes »Tiger, tiger, burning bright«? Sind Grausamkeit und Blutrünstigkeit nicht in gleichem Maße der »Geist« wie die Berge und die Flüsse?

Aber natürlich. Die symbiotische Beziehung aller Wesen im Universum schließt immer auch die Einverleibung von Wesen durch Wesen ein. Auch der Blutkreislauf unseres Körpers ist ein derartiges System im Kleinformat. Spontan würden wir vielleicht sagen, daß ein riesiger Tiger sich in gewisser Weise wesentlich gewalttätiger verhält als ein kleines weißes Blutkörperchen, aber im Grunde leben beide ihr Leben im Einklang mit dem großen dynamischen Wechselspiel des Kosmos.

Überdies können wir von dem Tiger eine Menge lernen. Erstens stellt der Tiger – ganz im Gegensatz zu uns Menschen – ungeachtet seiner Gewalttätigkeit keine Bedrohung des Ökosystems dar. Und zweitens verbringt ein Tiger lange Perioden seines Lebens im Zustand der Ruhe. Er schmiegt sich an sein Weibchen, sorgt für die Ernährung seiner Jungen und hält häufiger ein Nickerchen als die meisten anderen Lebewesen. In dem einen Augenblick ist der Tiger gewalttätig, im nächsten befindet er sich bereits wieder im Zustand der Ruhe.

Wodurch aber ist diese Ruhe des Tigers charakterisiert? Er ist stets handlungsbereit, aber in diesem Zustand der

Bereitschaft ist er gleichwohl vollständig entspannt. Ein in dieser Weise völlig entspannt daliegender Tiger gibt Anlaß, über unser Verhältnis zur Ruhe nachzudenken.

Solange es einem Menschen nicht gelungen ist, die Fesseln der Selbstsucht zu sprengen, kennt er keine Ruhe. Vielmehr lebt er in einem Zustand, den der Buddha als Verblendung und Verhaftetsein bezeichnet hat, und dieser Zustand verlangt zu seiner Aufrechterhaltung intensive Gefühle. Im Extremfall schlägt unter solchen Bedingungen einfaches Begehren in unersättliche Gier um, Verärgerung in unerbittlichen Haß, und ein »wackeliges« Selbstbild verleitet zu den absurdesten Abwehrmechanismen. Die meisten von uns lassen sich zu derartigen Extremreaktionen nicht hinreißen, aber auf die ein oder andere Weise ist keinem von uns jener unablässige Strom emotional aufgeladener Gedanken fremd, und so finden wir keinen Frieden – nicht einmal im Schlaf.

Warum aber haben wir uns mit einem derartigen Los herumzuschlagen? Dies ist eine der Schlüsselfragen des Buddha. Nach meiner Auffassung ist das Leid Folge der Veränderungen, denen wir unterworfen sind. Nicht anders als die Raupe, die einem Prozeß der Veränderung unterworfen ist, sind auch wir »Opfer« zahlloser Prozesse, die wir nicht zu kontrollieren vermögen.

Jene Kraft, welche die Raupe dazu veranlaßt, sich von Hibiscusblättern zu ernähren, und sie zwingt, sich in einen Kokon einzuspinnen, ist auch in unserem Dasein wirksam. Die gleiche Kraft, aus der sich in uns Menschen die Drei Gifte speisen, gelangt im Augenblick der Erleuchtung zu ihrer Reife.

Es gibt also eine Kraft im Menschen, die ihn drängt, Frieden und Verständigung anzustreben. Solange wir diese Kraft jedoch nicht richtig verstehen, sind ihre Wirkungen destruktiv. Wer sich der Illusion hingibt, er könne seinen Frieden durch übermäßigen Alkoholkonsum finden, der greift nur zu einem Betäubungsmittel, schadet seinem Körper und versetzt zudem noch dem Familienleben den Todesstoß. Wer bestrebt ist, der Einheit des ganzen Universums mit den Mitteln der Multinationalen Konzerne Geltung zu verschaffen, der muß sich nicht wundern, wenn er am Ende nur die Einheit der allgemeinen Gier gefördert hat. Die wahre Suche nach Frieden und Einheit zielt stets auf die Erkenntnis des leeren, grenzenlosen Selbst und des leeren, grenzenlosen Universums – und zwar unabhängig von allen vorgefaßten Begriffen und in dem einzigen Bestreben, die Dinge in ihrem So-Sein sichtbar werden zu lassen.[6]

Wenn wir uns bemühen, zur Verbreitung dieser Erkenntnis beizutragen, so dürfen wir das Gedächtnis des Menschen nicht außer acht lassen, über dessen Inhalt wir uns in einer Weise Rechenschaft abzulegen vermögen, wie dies keinem anderen Lebewesen möglich ist. Die Gene, die uns Menschen die Ausbildung handwerklicher Fähigkeiten und sprachlicher Kommunikation ermöglichen, unterscheiden sich von den DNS-Ketten, die den Biber befähigen, Dämme zu errichten und seine Artgenossen durch das Schwanzklopfen vor Gefahren zu warnen. Der Biber kann nicht anders, er muß seine Dämme so bauen, wie er es seit Jahrhunderten tut, der Mensch hingegen kann Dämme bauen, die Produkt einer sich ständig verfeinernden Technologie sind.

Aber gerade diese Fähigkeit des Menschen stellt uns vor gewaltige Probleme. Denn wir können die Erde durch unsere »Dämme« zerstören. Wir sind imstande, mittels der Atombombe viereinhalb Milliarden Jahre Erdgeschichte auszulöschen. Zugleich können wir damit die potentiell fast endlos lange Zukunft der Erde vernichten. Kein anderes Wesen verfügt über solche Macht.

Und gerade deshalb haben wir eine besondere Verantwortung, die Verwandlung des Menschen zu vollenden und dafür Sorge zu tragen, daß die innige Verwobenheit allen Geschehens im Universum zu einer lebendigen Erfahrung des menschlichen Bewußtseins wird.

Diese Erkenntnis läßt sich nicht als Allerweltsweisheit abtun. Ich bin mir zwar bewußt, daß die anderen nicht von mir getrennt sind, falls ich es indes mit einem der Mächtigen dieser Erde zu tun bekomme – einem knallharten Reaktionär aller Wahrscheinlichkeit nach –, so bin ich mir sehr wohl bewußt, daß mich so jemand vermutlich als »gefährliches Element« betrachten wird. Sollte sich eine solche Konstellation ergeben, so ist es an mir, seine Stärke anzuerkennen und mich ihrer zu bedienen, um den Dharma zu vermitteln – dem Judokämpfer ähnlich, der sich die Stoßkraft seines Gegners zunutze macht. Strukturell entspricht eine solche Situation etwa dem Mondo, also dem Dialog zwischen Zen-Meister und Schüler – und sie verlangt ein entsprechendes Maß an kluger Einfühlung. Die beiden Gesprächspartner sind zwar getrennte Individuen, zur gleichen Zeit jedoch sind sie beide Mitglieder ein und derselben Nasenloch-Gesellschaft, wie es Nakagawa Soen Roshi ausdrückt.

Wenn unser Denken und Fühlen vollständig durch die Drei Gifte bestimmt ist, so empfinden wir die Vorstellung einer so weitreichenden Zusammengehörigkeit der Menschen und Dinge als bloße Abstraktion. Vor einiger Zeit haben zwei Männer die Erde – in jeweils neunzig Minuten – eine Woche lang umkreist. So umrundeten sie hoch oben in der Luft unseren Planeten viele Male und ließen dort draußen im Weltraum über die Lautsprecher ihres Hifi-Gerätes die »Marine Hymn« und die »Air Force Hymn« erklingen. Während sie so die Erde umkreisten, blieben sie gleichwohl ihrer Gruppe, Klasse und Nation verhaftet – sie verleugneten das Netz des Indra.

Auf die Spitze getrieben führt dieses bornierte Weltverständnis zu den wirren Phantasien des Paranoikers, der etwa behauptet: »In dem Hochhaus da drüben sitzt ein Kommunist, der mich schon seit Tagen mit einem Fernglas beobachtet.« Aber auch psychisch relativ stabile Menschen fallen immer wieder der Verblendung zum Opfer und unternehmen die verrücktesten Dinge, um sich zu schützen oder um alle Wesen mittels ihrer ausgeklügelten intellektuellen, politischen, wirtschaftlichen und technischen Waffen zu beherrschen. Wir treiben die zehntausend Dinge an und verbürgen ihre Wirklichkeit und heizen so den Zustand der allgemeinen Verblendung immer mehr an – und haben die Welt auf diese Weise in eine beispiellose Krise gestürzt.

Wie alle menschlichen Institutionen, ja wie die Menschheit selbst und alle belebten und unbelebten Dinge dieser Welt, haben wir den Buddha-Dharma selbst zur Geisel unserer gnadenlosen Ausbeutung der Zukunft gemacht. Haben wir erst einmal unsere Erde durch einen Nuklearkrieg oder durch den biologischen Holocaust in den Abgrund geführt, dann gibt es auch keinen Buddha-Dharma mehr.

Dabei gilt es jedoch eine Differenzierung zu berücksichtigen. Der Buddha-Dharma als die Lehre des historischen Buddha ist nicht identisch mit dem Dharmakaya, dem Körper der Großen Ordnung oder der transzendenten Wirklichkeit. Wu-men schreibt: »Wenn auch die Welt zerstört wird, so ist *es* noch lange nicht vernichtet.«[7] Dieses »es« bezeichnet den Dharmakaya, die unendliche – mit Möglichkeiten angefüllte – Leere. Sie ist den Wechselfällen des Werdens und Vergehens nicht unterworfen. Als ich einmal mit Yamada Koun Roshi über die Möglichkeit eines Atomkrieges sprach, sagte er: »Selbst wenn die ganze Welt zugrunde geht, wird aus dem Wahren-Wesen etwas Neues erstehen. Was das allerdings sein könnte, sprengt mein Vorstellungsvermögen.«

Dies ist zweifelsohne ebenso richtig wie tröstlich, aber im Verlauf dieses Zerstörungsprozesses wird der Buddha-Dharma, die Lehre des Buddha und aller seiner Nachfolger verlorengehen. Kann man nicht geradezu hören, wie Dogen Zenji gegen eine solche Entwicklung Protest einlegt? Ich jedenfalls kann ihn hören.

In früheren Zeiten haben die Anhänger des Zen ihre Tempel-Anwesen durch Samu – eine Art Arbeits-Sutra –

instandgehalten. Ihren Lebensunterhalt sicherten diese Mönche durch *Takuhatsu*, die Präsentation der Eßschale des Buddha in den Dörfern, den kleinen und den großen Städten. Vor den Häusern der Gläubigen und Wohlwollenden rezitierten sie Sutras und erhielten dafür Geld- und Nahrungsspenden. Auch gegenwärtig praktizieren wir in unseren westlichen Zen-Zentren Samu und Takuhatsu, indem wir den Unterhalt des Tempels sichern, Geldspenden sammeln und Bücher und Zeitschriften publizieren. Angesichts der großen Gefahren, denen das Ökosystem heutzutage ausgesetzt ist, obliegt es uns allerdings, uns für die Erhaltung des Tempels Erde nicht weniger als für den Sangha einzusetzen. Wenn wir die Eßschale des Buddha präsentieren, so dient dieser Akt der Vermittlung des Dharma, aber in unserer – in bisher beispielloser Weise gefährdeten – heutigen Welt ist die Darlegung der Zehn Hauptgebote mindestens ebenso wichtig. In der Dimension der ursprünglichen Wirklichkeit gibt es in der Tat weder Töten noch Stehlen. Solange wir jedoch voll Leidenschaft das Spiel der Bequemlichkeit und des Eigennutzes sowie der faulen Kompromisse betreiben, und solange wir unsere eigenen egoistischen Bedürfnisse auf Kosten der andern befriedigen und den hohen Lebensstandard der westlichen Gesellschaft zu Lasten der übrigen Länder aufrechterhalten, so lange verstoßen wir in sträflicher Weise gegen das Gesetz des Universums. Wir müssen uns allerdings darüber im klaren sein, daß in wohl nicht allzu ferner Zukunft die Kräfte des Universums die von uns verursachten Störungen seines inneren Gleichgewichtes wieder ausgleichen werden. Ob dann jedoch für uns auf diesem Planeten noch Platz ist, sei dahingestellt.

Die Macht der Unterweisung zur Geltung zu bringen bedeutet für uns nicht mehr das gleiche wie für den Eremiten vom Lotus-Gipfel. Zwar tragen wir – als Bodhisattvas – die gleiche Verantwortung und verfügen auch über die gleiche Fähigkeit, auf die Not der Welt zu *antworten*, aber unsere Upaya, das heißt unsere Mittel, diesem Mitgefühl Ausdruck zu verleihen, sind ganz andere. Gegenwärtig ist es unsere Hauptaufgabe, den Buddha-Dharma aus seiner »konfessionellen« Enge herauszuführen und den Menschen überall auf der Welt ein Gefühl davon zu vermitteln, daß Friedfertigkeit und rechtes Tun, die jeder in seinem Herzen bereits kennt und die wir mit der Muttermilch aufgesogen haben, genau jene – namenlose – universelle Lehre sind, die unsere Beziehungen zu Menschen und Dingen auf eine neue Grundlage des Anstands zu stellen vermag.

Verhält sich dies so, dann werden auch Christen, Juden, Hinduisten und Moslems ihre »konfessionelle« Enge überwinden müssen. Religionshistorische Pioniere wie A. K. Coomaraswamy, Frithjof Schuon und andere arbeiten bereits an der Darlegung einer zeitübergreifenden, »ewigen« Metaphysik, in der die Symbole und Grundsätze aller Weltreligionen eine Heimstatt finden. Diese Bemühungen verdienen unsere volle Aufmerksamkeit.[8] Letztendlich gibt es das, was wir als Zen bezeichnen, überhaupt nicht, auch wenn wir etwas anderes gelernt haben. Das heißt, es existiert nichts Bestimmtes, was sich mit dem Namen »Zen« exakt definieren ließe.

Falls dies richtig ist, dann gibt es auch nichts Bestimmtes, was für sich in Anspruch nehmen könnte, eine besondere Religion zu sein. Und aus dieser Erkenntnis wiederum resultiert, daß wir unbeschränkt voneinander lernen können.

Ebensowenig gibt es ein in sich geschlossenes System, das sich als Psychologie klassifizieren ließe. Und so können wir sämtliche psychologischen Methoden – Techniken der Gesprächstherapie und sonstige Formen der Beratung und Gruppenerfahrung – in den Kanon unserer Upaya aufnehmen. Auch bestimmte Wertvorstellungen der abendländischen Kultur, etwa den Grundsatz von der Gleichheit aller Menschen oder das Prinzip der Achtung vor dem Leben können wir in unser »System« einbeziehen.

Unsere Aufgabe ist es, die Welt zu retten. Dies wird uns indes nur gelingen, wenn wir jeweils kleine Teile dieses Planeten retten. Jeder einzelne von uns muß zu diesem Zweck seine »kleinen« persönlichen Fähigkeiten einsetzen. Zwar kennen wir unsere Aufgabe, aber wie wir dieses Wissen in die Praxis umsetzen sollen, darüber herrscht oftmals Unklarheit. Zunächst müssen wir damit beginnen, als Individuen unser egozentrisches Verhalten zu verändern und uns unter Anleitung eines guten Meisters auf die Suche nach unserem Wahren-Wesen begeben. Anschließend (das heißt bereits am Tag, nachdem wir mit der *Praxis* begonnen haben) müssen wir darangehen, die Erkenntnisse und Erfahrungen, die wir auf diesem Weg gewonnen haben, in konkretes alltägliches Handeln umzusetzen. Dies können wir im Rahmen einer offiziellen sozialen Arbeit tun, etwa als Lehrer oder in einem helfenden Beruf, aber auch ganz unspektakulär, beispielsweise als Verkäufer in einem Laden oder als Vater oder Mutter. Und schließlich müssen wir uns schon am zweiten Tag der Zen-Praxis mit anderen Menschen zusammentun und mit Kopf und Herz an der Realisierung des Dharma in Gestalt des Sangha mitwirken.

Ich kann es schon fast nicht mehr hören, wenn gesagt wird, die Umsetzung der Lehre sei schließlich Sache des einzelnen. Das ist der laue Standpunkt solcher Menschen, die es im Grunde genommen mit den Bodhisattva-Gelübden nicht sonderlich ernst meinen. Wenn es tatsächlich unser Anliegen ist, alle Wesen zu erretten, so können wir dies – Schritt für Schritt – am besten gemeinsam tun und ein Netzwerk knüpfen – das Netz des Indra.

DER MORGENSTERN

Als der Buddha ausrief, daß alle Wesen im Besitz der Weisheit und Tugend des Tathagata seien, hatte er kurz zuvor am Himmel den Morgenstern erblickt.[1] Was aber hat der Planet Venus, der kurz vor dem Morgengrauen am östlichen Himmel zu sehen ist, mit dieser Feststellung zu tun? Und was bedeutet dieser Ausruf des Buddha für uns als Buddhisten?

Es ist eine weitverbreitete Ansicht, die Zen-Praxis sei ein Prozeß, in dessen Verlauf der Geist des Menschen gereinigt und so in einen Zustand versetzt werde, in dem bereits der kleinste äußere Anstoß ausreicht – etwa der Anblick des Morgensternes oder die akustische Wahrnehmung eines Steines, der gegen ein Bambusrohr trifft –, um die Erleuchtung auszulösen.

Die Grundelemente dieses Reinigungsprozesses sind Zazen und die restlichen Grundsätze des Achtfachen Pfades – beispielsweise Vollkommene Erkenntnis, Vollkommenes Handeln und so fort. Sobald der betreffende Mensch bereit ist, geschieht irgend etwas Unscheinbares, und plötzlich herrscht volle Klarheit.

Diesen Eindruck kann man tatsächlich bei der Lektüre des Kommentars gewinnen, den Wu-men zum ersten Beispiel des *Wu-men kuan* verfaßt hat. Wir brauchen nur all unsere Energie auf *Mu* zu richten, dann werden Innen und Außen eins, und ein einziger Funke genügt bereits, um unsere Dharma-Kerze zu entzünden.[2] In Hakuin Zenjis *Preislied des Zen* ist von dem Prozeß die Rede, ohne daß eine auslösende Sinneserfahrung auch nur Erwähnung findet. Es bedarf nur der Umkehr, und schon erweisen sich Singen und Tanzen als Stimme des Gesetzes.[3]

Aber was ist es, das diese Umkehr bewirkt? Ich vermute, daß wir die Neigung haben, Kensho aus einer Perspektive der Selbstsucht zu betrachten und es lediglich als den Höhepunkt eines menschlichen Entwicklungsprozesses anzusehen. Für uns entspricht dieser Prozeß den verschiedenen Selbstfindungstechniken der Psychologie, so als sei das Buddha-Wesen deckungsgleich mit der menschlichen Natur und als stünden wir nur vor der Aufgabe, unsere Selbstwahrnehmung soweit zu vertiefen, bis wir schließlich mit unserem reinen ursprünglichen Wesen in Berührung kommen. Haben wir diesen Punkt erreicht, dann sind wir – nach dieser Auffassung – auch imstande, alle möglichen neuen und interessanten Dinge in diesem Universum zur Kenntnis zu nehmen, die uns bis dahin entgangen sind.

Immerhin enthält diese selbstbezogene Interpretation der Zen-Praxis soviel Wahrheit, daß sie den Zen-Schüler davon zu überzeugen vermag, in ihr finde tatsächlich das ganze Buddha-Tao seinen Ausdruck. Gleichwohl ähnelt diese Auffassung in gewisser Hinsicht dem Bild, das sich ein Kind von Sexualität und Fortpflanzung macht. Es mag zwar über alle »technischen« Daten korrrekt informiert sein, und dennoch können die Erwachsenen nur über die vereinfachende und mechanistische Auffassung lächeln, die das Kind von diesen Dingen hat. Von der Liebe und der Freude, der Erfüllung und dem Mysterium der geschlechtlichen Vereinigung wissen die Kinder noch nichts. Woran jedoch mangelt es der »mechanistischen« Auffassung der Zen-Praxis? Ihr fehlt der Morgenstern.

Was aber ist dieser Morgenstern? Er ist ein Wesen, und genau wie bei den übrigen Wesen kommen an ihm die Weisheit und die Tugend des Tathagata zum Vorschein. Und so, wie wir dies bei den übrigen Wesen tun, verdunkeln wir auch seine Schönheit und sein Geheimnis durch die menschliche Begrenztheit, die wir uns selbst auferlegen. In Shakespeares *Kaufmann von Venedig* sagt Lorenzo zu Jessica:

Sieh, wie die Himmelsflur
ist eingelegt mit Scheiben lichten Goldes!
Auch nicht der kleinste Kreis, den du da siehst,
der nicht im Schwunge wie ein Engel singt,
zum Chor der hellgeaugten Cherubim.
So voller Harmonie sind ew'ge Geister,
nur wir, weil dies hinfäll'ge Kleid von Staub
ihn grob umhüllt, wir können sie nicht hören.

5. Akt, 1. Szene

Lorenzo sagt hier, daß wir die Harmonie der Sphären nicht hören können, solange wir nur sterbliche (selbstbezogene?) Menschen sind. Aber woher weiß er das? Wie einer meiner Freunde einmal bemerkte, weiß er es offensichtlich, und seine Verse klingen wider von diesem Wissen.

Als ich etwa elf oder zwölf Jahre alt war, lebte ich bei meinen Eltern auf dem Mount Hamilton, wo mein Großvater als Astronom am Lick Observatorium arbeitete. An Samstagabenden war das Observatorium für Besucher geöffnet, und so kamen die Leute aus San Jose und der ganzen Gegend, um durch die beiden Teleskope zu schauen. Bei diesen Gelegenheiten war beispielsweise das eine Teleskop auf den Saturn gerichtet, während man durch das andere den Mond beobachten konnte. Jeweils einer der Astronomen hatte Dienst und stand bercit, um die Fragen des Publikums zu beantworten.

Auch ich war damals an Samstagabenden regelmäßig unter den Besuchern. Ich lauschte zwar aufmerksam den wissenschaftlichen Erklärungen, aber im Grunde genommen wollte ich nur einen Blick durch eines der Teleskope auf den Saturn, den Mond oder einen andern Himmelskörper erhaschen. Ich habe nie jemandem davon berichtet, was ich bei diesen Gelegenheiten empfunden habe. Und wenn ich mich recht entsinne, so habe ich damals keinerlei Wunsch danach verspürt, einmal selbst dort draußen im Weltraum umherzufliegen. Mir erschien einzig und allein jene Augenblicks-Erfahrung von Bedeutung, der ich von Woche zu Woche in kindlicher Vorfreude entgegenfieberte.

Aber erst, als ich bereits erwachsen war und Dante las, stellte ich fest, daß auch andere Menschen angesichts des Sternenhimmels so etwas wie Sphärenklänge vernehmen. George Meredith' Beschreibung der Sterne als »Gehirn des Himmels« erinnerte mich lebhaft an die Ehrfurcht, die ich als halbwüchsiges Kind empfunden hatte, wann immer ich durch das Okular eines auf den Nachthimmel gerichteten Teleskops blickte.[4]

In der Sprache des Zen könnte man vielleicht sagen, ich hätte damals *eben diesen Planeten* oder *eben diese Mondlandschaft* wahrgenommen. Aber wie dem auch sei – jedenfalls empfand ich meine damaligen Erfahrungen als unendlich befreiend, obwohl ich doch völlig von dem absorbiert wurde, was ich durch das Teleskop erblickte. Ich hatte das Gefühl einer Ehrfurcht erregenden Weite. Und meine eigene Identität verschmolz mit dieser Weite des Universums.

Diese Empfindung war gleichsam ein Vorbote der reifen Erfahrung eines Sternes, einer Blume oder des Regens, der auf ein Blechdach prasselt. Als der Buddha vor seinen Schülern eine Blume zwischen den Fingern zwirbelte, lächelte Mahakashyapa. Bisweilen bekomme ich im Dokusan-Raum von einem Schüler zu hören, Mahakashyapa habe bei jener Gelegenheit *eben diese Blume* erfahren. Das ist soweit ganz richtig, aber eben nur soweit. In dem Kommentar, den Wu-men diesem Beispiel angefügt hat, heißt es:

> *Die Blume emporhaltend,*
> *zeigte er den Schwanz der Schlange.*[5]

Oder wie Hsueh-tou in seiner Einleitung zum ersten Beispiel der *Niederschrift von der blaugrünen Felswand* sagt: »Wenn du Hörner siehst, die eine Hecke überragen, dann weißt du, daß dort ein Ochse ist.«[6] Die Wahrnehmung des Dinges selbst, sei es ein Stern, eine Blume, der Schwanz einer Schlange oder seien es Hörner, ist die Erleuchtung.

Diese Erfahrung ist die Vielzahl der Dinge und Wesen des Universums, und wann immer ein einziges Ding das Selbst berührt und so dessen Wirklichkeit verbürgt, werden alle Dinge erkannt.

Aber warum ist dies so? »Das Selbst enthält die zehntausend Dinge«, wie Hui-neng sagt.[7] Das Selbst-Wesen ist unser eigenes Wahres-Wesen. Es ist die große Leere, die weder innen ist noch außen und sowohl außen als auch innen – nichts anderes als die Menschen, Häuser, Büsche, Tiere, Vögel und so fort.

Durch den Anblick des Morgensterns zur Erleuchtung gelangt, fand sich der Buddha in seiner ursprünglichen Heimstatt wieder und konnte nun Zeugnis von der Tatsache ablegen, daß in allen Dingen die Weisheit und die Tugend des Tathagata zum Vorschein gelangen. Welche Rolle aber kommt in diesem Zusammenhang Shakyamuni zu? Was haben wir unter der Weisheit des Tathagata zu verstehen? Als Zen-Schülern obliegt es uns, die hochtrabenden Behauptungen über die Weisheit des Buddha zu entmythologisieren und diese Wahrheit samt all ihrer wundersamen Kraft als unseren eigenen Körper darzustellen. Was jedoch haben wir uns unter der Tugend des Tathagata vorzustellen? Auch im Hinblick auf diese Frage ist es von entscheidender Bedeutung, daß wir uns über die einzigartigen Qualitäten des Buddha Klarheit verschaffen – etwa wenn wir zu Hause auf der Veranda sitzen.

Die Forderung nach einer solchen Entmythologisierung erfüllen wir allerdings nicht, wenn wir unsere Praxis lediglich auf eine Art psychologischer Selbst-Manipulation reduzieren und bestrebt sind, unsere Umgebung nach unserem persönlichen Geschmack zuzurichten. Ein mechanistisches Zen-Verständnis, das Prajna in erster Linie als Funktion der individuellen »Selbstverwirklichung« begreift, unterscheidet sich nicht von jener selbstsüchtigen anthropozentrischen Weltauffassung, welche die Ursache ist für die Zerstörung der noch unberührten Wildnis, die Vernichtung ganzer Pflanzen- und Tiergattungen, die Unterdrückung und Ausbeutung ganzer Völker und die entsetzliche Bedrohung unseres Planeten durch einen Atomkrieg. Solange wir unentwegt nur um uns selbst kreisen, ist unsere Wahrnehmung der Dinge in ihrem So-Sein gestört – die Sterne und das Gras in ihrer einzigartigen Schönheit – und wir richten unsere Gier auf die Dinge dieser Welt, bis wir unsere isolierte Lebensweise als normal empfinden. Unter solchen Bedingungen erscheint uns sogar die Vorstellung selbstverständlich, wir könnten ja diese Erde – unsere angestammte Heimat – verlassen und in ähnlicher Weise den Weltraum kolonisieren, wie es unsere Vorfahren mit der Neuen Welt gemacht haben.

Als ich als kleiner Junge lesen lernte, war ich von einem schrecklichen Buch fasziniert, das die Geschichte der Kolonisierung Australiens und Südost-Asiens schilderte. Dieses Buch hatte schon meine Mutter in ihrer Kindheit geschenkt bekommen. In dem Opus wurde aus der Perspektive der Jahrhundertwende die blutrünstige Geschichte des »kulturbringenden« weißen Mannes erzählt. Es waren darin Abbildungen von Eingeborenen zu sehen, die mit fürchterlichen Waffen unschuldige Missionare niedermetzelten, und während ich mir diese Bilder anschaute, überkam mich ein fast wollüstiges Gefühl. Ich kann mich allerdings auch noch an ein Bild erinnern, das in mir eine leichte Regung des Mitleids erweckte: Es handelte sich um die Darstellung englischer Kolonisten, die eine Hetzjagd auf tasmanische Ureinwohner veranstalteten. So erfuhr ich entweder aus diesem Buch oder von meinem Vater, der sich in diesen Dingen auskannte, daß sämtliche Ureinwohner Tasmaniens umgebracht wurden und die Insel heute nur von Menschen englischer oder sonstiger europäischer Herkunft besiedelt ist.

Ich weiß noch, wie ich damals dachte, daß ich nicht in einem Land leben wollte, in dem es keine Eingeborenen mehr gebe. Ich war zu diesem Zeitpunkt noch zu jung, um diesen Gedanken zu Ende zu denken, und so fiel mir nicht auf, daß es mir offenbar eines »eingeborenen« Bewußtseins ermangelte und ich ein solches Bewußtsein deshalb bei anderen suchte. Ich empfand vage, daß die Menschen eines Landes im Zustand der Entfremdung leben, wenn dort jegliches »eingeborene« Bewußtsein vernichtet ist. Zu dieser Zeit hatte ich allerdings noch nicht begriffen, wie sehr auch die Ureinwohner meiner Heimat Hawaii unterdrückt und ausgebeutet wurden. Ich wußte auch noch nichts von den vielen Völkern, die in meinem eigenen Land, den Vereinigten Staaten, bereits ausgelöscht worden waren, und von jenen indianischen Völkerschaften, die infolge der Einwanderung der Europäer zu Bettlern im eigenen Land wurden.

Wir Bewohner von Hawaii und Nordamerika leben gleichsam in einer Art Weltraumkolonie, da wir nicht mehr fähig sind, den Stern, das Hila-Hila-Gras oder den Hirsch in seiner Würde anzuerkennen. Wir haben die Lehren des »Friedensstifters«, des Begründers der »Irokesen-Konföderation«, vergessen – sofern wir sie überhaupt je gekannt haben – und die Traditionen, in denen er groß geworden ist:

Es hat sich uns gezeigt, daß unser Leben zugleich mit dem Baum-Leben existiert, daß unser Wohlergehen abhängig ist vom Wohlergehen des Pflanzen-Lebens und daß wir nahe Verwandte der vierbeinigen Wesen sind. Bei uns ist das spirituelle Bewußtsein die höchste Form der Politik ... Wir glauben, daß alle Lebewesen zugleich auch spirituelle Wesenheiten sind. Geister – so könnte man sagen – sind Energieformen, die sich in der Materie manifestieren. Ein Grashalm ist eine materielle manifeste Energieform – nämlich Gras-Materie. Der Gras-Geist ist die unsichtbare Kraft, welche die Gras-Gattung ins Dasein treten läßt, und er offenbart sich uns in der Gestalt des wirklichen Grases.[8]

Diese Textpassage ist der *Haudenosaunee Address to the Western World* entnommen, die 1977 in Genf den Vereinten Nationen vorgelegt wurde, und inhaltlich decken sich diese Ausführungen in geradezu verblüffender Weise mit der

Auffassung des Buddhismus. In Dogen Zenjis Schriften können wir lesen, daß alle Lebensformen das Buddha-Wesen sind, und Yamada Roshi weist in seinen Teisho aus der entgegengesetzten Perspektive auf den gleichen Zusammenhang hin und behauptet, das Buddha-Wesen sei eine bis »obenhin« mit Möglichkeiten angefüllte Leere.

Die Haudenosaunee-Deklaration beginnt interessanterweise mit den Worten: »Es hat sich uns gezeigt ...« Aber was hat sich uns gezeigt? Das Gras selbst, der Stern selbst. Selbstverständlich kennen die amerikanischen Ureinwohner Methoden und Techniken, sich auf eine derartige Erfahrung vorzubereiten. Für uns Zen-Buddhisten erfüllen Zazen, Dokusan, die Teisho-Darlegung und die Befolgung der Gebote diese Funktion.

Es ist von entscheidender Bedeutung, daß wir lernen, uns zu konzentrieren und unsere Wahrnehmung zu verfeinern und zu vertiefen. Aber unsere Erfahrungen sind nicht isolierte Akte eines irgendwie gearteten persönlichen Entfaltungsprozesses. Um uns das zu verdeutlichen, sollten wir im Anschluß an Zazen bisweilen ins Freie treten und zum Sternenhimmel hinaufschauen.

Dogen Zenji verdeutlicht diesen Zusammenhang in einer berühmten Passage seines *Genjokoan*. Dort heißt es:

Den Buddha-Weg zu erforschen heißt, das Selbst zu erforschen.
Das Selbst zu erforschen heißt, das Selbst zu vergessen.
Das Selbst zu vergessen heißt, von den zehntausend Dharma erleuchtet zu werden.[9]

Mit »Dharma« ist hier die Erscheinungswelt gemeint. Denn es sind die Myriaden Dinge des Universums, die unsere Wirklichkeit verbürgen. Die einzig grundlegende Substanz ist jedoch das Buddha-Wesen. Die Ur-Einwohner Amerikas bezeichnen das, was sie als grundlegend erachten, mit dem Begriff »Guter Geist«. Amerikanische Ureinwohner und Buddhisten sind sich darin einig, daß das Wahre-Wesen alle Phänomene durchdringt – einmal in jener Energieform, die einen Grashalm ausmacht, ein ander Mal in der Energieform, die einen Stern hervorbringt.

Die Indianer erreichen das Einssein mit der Welt durch Fasten, ein zurückgezogenes Leben und durch eine klare Wahrnehmung ihrer Träume. Der Zen-Schüler dagegen sitzt in der Zen-Halle und praktiziert Konzentration und heitere Gelassenheit. Diese beiden Wege und die entsprechenden Rituale und Gepflogenheiten sind eindeutig voneinander zu unterscheiden. Aber beide bekennen sich zu der Erfahrung, daß die zehntausend Dinge das menschliche Selbst konstituieren und dessen Wirklichkeit verbürgen.

Die heutigen Nachkommen der amerikanischen Ureinwohner bekennen sich wieder zu dieser Tradition, und sie haben begriffen, daß dieses spirituelle Bewußtsein die höchste Form der Politik darstellt. Die Zen-Buddhisten der Gegenwart dagegen fangen gerade erst an, ihre Klostermauern zu verlassen und die sozialen und politischen Implikationen ihrer Grundsätze ernst zu nehmen. In dieser Hinsicht können wir Buddhisten von dem »Friedensstifter« einiges lernen:

»Gerechtigkeit« ist das, was man als die gemeinsame Überzeugung all jener Menschen bezeichnen könnte, die in ihrem Tun reinen und selbstlosen Geistes sind. Sie kommt überall dort zum Vorschein, wo Menschen ihren Geist und ihr Gefühl in Übereinstimmung bringen mit dem großen Strom des Universums und mit den Absichten und Plänen des »Guten Geistes« ... Die Prinzipien der Gerechtigkeit verlangen, daß wir auf jeglichen Gedanken des Vorurteils, des Privilegs oder der Überlegenheit verzichten und anerkennen, daß die Schöpfung zum Nutzen und Besten aller da ist ..., der Vögel und Tiere, der Bäume und der Insekten ebenso wie des Menschen.[10]

Diese Sätze sind in einer Art Grundsatzprogramm des Friedensstifters enthalten, das für die »Irokesen-Konföderation« den Status einer Verfassung hat. In diesem Zusammenhang muß ich daran denken, was Yamada Roshi uns im Hinblick auf die Gleichheit aller Menschen immer wieder eingebleut hat: Wir müssen uns freimachen von unseren abschätzigen Einteilungen in Oben und Unten, Überlegen und Unterlegen, Männlich und Weiblich.

Und gleichermaßen muß ich an das denken, was Gary Snyder in »Buddhism and the Coming Revolution« gesagt hat:

Nach Auffassung der Avatamsaka- oder Hua-yen-Schule ist die Welt ein gigantisches Netz wechselseitiger Beziehungen; alle Objekte und Geschöpfe, die dieses Netz bilden, sind notwendig und erleuchtet. In gewisser Hinsicht sind Regierungen, Kriege und alles, was wir sonst noch als »schlecht« bezeichnen, in dieser Totalität voll und ganz enthalten. Der Habicht, sein blitzschnelles Herabstoßen und der Hase, auf den er sich stürzt, all dies ist eins. Vom »menschlichen« Standpunkt aus betrachtet allerdings hat dieser Grundsatz erst Gültigkeit, wenn alle Wesen erleuchtet sind. Der Bodhisattva lebt sein Leben gemäß der Wirklichkeitserfahrung der Leidenden und kann sein spezifisches Werk nur verrichten, indem er denen hilft, die leiden.[11]

In seinem Buch weist Gary Snyder außerdem darauf hin, daß die »Mildherzigkeit des Westens die Form einer sozialen Revolution angenommen hat, während die Mildherzigkeit des Ostens die Betonung auf die Einsicht des Individuums in die eigene prinzipielle Selbst-Nichtigkeit« gelegt hat. Aber wir brauchen beides. In der Tat. Wir brauchen auch die Erkenntnisse der Wissenschaft, etwa die Weisheit eines Lewis Thomas, der aufgezeigt hat, daß wir alle – Bäume, Wasser, Tiere, Menschen, Würmer und Nesseln – in einer das Universum durchwaltenden wechselseitigen Beziehung symbiotischer Verwobenheit miteinander verknüpft sind.

Es gibt keinen Stillstand, und gerade heutzutage müssen wir uns mit der Möglichkeit auseinandersetzen, in einer Endzeit zu leben. Wir werden offensichtlich durch eine Art Massen-Karma immer tiefer in den Strudel gerissen, aber ich bin der festen Überzeugung, daß die Menschheit nur eines einzigen Bewußtseinssprungs bedarf, um von ihrer weltvernichtenden Hab- und Machtgier abzulassen. Jeder einzelne Mensch, der ein »anständiges« Leben führt, beweist uns aufs neue, daß die Wahrheit das einzig mögliche Tao ist. Bereits eine kleine Gruppe von Menschen, die es sich wahrhaft zum Ziel gesetzt haben, die Erde in dem erleuchteten Bewußtsein der wechselseitigen Verknüpftheit aller Lebensvorgänge zu bewohnen – bereits eine Gruppe solcher Menschen reicht aus, um ganze Nationen zu überzeugen.

Wir alle tragen das menschliche Potential Shakyamunis oder des Friedensstifters in uns – der Patriarchen und Matriarchen der Vergangenheit, die beim Anblick eines Sternes, durch den Schrei des Koyoten oder durch einen Ausruf in der heiligen Halle zu der Erkenntnis gelangt sind, daß »die Erde und ich eines Geistes sind«, wie Häuptling Joseph erklärt hat.[12] Jeder von uns birgt in seinem Herzen den Archetyp harter *Praxis* und das Wissen um deren Umsetzung, das Tao Samantabhadras, des »ringsum segensreichen« Bodhisattva. Sammeln wir daher unseren Geist und unsere Gefühle in Rechtschaffenheit.

DER WEG UND DIE TUGENDEN

Das Ziel der Zen-Praxis ist die Vervollkommnung des Charakters.

Yamada Koun Roshi

Das Ideal der Vollkommenheit erscheint vielen Menschen überzogen. Sie leben in der sprichwörtlichen Gewißheit, daß niemand vollkommen ist, und so vernachlässigen sie ihren eigenen Charakter und versuchen gar nicht erst, ihre Fehler zu korrigieren. Andere wiederum neigen zum Perfektionismus, und so werden ihre Neurosen durch die verschiedenen Lehrgebäude der Moral sogar noch verstärkt. Und dann ist da noch die von dem jungen Dogen aufgeworfene Frage: »Wenn alle Wesen der Buddha sind, wozu dann all dieses Mühen?«[1] Ganz offensichtlich stellt uns die Frage nach der Vollkommenheit vor eine Reihe gravierender Probleme.

Und dennoch kann uns dieser Begriff helfen, auf den rechten Weg zu gelangen. Ein Mensch, der weiß, daß niemand vollkommen ist, kann sich trotzdem seine eigenen menschlichen Schwächen eingestehen, ohne deshalb gleich mutlos zu werden. Ein gemäßigter Perfektionist hat im allgemeinen auch ein gut entwickeltes Gewissen und kann seine Erfahrung durch Zazen vertiefen. Wer sich bewußt ist, daß alle Wesen von Natur aus der Buddha sind, braucht nicht unentwegt auf die Zukunft zu starren, sondern kann im gegenwärtigen Augenblick nach dem Wahren-Wesen Ausschau halten.

Den Worten Yamada Roshis, die ich diesem Kapitel vorangestellt habe, können wir entnehmen, was wir tun müssen, um in uns selbst und in der Welt das Wahre-Wesen zur Geltung zu bringen. Sein Hinweis auf die »Vervollkommnung des Charakters« bezieht sich auf die sechs *Paramitas* oder »Vollkommenheiten« des klassischen Buddhismus. Wollen wir Yamada Roshis knappe Aussage richtig verstehen, so empfiehlt es sich, diese sechs Vollkommenheiten ein wenig näher zu untersuchen. Sie umfassen: Verzicht, Sittlichkeit, Geduld, Stärke, Meditation und Erleuchtung.

Der Verzicht beinhaltet die Fähigkeit, von Gier, Haß und Unwissenheit abzulassen – von den Drei Giften also. Manche Übersetzungen legen den Schwerpunkt mehr auf die Mitmenschlichkeit und sprechen daher von der »Paramita der Nächstenliebe«. Dies ist durchaus richtig, solange man den Begriff der »Nächstenliebe« im paulinischen Sinne auffaßt: »Das größte unter ihnen aber ist die (Nächsten-) Liebe.«[2] Und tatsächlich ist – wenn man es so betrachtet – das Wort »Nächstenliebe« bedeutungsreicher als der etwas spartanisch klingende Begriff »Verzicht«, denn in diesem Wort klingt auch die Dimension des Gefühls wechselseitiger Liebe und Mildtätigkeit an.

Dieses Beispiel mag verdeutlichen, in welcher Weise verschiedene Religionen sich gegenseitig zu befruchten vermögen. »Verzicht« klingt immer auch ein wenig sauertöpfisch und trocken, während der Begriff der (Nächsten-)Liebe einen sentimentalen Beigeschmack hat. Auch zwischen diesen beiden »Extremen« kann die Danaparamita uns einen Mittelweg weisen.

Im klassischen Buddhismus versteht man unter Sittlichkeit die Beachtung der Gebote, die uns dazu anhalten, nicht zu töten, nicht zu stehlen, die Sexualität nicht zu mißbrauchen, nicht zu lügen, den eigenen Geist nicht zu vernebeln und so fort. Diese Gebote sind für den Zen-Schüler von Nutzen, wenn er bestrebt ist, sie sich innerlich zu eigen zu machen, ihren Ursprung im Geist zu entdecken und der Sittlichkeit in seinem Alltagsleben einen natürlichen Platz anzuweisen.

Sittliches Verhalten ist Kennzeichen der wahrhaft reifen Persönlichkeit. Wir übrigen bedürfen der Richtlinien, und auf uns trifft wahrscheinlich das alte Zen-Sprichwort zu: »Shakyamuni Buddha ist erst zur Hälfte da.« Die Gebote können uns dabei helfen, uns diesen Zusammenhang immer wieder vor Augen zu rufen.

Geduld ist eine innere Verfassung, in der uns nichts mehr aus dem seelischen Gleichgewicht zu bringen vermag. Sie ist weder mühsames Ertragen noch Apathie. Wenn wir beispielsweise von unserem Ehe- oder Lebenspartner betrogen werden, so stimmt uns das natürlich traurig. Das Vertrauen, das wir in den anderen gesetzt haben, ist erschüttert, und dic Familie, die wir bislang gebildet haben, ist zerbrochen. Aber selbst in dem durch einen Vertrauensbruch verursachten Schmerz verharrt der »große Geist« in völliger Ruhe – so unbewegt wie die Tiefe des Ozeans, wenn an der Oberfläche ein Sturm tobt. Solange wir in dieser »Dimension« heimisch sind, können wir alles tun und sagen, was zum Nutzen aller Beteiligten – einschließlich unserer selbst – zu tun und zu sagen ist.

Mitunter gelingt es uns, in Krisensituationen den Kontakt zum »großen Geist« herzustellen, während wir in unseren weniger spektakulären Alltagsumständen diese Verbindung vernachlässigen. Die Geduld bewährt sich aber gerade auch angesichts beiläufiger Kritik, die wir im Alltag einzustecken haben. Häufig stellen unsere alltäglichen Probleme eine größere Herausforderung dar als die dramatischen Unglücksfälle.

Ein Akt der Stärke ist jedes unselbstbewußte Verhalten, das sich – unbeeinträchtigt durch begriffliche Fixierungen selbst noch auf solche Konzepte wie »Liebe« oder »Gerechtigkeit« – den Umständen anzupassen weiß. »Verweile nirgendwo und bezeuge diesen Geist.«[3] Dies ist der Weg des »Großen Tuns«.

Stärke agiert jedoch nicht blind, sie ist nicht reine Spontaneität – dessen sollten wir stets eingedenk sein. Der Wahnsinnige, der seine ganze Familie erschießt, ist ebenfalls unselbstbewußt. Genaugenommen ist er unbewußt, weil er sein menschliches Wesen verloren hat. Er ist ein Opfer, das andere Menschen zu Opfern macht, der eklatante Gegensatz des selbstlosen Bodhisattva also, der mit den anderen mitempfindet.

Meditation ist Zazen, ein Zustand, in dem der Geist des Menschen gesammelt und von Ruhe erfüllt ist. Die Sanskritbezeichnung dieser Tugend lautet *Dhyanaparamita*, und der Inbegriff von *Dhyana* ist der aufrecht mit verschränkten Beinen dasitzende Buddha, der zugleich die volle Wachsamkeit und die ungetrübte Ruhe verkörpert.

Aber auch der wachsame und klare Geist des Zen-Schülers in Alltagsituationen ist Dhyana. »Achtsamkeit« ist ein Schlüsselwort des Zen. Erwachsene sagen häufig zu Kindern: »Paß auf – was tust du denn da!« Diesen Rat sollten wir Erwachsenen nicht weniger beherzigen.

Die Erleuchtung ist die Verbürgung des Selbst durch die klagende Taube, das Klirren eines Glases, das Lachen eines Freundes. Sie ist die Anerkennung der wechselseitigen Durchdringung und des wechselseitigen Enthaltenseins der Dinge ineinander – die eigene Person nicht ausgenommen – und ihrer leeren Unendlichkeit in diesem unergründlich tiefen Universum. Und eben dies ist Prajna-Paramita, die vollkommene Weisheit.

Alle Buddhisten sprechen von der Erleuchtung, ohne mit dem Wort immer das gleiche zu meinen. Ich will hier nur einige Beispiele anführen: Der Theravada-Buddhist versteht unter Erleuchtung die Einsicht in die Vergänglichkeit allen Lebens. Der Mahāyana-Buddhist steht auf dem Standpunkt, im Zustand der Erleuchtung werde das leere Netz des Indra erfahrbar, andere Mahāyana-Schulen behaupten, daß diese Erfahrung nur Shakyamuni Buddha und einigen wenigen anderen vorbehalten sei und daß sie uns übrigen Menschen erst nach dem Tod zuteil wird. Zen und einige Strömungen der esoterischen Tradition betrachten die Erleuchtung als eine Möglichkeit jedes einzelnen Menschen. Und so sind für den Zen-Schüler in der Tat alle Sechs Paramita Qualitäten, die er als das Selbst zu vervollkommnen trachtet.

Das chinesische Wort *te* und dessen japanisches Äquivalent *toku* sind Oberbegriffe, die summarisch die Sechs Paramita bezeichnen. Deshalb begegnen wir diesem Begriff in seiner chinesischen und japanischen Version häufig in der Literatur des Buddhismus. So lesen wir etwa im *Herz-Sutra: »Mu chi yaku mu toku«*, und das heißt, die Prajna-Paramita kennt weder »Weisheit noch etwas, was zu erlangen wäre«.[4] Eine der möglichen Übersetzungen von *te* oder *toku* lautet »etwas zu Erlangendes«, die andere ist: »Tugend«. Beide Übersetzungen geben den Inhalt des Originalbegriffs mehr oder weniger genau wieder.

Für unseren gegenwärtigen Zweck ist meiner Ansicht nach die Übersetzung »Tugend« angemessener, auch wenn dieses Wort in den Ohren mancher Menschen heutzutage ein wenig sentimental klingen mag. Denn es ist in der Tat die Tugend, die wir durch unsere *Praxis* zum Vorschein bringen.

»Tugend«, die »Sechs Paramitas«, »Vervollkommnung des Charakters« – all diese Konzepte sind im Grunde natürlich nichts weiter als Etiketten, die wir einem organischen Geschehen anheften. Ein- und ausatmend scheiden wir die Gifte aus und bereiten innerlich gelöst den Boden, auf dem sich die Gebote entfalten können. Wir entledigen uns der Mechanismen des Selbstschutzes, die wir sonst so heilig halten, und während wir »eins«, »zwei«, »drei« zählen, offenbart sich uns der Geist in seiner ungetrübten Fülle. Innerlich gesammelt und von heiterer Gelöstheit, sind wir bereit, uns von den zehntausend Dingen unterweisen zu lassen.

Das *Tao Te ching* ist in Japan unter dem Namen *Dotokukyo* (»Das Buch des Weges und seiner Tugend«) bekannt. Dieses Werk ist der zentrale Text des Taoismus, den man ebensogut Te-ismus nennen könnte, denn im *Tao Te ching* ist vom *Te* nicht weniger die Rede als vom *Tao*.

Damit man dir Vertrauen schenkt, vertraue anderen. Hab' acht! Sprich nur das Nötige. Und wenn dein Werk vollendet, deine Arbeit getan ist, so wird ein jeder sagen, sie sei wie von selbst geschehen.[5]

Und so gibt es in der Welt nichts, was wir als Tugend bezeichnen könnten. In diesem Zusammenhang muß ich daran denken, wie ich einmal Suzuki Shunryu Roshi in seinem Arbeitszimmer im Zen-Zentrum von San Francisco besucht habe.

Er erklärte: »Ich tue überhaupt nichts. Ich sitze hier nur herum, und die Sangha-Mitglieder regeln alles. Sie kaufen ein Haus in der Page Street und machen ein Zendo daraus. Sie erwerben in Tassajara Hot Springs ein Anwesen, und plötzlich haben wir einen Rückzugsort in den Bergen. Aber das ist nicht mein Verdienst.«

Aber wie konnte all dies dann geschehen? Ganz offensichtlich war in alledem eine Kraft am Werk. Vor vielen Jahren kannte ich in Honolulu einen älteren japanischen Herrn, der acht Jahre als Mönch im Rinzai-Kloster Myoshinji in Kyoto zugebracht hatte. Als er dann nach Hawaii übergesiedelt war, hatte er zunächst eine Zeitlang an einer Schule Japanisch unterrichtet, dann war er eine Weile als buddhistischer »Geistlicher« tätig gewesen, und zu dem Zeitpunkt, als ich ihn kennenlernte, versuchte er sich als Geschäftsmann. Sein größter Wunsch war die Gründung eines Zen-Zentrums, aber alle seine diesbezüglichen Pläne hatten sich immer wieder zerschlagen. Er erklärte mir: »Ich habe eben kein Toku.«

Die Aufrichtigkeit dieses Mannes war zwar rührend und ließ ihn sympathisch erscheinen, gleichwohl bedeutete das »kein Toku« in seinem Fall etwas anderes als in Suzuki Roshis Fall, da sich ihre *Praxis* offenbar grundlegend unterschied. Wenn es das Ziel unserer Praxis ist, das Wahre-

Wesen zu bezeugen, dann unterweisen wir, ohne die Pose des Lehrmeisters einzunehmen. Wir vergessen uns selbst und bringen den anderen Vertrauen entgegen und offenbaren ihnen auf diese Weise letztendlich ihr eigenes Wesen, und so beginnen sie selbst, das Rad des Dharma zu drehen.

RELIGIÖSES ENGAGEMENT UND DAS TAO

Der Begriff des Engagements ist doppeldeutig. Zum einen bezeichnet dieser Begriff die Aktivitäten gesellschaftlicher Gruppen, die es sich zum Ziel gesetzt haben, soziale Mißstände und politische Fehlentwicklungen aufzuzeigen und zu korrigieren – etwa exzessive Profitmaximierung und Umweltzerstörung. Diese Art des Engagements zielt darauf ab, durch geeignete Eingriffe das reibungslose Funktionieren des bestehenden Systems zu garantieren. Man könnte in diesem Zusammenhang vielleicht von einem kritischen Liberalismus sprechen.

Die zweite Art des sozialen Engagements – der Chiliasmus – zielt auf Erlösung und Befreiung der Welt ab. Die Anhänger dieser in sich wiederum vielfach gespaltenen Bewegung möchten noch in dieser Welt das Reich Gottes verwirklichen. Diese Richtung unterzieht das in unserer Gesellschaft vorherrschende exzessive Gewinnstreben einer grundlegenden philosophischen Kritik und redet einer »Rückkehr« zu den Werten der Gleichheit und des Mitgefühls das Wort.

Bisweilen aber lassen sich die Chiliasten kaum von den Reformern unterscheiden. Dies ist beispielsweise der Fall, wenn die »Catholic Workers« einer Bewegung beitreten, die sich für den Boykott eines schädlichen Markenartikels einsetzt. Manchmal wiederum erscheinen jene Reformisten, die an vielen Fronten gegen gesellschaftliche Mißstände kämpfen, als Utopisten.

Utopisten und Reformisten unterscheiden sich letztendlich nur in ihrer Bewertung der bestehenden Verhältnisse. Für jemanden, der nach dem Reich Gottes auf Erden sucht, sind die gegenwärtigen Mißstände nichts weiter als Symptome eines falschen Systems. In den Augen des Reformers indes sind gesellschaftliche Mißstände und Fehlentwicklungen die Krankheit selbst. Für Daniel Berrigan war der Vietnamkrieg lediglich Ausdruck eines korrupten ökonomischen und gesellschaftlichen Systems. Eugene McCarthy hingegen betrachtete Vietnam als Verirrung oder Auswuchs eines ansonsten durchaus akzeptablen Systems.

Die Suche nach dem Reich Gottes auf Erden ist religiös motiviert – und zwar auch dann, wenn der Betreffende die offizielle religiöse Praxis ablehnt. Die historischen Wurzeln dieser Suche reichen bis zu den prophetischen Schriften des Judentums zurück. Des weiteren verleiht der Glaube an »ewige Prinzipien« humanistischen Bewegungen wie dem Marxismus und dem philosophischen Anarchismus den Status religiöser Lehren, auch wenn diese Bewegungen vehement das Gegenteil behaupten.

Die ersten Christen mußten sich noch gegen die Unterdrückung ihres Glaubens durch die Römer wehren. Sobald aber die Kirche durch das politische System anerkannt war, gab es Widerstand gegen das institutionalisierte Glaubensleben. Es spalteten sich Gruppierungen ab, die weiterhin in einer engen Gemeinschaft lebten, sich dem Ideal der Armut verpflichtet fühlten und alles, was sie hatten, miteinander teilten. Die Sektenbildung setzte im zweiten Jahrhundert mit den Montanisten ein, fand später eine Fortsetzung etwa in der »Herrnhuter Brüdergemeinde« in Deutschland, den »Ranters« in England und wirkt noch heute in solchen Glaubensbewegungen wie den »Friends«, den Mennoniten, den »Catholic Workers« und den »Amish« in den Vereinigten Staaten fort.[1] Diese Bewegungen haben Jesu Worte »Trachte zunächst nach dem Reich Gottes« wesentlich ernster genommen als die meisten Theologen.

Wo aber ist nun dieses Reich Gottes? Unsere Antwort wird in hohem Maße davon abhängig sein, welche Ausgabe des Neuen Testamentes wir heranziehen. In der *Neuen Jerusalemer Bibel*, einer Ausgabe, die heutzutage in weiten katholischen Kreisen anerkannt ist, sagt Jesus (Lukas 17/20): »Das Reich Gottes ist mitten unter euch.«[2] Damit ist anscheinend gemeint, das Reich Gottes sei schon verwirklicht, wenn Menschen eine religiöse Gemeinschaft bilden.[3]

Die King-James-Übersetzung dieser Worte Jesu lautet: »Das Reich Gottes ist in euch« – sie setzt somit eine Theologie der Immanenz voraus. Joseph Campell bemerkt hierzu: »[Diese Theologie der Immanenz] hat die Kirche in Anlehnung an die Tradition der Propheten seit vielen Jahrhunderten als Häresie verdammt.«[4]

Seit den Papyrusfunden von Nag Hammadi verfügen wir über eine weitere gnostische Variante dieses Ausspruchs. Am Ende des »Thomas-Evangeliums« findet sich eine Passage, die der oben zitierten Lukas-Variante recht nahe kommt. Dort heißt es: »Das Reich des Vaters ist über die ganze Welt hin ausgebreitet, aber die Menschen sehen es nicht.«[5]

Diese dritte Version ist geeignet, den harten Gegensatz aufzuheben, wie er sich zwischen der Auffassung, das Reich Gottes »sei unter uns«, und dem Standpunkt, es sei »in uns«, auftut. Sie vermag aber auch die Frage nach dem Ursprung des Bösen in dieser Welt geschickt zu lösen. Das Reich des Vaters ist wie ein hauchdünner Film über alle Dinge hin ausgebreitet – einschließlich unseres Selbst. Wir können es jedoch nicht sehen, und so können wir ungeachtet des Guten, das über uns ausgebreitet ist, dennoch Böses tun. Die Existenz des Bösen ist demnach eine Folge der Unwissenheit. Und dies ist auch die Auffassung des Buddhismus.

Das Reich Gottes auf Erden hat im Buddhismus verschiedene Namen: Nirvana, Lotus-Land oder Reines Land. Hakuin Zenji hat der buddhistischen Überzeugung, daß das Reich und unsere Alltagswelt ein und dasselbe seien, lebhaften Ausdruck verliehen:

> *Der Platz, auf dem wir stehen, ist das Lotus-Land;*
> *dieser Körper hier der Buddha.*[6]

Alles ist offenbar – das Reich ist sowohl in uns als auch außerhalb von uns, weder in uns noch außerhalb von uns. Aber genau dies ist es, was wir nicht erkennen.

Wie traurig, daß die Menschen das Nahe nicht sehn
und die Wahrheit in der Ferne vermuten –
wie jemand, der umgeben von Wasser
laut aufschreit vor Durst –
wie ein Kind aus reichem Hause,
das unter den Armen wandelt.[7]

Hakuin Zenji behauptet letztlich: »Das Himmelreich ist hier, und wir sind Gott, nur daß wir es nicht bemerken.« Und deshalb leben wir egozentrisch, lassen andere in Armut leben, vernichten Juden und bombardieren unschuldige Bauern; wir betäuben uns mit allen möglichen Chemikalien und durch Fernsehkonsum und verfluchen unser Schicksal, wenn der Krebs der menschlichen Verschwendung unseren eigenen kostbaren Körper befällt. Dabei ignorieren wir das Nächstliegende, die uns zutiefst berührende Tatsache nämlich, daß der Himmel in unserer eigenen Reife seine Heimstatt hat, und die Folge ist, daß wir keine seiner Tugenden zur Anwendung bringen können.

Die Erfahrung hatte Hakuin gezeigt, daß das Nirvana Samsara, das Absolute identisch mit dem Relativen ist und die zeitlose Welt nichts anderes ist als unsere Welt der Mittel und Zwecke. In der abendländisch-christlichen Tradition gibt es nur einige wenige prophetische Verkünder der Einheit des Absoluten mit dem Relativen:

Die Welt sehen in einem Körnchen Sand,
den Himmel in einem Blütenrund,
die Unendlichkeit halten in der Hand,
die Ewigkeit in einer Stund.[8]

Auch den Menschen Asiens fällt es nicht leicht, diese Identität von Relativem und Absolutem zu begreifen. Schon in einem früheren Kapitel habe ich darauf hingewiesen, wie stark Dogen Zenji als junger Mönch durch den offensichtlichen Widerspruch zwischen buddhistischer Lehre und religiöser Praxis irritiert wurde. Nach der buddhistischen Tradition sind zwar alle Wesen von Anfang an erleuchtet, in der Geschichte des Buddhismus hingegen haben sich alle wirklich erleuchteten Meister viele Jahre lang hart um ihre Erleuchtung bemühen müssen.[9] Auch im Christentum würde dieser Widerspruch in ähnlicher Weise auftreten, könnte man nachweisen, daß Jesus dem Menschen hätte sagen wollen: »Du bist Gott.« Wie ließe sich dann aber die Sündhaftigkeit des Menschen erklären? Und wie würde dies zu den ungeheuren Mühen passen, denen die Heiligen sich auf ihrer Suche nach der Anschauung Gottes unterzogen haben? In meinem Verständnis wollte Jesus zum Ausdruck bringen, daß wir sein sollen *wie* Gott, sind wir doch nach seinem Ebenbilde geschaffen. »Darum sollt ihr vollkommen sein, so wie euer Vater im Himmel vollkommen ist.«[10]

Als der Buddha erklärte: »Alle Wesen sind der Tathagata«, fügte er sogleich hinzu: »Nur ihre Verblendung und ihr Haften an der Welt hindern sie daran, diese Tatsache zu erkennen.«[11] »Wir wissen ja, daß die ganze Schöpfung voll Seufzen und Wehen ist« und der Erlösung harrt.[12] Für den Buddhisten ist es von entscheidender Bedeutung, die beiden Seiten dieser Lehre in ein ausgewogenes Verhältnis zu bringen.

Wir sind in der Tat schon vom ersten Augenblick an vollkommen, aber erst wenn wir unsere egoistischen Bedürfnisse abgelegt und von unseren relativen Begriffs- und Vorstellungsinhalten Abschied genommen haben, können wir dies erkennen. Die Feststellung »Ich bin in Ordnung, und du bist in Ordnung« ist reine Häresie, solange in ihr nicht zum Ausdruck gelangt, in welcher Hinsicht Selbstbezogenheit der Erleuchtung entgegensteht, und nicht anders ist die Behauptung »Du bist Gott« mißverständlich, solange wir sie in einem vereinfachten dualistischen Zusammenhang verwenden. Hakuins Feststellungen über diesen Platz und diesen Körper hier sind seinem »Preislied des Zazen« entnommen – das heißt seinem »Preislied der Meditation«. Meditation, wenn sie richtig praktiziert wird, ist der Weg, den der Buddha und seine Nachfolger beschritten haben, um zu der Erkenntnis zu gelangen, daß die Praxis selbst bereits die Erleuchtung – eben dieser Körper hier das Wahre-Wesen – und das Reich nicht fern ist.

In der Geschichte des Buddhismus stoßen wir zwar bisweilen auf Chiliasten, die sich für soziale Gerechtigkeit eingesetzt oder gegen die Ungerechtigkeit der bestehenden Gesellschaft protestiert haben, aber im allgemeinen blieb die gemeinschaftliche wie die individuelle Suche nach Erleuchtung auf das Kloster und den Kreis der Mönche beschränkt. Vor dem Ende des neunzehnten Jahrhunderts hat es in dem vom Buddhismus geformten Kulturkreis keine sozialen Bewegungen in dem uns bekannten Sinn gegeben. Als dann solche Gruppen auch innerhalb des Buddhismus auftraten, war dies meistens das Ergebnis christlicher oder ganz allgemein westlicher Einflüsse. Gandhi war zwar sowohl vom Buddhismus als auch vom Hinduismus seiner Heimat geprägt, seine Satyagraha-Philosophie des gesellschaftlich verantwortungsvollen Handelns hätte er indes wohl kaum ohne Kenntnis des Neuen Testamentes und der Schriften Tolstois und Thoreaus entwickeln können.

Im Westen finden wir dagegen chiliastische Bewegungen, die ihre Ziele verbissen mit allen Mitteln verfolgt haben, beispielsweise die Kreuzfahrer. Sie hatten sich vorgenommen, die in einem fremden Land gelegene nichtchristliche Stadt Jerusalem zu erobern. Ebenso gab es im Abendland des öfteren religiöse Geheimbünde, die bereit waren, ihre Version von Frieden und Freiheit selbst mit Gewalt und Mord durchzusetzen. Auch wenn für die Auffassung unserer eigenen Zeit der A. J. Muste zugeschriebene Ausspruch »Es führt kein Weg zum Frieden, der Friede selbst ist der Weg« charakteristisch sein mag, so erscheint es mir zweifelhaft, ob dieser Satz ohne das Vorbild Gandhis so hätte formuliert werden können. Gandhi hielt seine indischen

Landsleute dazu an, unter den Augen der britischen Verwaltung ihr eigenes Salz herzustellen und so das Salzmonopol der Kolonialherren zu brechen. Auf diese Weise stellte er unter Beweis, daß *Swaraj*, das heißt die Unabhängigkeit, schon hier und jetzt Wirklichkeit sei und kein erst in ferner Zukunft zu erreichendes Ziel.

»Direkt hier vor unseren Augen« – »Der Friede selbst ist der Weg« – »Dieser Körper hier ist der Buddha« und »Das Reich Gottes ist bereits in euch« – all diese Feststellungen weisen auf die Nähe des Menschen zum Wahren-Wesen hin, das nicht geboren wird und nicht stirbt. In der buddhistischen Tradition Chinas steht »Nähe« gleichbedeutend für Kensho, die Selbst-Wesensschau, die bewußte Erfahrung des Wahren-Wesens. Die klassischen Dialoge enden oft mit den Worten: »Und dem Mönch wurde die Erleuchtung zuteil.« Mitunter findet man aber auch die Formulierung: »Und so erfuhr der Mönch ›Nähe‹.« Beide Sätze bedeuten das gleiche.

Aber was ist nun das Gegenteil von »Nähe«? In erster Linie ist es das Selbst-Bewußtsein, denn wenn wir ausschließlich mit uns selbst beschäftigt sind, so können wir unmöglich ein Verhältnis von Nähe zu einem anderen Menschen aufbauen. Solange wir in unserer Selbst-Bezogenheit verharren, abstrahieren wir von unserer Erfahrung, und es entstehen bloße Gedankengebilde, die keinen Bezug zur Wirklichkeit mehr haben. Meister Eckhart warnt uns wiederholt vor solchen durch Selbst-Bezogenheit bedingten Abstraktionen:

Wenn sie [die Seele] aber weiß und erkennt, daß sie Gott schaut, erkennt und liebt, so ist das der natürlichen Ordnung nach ein Ausschlag aus dem und ein Rückschlag in das Erste.[13]

Das Reich Gottes ist das Reich des Friedens, wir können aber keinen Frieden halten, weil wir in unserem Selbst-Bewußtsein ausschließlich mit dem beschäftigt sind, wovon wir nur glauben, wir seien es, oder wovon wir nur denken, daß wir es tun. Die bleichen Schatten dieser Gedankenkonstruktionen verdunkeln uns den Blick auf unser wahres Leben. Wu-men schreibt in diesem Zusammenhang:

Nur ein bißchen hat *oder* hat nicht *reicht aus,*
und schon ist der Körper verloren! Und schon ist das Leben verloren![14]

Auch dies darf nicht mißverstanden werden. Ich versteige mich nicht zu der Behauptung, begriffliche Vorstellungen seien generell von Übel, doch Begriffe und Vorstellungen sind dazu da, angewandt zu werden. So ist es etwa von Bedeutung, daß wir klare Vorstellungen über den Frieden entwickeln. Wir verfallen nur dann dem Irrtum, wenn wir unseren Gedankengebilden Macht über uns einräumen. Wie aber können wir uns unserer fixen Ideen des »hat« und des »hat nicht« entledigen? Diese Schwierigkeit ist nicht durch die Beschaffenheit unserer Großhirnrinde bedingt. Unser Gehirn sondert in gleicher Weise Gedanken ab wie der Magen Pepsin. Die entscheidende Frage lautet: Wie aber bezeugen wir unter den Bedingungen unseres kurzbemessenen Lebens die Existenz des Gottesreiches?

Ich würde einfach sagen: »Bitte reich' mir den Pfeffer.« Vielleicht meint nun der Leser, diese Reaktion sei witzig gemeint. In dem Fall sollte er sich vielleicht fragen, ob es nicht sein Selbst-Bewußtsein ist, was ihn daran hindert, diese einfache Reaktion richtig zu verstehen.

Wenn es uns als sterblichen Menschen gelingt wahrzunehmen, daß wir die Unendlichkeit in unserer Hand halten, dann sind unsere Augenbrauen mit Hakuins Augenbrauen verflochten, und dann vermögen wir den »Ort« des Lotus-Landes zu benennen. Bei dem Versuch, Jerusalem den Ungläubigen zu entreißen, haben die Kreuzfahrer andere Menschen getötet und sind auch selbst reihenweise umgekommen. Sie haben sich damit der Häresie schuldig gemacht, denn sie hatten Jerusalem bereits bei sich zu Hause – wie traurig, daß sie es in der Ferne suchten!

William Blake wollte in Englands lieblichen grünen Auen ein Jerusalem erbauen. Aber Wu-men hätte ein solches Unterfangen vermutlich äußerst skeptisch beurteilt. Und so lauten Blakes Verse:

Nicht laß ich ab vom geistigen Kampf,
Noch ruhn mein Schwert in meiner Hand,
Bis wir Jerusalem gebaut,
In Englands freundlich grünem Land.[15]

Was hätte wohl Wu-men zu diesen Versen gesagt? Vermutlich hätte er Blake gefragt: »Aber was ist denn eigentlich Jerusalem?« Und was hätte Blake auf diese Frage erwidert? Hätte er auf sein vollgestopftes Arbeitszimmer gewiesen und gesagt: »Das hier?«

Gandhi hat uns gezeigt, daß das von ihm als »das Licht« bezeichnete Reich Gottes bisweilen mit der Praxis Mariä zusammenfällt, die zu Jesu Füßen sitzt, und bei andern Gelegenheiten mit dem Verhalten Marthas, die das Essen bereitet. Die Praxis des Gottesreiches kann also mitunter durchaus erhebliche Aktivitäten von uns verlangen.

Für Jesus erforderte die Praxis des Gottesreiches in einer bestimmten Phase seines Lebens, daß er den Tempel von den Geldwechslern reinige. Hakuin hat gesagt: »Dieser Körper hier ist der Buddha.« Und er erinnerte den obersten Regierungsbeamten seiner Provinz daran, daß es dessen Pflicht sei, etwas gegen die wirtschaftliche Notlage der Bauern zu unternehmen.

Einer meiner Kollegen ist der Meinung, wir sollten die Atombombe gleichsam in die Arme nehmen. Mit dieser Feststellung will er, wenn ich ihn recht verstehe, zum Ausdruck bringen, die Atombombe sei ein Teil unseres Karmas, sie sei nicht irgendwo »da draußen«. Ich stimme dieser Auffassung zu, aber gleichwohl würde ich mich anders ausdrücken.

Wenn ich sehe, wie ein Kind auf eine verkehrsreiche Großstadtstraße rennt, dann ist das nicht der richtige Zeitpunkt, um langwierige Betrachtungen über das Gesetz des Karma oder über Gottes Willen anzustellen. In dieser Situation wäre ein solches Verhalten völlig verfehlt! Jeder, der auch nur ein Fünkchen Verstand besitzt, wird das Kind vor den Rädern der heranrasenden Taxis und Lastwagen zurückreißen. Was aber tut ein verständiger Mensch angesichts der Atombombe?

Wie Gandhi gesagt hat, müssen wir unserem eigenen Licht folgen. Gandhis Leben zeigt, daß dieses Licht der religiösen Tradition wesentliche Energien entnehmen kann. Yun-men präzisierte diesen Zusammenhang noch weiter: Er weist darauf hin, daß das Licht nicht allein eine Sache des inneren Menschen ist. Auch der Vorratsraum und das Tor dienen der Unterweisung.

Aber was ist nun mein Licht? Und wo ist mein Licht?

GANDHI, DOGEN UND DIE WAHRE ÖKOLOGIE

Ein Freund fragte Gandhi, ob ihn nur reine Menschenliebe dazu bewogen habe, sich in einem Dorf niederzulassen und den Dorfbewohnern nach besten Kräften zu helfen. Gandhi erwiderte ihm darauf: »... Ich bin hierher gekommen, um niemand anderem als mir selbst zu helfen und meine eigene Selbstverwirklichung mit Unterstützung dieser Menschen hier zu finden.«[1]

Diese bemerkenswerte Unterhaltung zeigt Gandhis wahre Bedeutung als Lehrer der Menschheit. Sie ist ein echter Mondo insofern, als ein Erleuchteter auf die starren Vorstellungen des Fragenden eingeht, die Fragestellung umkehrt und sie als Mittel benutzt, um die – von der ursprünglichen Fragestellung eher verdunkelte – Wahrheit aufzuzeigen.

Die Frage enthält gewiß ein Gutteil an böser Unterstellung, und sie ist Ausdruck des konventionellen Mißtrauens, das jeder Art von Großzügigkeit entgegenschlägt. Explizit würde die Frage etwa so lauten: Dient denn nicht alles, was du für die anderen tust, in Wirklichkeit lediglich der Selbsterhöhung? Kann es so etwas wie reine Großherzigkeit tatsächlich geben? Kann ein Mensch in der Tat ausschließlich für andere leben? Befriedigst du nicht nur deine eigenen seelischen Bedürfnisse, wenn du in dieser Weise hier mit den Armen zusammenlebst?

Gandhis Erwiderung sprengt den konventionellen Rahmen. Das Wort »Menschenliebe« kommt in seiner Entgegnung überhaupt nicht vor, und ich vermute, daß es sich auch sonst in seinen Schriften oder Reden nirgendwo findet. Dem Fragenden hingegen erscheint eine Einstellung, die angeblich auf purer Menschenliebe basiert, unrealistisch, und Gandhi erkennt dies in der Tat auch an. Gandhi stimmt seinem Freund jedoch nur zu, um sogleich eine tiefere Dimension der Fragestellung sichtbar zu machen.

Wie ein erfahrener Judoka nutzt Gandhi die Energie und den Stoß des Gegners für sich aus. Sein Gegenüber möchte, daß Gandhi ableugnet, lediglich seinen eigenen Nutzen im Auge zu haben, aber Gandhi denkt gar nicht daran, dies in Abrede zu stellen, statt dessen geht er sogar noch einen Schritt weiter und erklärt rundheraus, daß die Dorfbewohner ihm in der Tat von Nutzen sind.

Der Nutzen, den Gandhi aus dem Umgang mit den Dorfbewohnern zieht, dient jedoch nicht der Stärkung seines Ego, sondern der Selbstverwirklichung, wie er selbst betont. Denn seine Betrachtungsweise ist frei von jeglicher Ichverhaftetheit, und so kann das wahre Wesen desjenigen zu Tage treten, der die Dinge beobachtet, bei Bedarf aber auch durchaus in ihren Ablauf eingreift. Und dieses wahre Wesen ist nichts anderes als alle Wesen und Dinge. Thomas Merton hat einmal festgestellt, daß Gandhi durch seine *Praxis* Indien erweckt hat, aber zugleich auch die Welt in sich selbst.[2] Ich würde dies ein wenig modifizieren und sagen: Gandhi hat nicht die Welt *in* sich selbst erweckt, sondern *als* er selbst.

Merton war offenbar der Meinung, es habe sich dabei um einen existentiellen Erweckungsprozeß gehandelt, aber ganz gleich, ob Gandhis Praxis nun ein existentieller oder ein politischer Erweckungsprozeß war, die entscheidende Wahrheit ist dies: Der (das) andere ist nichts weiter als ich selbst.

Der gängigen Ansicht, derzufolge der Dienst an anderen nur ein Mittel der Ich-Aufblähung ist, entspricht die Auffassung, daß die Ausbeutung von Mensch und Natur ebenso zulässig sei wie der Krieg zwischen den Völkern und der Unfriede im Familienkreis. Yasutani Roshi hat immer wieder darauf hingewiesen, der grundlegende Irrtum des Menschen bestehe in der Annahme, daß ich hier und du dort draußen bist.

Gandhis Standpunkt entspricht durchaus der Tradition des Ostens, wie sie in unterschiedlichem Maße den Hinduismus, den Taoismus sowie den Theravada- und Mahāyana-Buddhismus geprägt hat. Für Dōgen Zenji und überhaupt für alle Zen-Buddhisten besteht der *Weg* in der Offenheit gegenüber allen Wesen und Dingen. Jedes Wesen verbürgt mir mein Wahres-Wesen, bin ich jedoch darauf aus, den (das) andere(n) unter meine Kontrolle zu bringen, so falle ich der Selbsttäuschung anheim. Wie heißt es noch einmal im *Genjokoan*:

Die Vorstellung, das Selbst treibe die Vielzahl der Dinge an und verbürge deren Wirklichkeit, ist pure Verblendung.
Die Vorstellung hingegen, die Vielzahl der Dinge treibe das Selbst an und verbürge dessen Wirklichkeit, das ist die wahre Erleuchtung.[3]

Das Selbst, das sich den anderen Wesen und Dingen überlegen fühlt, gibt sich nicht nur der Selbsttäuschung hin, sondern es ruiniert überdies den Planeten Erde und alles Leben auf ihm. Aber die Erleuchtung hängt nicht allein davon ab, daß wir bereit sind, von anderen Menschen etwas zu lernen. Ist das Selbst erst einmal vergessen, so wird es stets aufs neue und bereichert wiedererschaffen durch die unendliche Vielzahl der Wesen und Dinge im Universum:

Der wilde Hirsch, wandernd hier und dort,
scheucht die Sorge der menschlichen Seele fort.[4]

Diese Einsicht verdankt sich nicht allein einer Empfindung von der Einheit des Universums. Das Firmament meines Geistes ist mit tropischen Sternen übersät, und der kühle Wind öffnet mir die Ohren.

Solche Erfahrungen sind nicht abstrakt-philosophischer Natur und auch nicht auf die Menschen des östlichen Kulturkreises beschränkt. Aber wenn wir auf die beiden letzten Jahrhunderte zurückblicken, so finden wir – in der östlichen wie in der abendländischen Kultur – eine derartige Auffassung eher bei »Randgruppen« als im Zentrum des offiziellen Selbstverständnisses. Während dieses Zeitraumes hat sich in beiden Kulturen die Mehrzahl der Menschen der utilitaristischen Interpretation jenes Auftrages verpflichtet gefühlt, den Gott einst dem Noah gegeben hat:

Furcht und Schrecken vor euch komme über alle Tiere der Erde, über alle Vögel des Himmels, über alles, was auf Erden kriecht, und über Fische im Meer; in eure Hand sind sie alle gegeben.[5]

Im Westen hat es stets nur sehr wenige geniale Persönlichkeiten gegeben, etwa Wordsworth oder Thoreau, die gelehrt haben, daß das Selbst des Menschen in seiner Wirklichkeit erst durch die Natur verbürgt wird und daß es verbrecherisch ist, wenn wir uns anmaßen, unser Selbst erst verbürge den Wert oder Unwert der Natur. So klingen beispielsweise Wordsworth' folgende Zeilen wie ein Echo Dōgen Zenjis:

Glaubst du inmitten der großen Zahl
Von Dingen, die von jeher zu uns sprechen,
Daß nichts aus sich heraus entstehen wird
Und wir stets weitersuchen müssen?[6]

Offenheit gegenüber der unendlichen Vielzahl der Dinge ist eine Folge dessen, was George Sessions in seiner Abhandlung über die wahre Ökologie als Bekehrung bezeichnet hat:

Dem Forstwirtschaftler Aldo Leopold ist eine geradezu dramatische Bekehrung widerfahren. Er verwandelte sich von einem »Sachwalter«, der sich in seiner seichten Ökologie des Ressourcen-Managements auf den Glauben an die Überlegenheit des Menschen über die Natur stützte, in einen Menschen, der klar aussprach, daß wir Menschen uns realistischerweise als »einfache Mitglieder« der biotischen Gemeinschaft verstehen sollten. Nach dieser Bekehrung lernte Leopold in dem Maße, wie er die anthropozentrischen Illusionen seiner Zeit durchschaute, die Welt mit unerschütterlicher und »leuchtender Klarheit« zu sehen; und so begann er »wie ein Berg zu denken«.[7]

Die Selbst-Überhebung des Menschen über die Natur, die Annahme, das Selbst sei Herr der unendlich zahlreichen Dinge und verbürge erst ihre Wirklichkeit, diese Auffassung ist nichts weiter als ein anthropozentrischer Selbstbetrug. Sie basiert auf dem gleichen Prinzip wie die Annahme, Amerikaner seien besser als Vietnamesen, Männer als Frauen, Manager als Arbeiter, Weiße als Schwarze.

Die »Deep-Ecology-Bewegung« ist entstanden, als ökologisch engagierte Menschen anfingen, an unserer herkömmlichen Ressourcen-Management-Mentalität zu verzweifeln, die dazu führt, daß wir mit rasender Geschwindigkeit die Erzvorräte der Erde vernichten, die Waldbestände abholzen, Flüsse und Seen vergiften. Und diese Mentalität deckt sich genau mit der Denkweise einer Wohlstandsgesellschaft, die ihre »Human-Ressourcen« in einer Weise lenkt, die im Grunde genommen nur dem kurzfristigen Nutzen der Manager selbst dient.

Die Leser der Presse, aber auch die Rundfunkhörer und die Fernsehzuschauer sind über die Gefahren eines Krieges und die Folgen einer atomaren Katastrophe wesentlich besser informiert als über den biologischen Holocaust, den die Menschheit gerade durchführt, indem sie die letzten Urwälder abholzt, das Innere der Berge ausräubert, das Gleichgewicht des Lebens in den Weltmeeren zerstört und den Lebensraum der Pflanzen und Tiere ganz allgemein immer weiter einengt. Wer sich ein realistisches Bild von der sich beschleunigenden weltweiten Katastrophe machen möchte, die wir durch unsere luxuriöse Lebensweise selbst herbeiführen, der sollte mitunter die von engagierten Umweltgruppen herausgegebenen Zeitschriften lesen.

Ich bin mir allerdings nicht sicher, ob dieses Wissen der Maschinerie von Tod und Vernichtung, die wir in Gang gesetzt haben, noch Einhalt zu gebieten vermag.

Wir Mitglieder der Friedensbewegung haben versucht, dem Pentagon die Leviten zu lesen, dabei sind wir indes genau der Selbsttäuschung zum Opfer gefallen, vor der

Dōgen Zenji uns gewarnt hat. Als wir endlich die weitere Anschaffung von B-1-Bombern verhindert hatten, setzte man uns die Cruise Missiles vor die Nase. Kaum hatten wir eine allgemeine Verschärfung des Strafrechts verhindert, da gab es eine neue Strafrechtsreform. Kaum hatten wir Lyndon B. Johnson gestoppt, da kam Richard Nixon an die Macht.

Der Punkt ist der folgende: Ungeachtet all unserer guten Absichten sind wir immer noch darauf aus, die unendliche Vielzahl der Dinge zu beherrschen und Kontrolle über sie auszuüben. Es ist nun allerdings keine Alternative, in Passivität zu verfallen oder einfach wegzulaufen. Erst wenn wir anfangen, wie ein Berg zu denken, verwandelt sich unversehens die ganze Welt. Und alle Dinge verbürgen unsere Wirklichkeit. Wenn ich zu dieser Einstellung gefunden habe, dann sitze ich auf Dojo-Kissen, die sich nicht bewegen. Dann gibt es niemanden mehr, der Anstalten macht zu kontrollieren, und ebensowenig etwas oder jemanden, den es zu kontrollieren gilt.

In diesem Zusammenhang möchte ich noch einmal auf Gandhi verweisen, der uns alle dazu anhält, unserem eigenen Licht zu folgen. Erik H. Erikson vermutet, Gandhi habe auf Kosten der menschlichen Bedürfnisse seiner Familienangehörigen und sogar zu Lasten seines Landes unerbittlich an seinen Wertvorstellungen festgehalten.[8] Vielleicht. Aber es besteht ja auch kein Anlaß, Gandhi blindlings anzubeten. Gandhi war trotz aller Fehler, die er ganz unbestritten auch hatte, sicherlich ein Vorläufer einer »Neuen Reformation«, in deren Gefolge die Selbstgenügsamkeit und die Verantwortung eines jeden Menschen für alle Wesen und alle Dinge einen völlig neuen Stellenwert erhalten haben.

Im buddhistisch geprägten Teil der Welt haben sich in der letzten Generation das »Sarvodaya Shramana« in Sri Lanka, die »Coordinating Group for Religion in Society« in Thailand, in Vietnam die »Jugendschule für soziale Dienste« und in Japan »Ittoen« entwickelt. Diese Bewegungen verdanken ihre Entstehung dem modernen Zeitgeist eines sozialen Bewußtseins, gleichwohl sind sie in erheblichem Maße von der buddhistischen Lehre des Nicht-Ich beeinflußt sowie vom Sittengesetz des Buddhismus. Auch Gandhi konnte bereits auf die uralte hinduistische Lehre der Selbstgenügsamkeit zurückgreifen, als er sich daranmachte, die indische Unabhängigkeitsbewegung aufzubauen.

Auch in den Ländern christlicher Tradition haben sich Bewegungen ähnlicher Zielsetzung etabliert. An erster Stelle wären hier die »Catholic Workers« zu nennen. Diese Gruppe hat ein durch und durch demokratisches Verbundsystem von Gemeindehäusern in Dutzenden von amerikanischen Städten aufgebaut. In diesen von Laien betriebenen Einrichtungen erhalten die Armen zu essen, sie bekommen dort Kleider und Unterkunft gemäß Jesu Ausspruch: »Was ihr für den geringsten meiner Brüder getan habt, das habt ihr mir getan.«[9]

Die Mitglieder dieser Bewegungen empfinden es als selbstverständlich, daß die Verbürgung des Selbst durch die unendliche Vielzahl der Dinge keine esoterische Erfahrung ist, die nur innerhalb von Klostermauern Geltung beanspruchen kann. Unter Swaraj oder »Unabhängigkeit« verstand Gandhi die Selbstgenügsamkeit und das Vertrauen der Menschen, die den Weg der Verwirklichung gingen, indem sie den Briten – die für die Inder der Kolonialzeit das Fremde schlechthin verkörperten – mit völliger Offenheit begegneten. Swaraj besteht aber – wie Gandhi gegenüber seinem Freund andeutet – auch in der Praxis des Zusammenlebens mit den Armen, den Behinderten und den Unterdrückten, in der Gewohnheit, so zu denken, wie sie denken, und in gleicher Weise das Wasser aus dem Brunnen zu schöpfen und den Boden zu bearbeiten, wie sie es tun. Die Praxis der Verwirklichung kommt in dem Verhältnis von Geben und Nehmen, in dem wir zu diesen Menschen stehen, zum Vorschein – und in einem gleichartigen Verhältnis zu allen übrigen Wesen (und Dingen) einschließlich der Polizei und der Politiker.

Diese Praxis, »mit den anderen zu leben«, bewirkt in unserem Denken eine Verlagerung von der dritten Person zur ersten. Hier gibt es dann nicht mehr »das *er, sie, es* und das Plural-*sie*«, sondern nur mehr »das *ich* und das *wir*«. Für Dogen Zenji sind die anderen »nichts anderes als ich selbst«, und dies schließt Berge, Bäche und den gesamten Erdball mit ein. Sobald jemand wie ein Berg denkt, wird er auch wie ein Braunbär denken. Mit dieser Ansicht gehen wir noch einen Schritt über Gandhi hinaus und gelangen zu einer wahren Ökologie, die von uns verlangt, daß wir auch dem Braunbären in aller Offenheit gegenübertreten und ein Verhältnis der »Nähe« zu ihm herstellen.

Das ist wahres Mitgefühl, das ist wahres Leiden *mit* anderen. Vergegenwärtigen wir uns noch einmal das *Diamant-Sutra*. Dort heißt es: »Verweile im Nirgendwo und bezeuge *diesen Geist*.« Dieses »Nirgendwo« ist der Nullpunkt der reinsten Erfahrung, und es erschließt sich uns innerlich als Empfindung des Friedens und der Ruhe. »Bezeugen« bedeutet hier, daß wir unbeirrbar fest dastehen und offen sind für die unendliche Vielzahl der Dinge. Für Menschen, die sich in der Friedensarbeit und für den Umweltschutz engagieren würde diese Passage des *Diamant-Sutra* etwa bedeuten: Von dem »Ort« dieses grundlegenden Friedens herkommend, erweise dich als ein Mensch, der noch in der innigsten Gemeinschaft mit den Friedensfeinden den Frieden zum Vorschein bringt.

ANHANG

Das im Diamant-Sangha anläßlich des Todes eines ungeborenen Kindes begangene Zeremoniell

1. Drei tiefe Verbeugungen.

2. *Vandana* und *Ti Sarana* in Pali oder die *Dreifache Zufluchtnahme* auf englisch.

3. *Enmei jikku Kannon Gyo* oder ein anderes kurzes Sutra in japanisch oder englisch.

4. Der Leiter der Zeremonie:
Wir haben uns heute hier versammelt, um ... und ... [Es folgen die Namen der Eltern] unsere Liebe zu zeigen und ihnen beizustehen. Wir nehmen heute Abschied von einem ungeborenen Kind, einem kleinen Wesen, das wir ... genannt haben. Es ist gleich uns – als dieser Geist – aus dem ungeteilten Geist hervorgegangen, und es ist bereits nach einigen wenigen Augenblicken des flackernden Lebens von uns gegangen, so wie wir alle einmal von hier fortgehen müssen.

In unserem Kulturkreis legen wir großen Wert darauf, Leben zu erhalten, aber in Wahrheit ist der Tod keine so bedeutende Angelegenheit, ein beiläufiger Vorfall, nur eine Welle im Ozean. Bassui Zenji vergleicht den Tod mit Wolken, die sich am Himmel auflösen. Das Wesen des Geistes – so behauptet er – ist weder der Geburt noch dem Tod unterworfen. Es ist weder etwas, noch ist es nichts, es ist weder Leere, noch ist es Form oder Farbe.

Wie Yamada Koun Roshi betont hat, ist das Wesen des Geistes eine mit Möglichkeiten angefüllte unendliche Leere, die sich zugleich in vollkommener Ruhe befindet und mit unzähligen Tendenzen »geladen« ist, die der Fülle des Karmas harren. Hier findet ... die vollkommene Ruhe, hier wird ... eins mit dem Mysterium, das unsere Geburt ebenso verhüllt wie unseren Tod, unsere Nicht-Geburt nicht weniger als unseren Nicht-Tod.

5. Das *Herz-Sutra* wird nun auf japanisch oder englisch gesprochen, wobei die Eltern, der Leiter und die Freunde Weihrauch darbringen.

6. Der Leiter:
Das Buddha-Wesen durchströmt das ganze Universum und ist auch in diesem Augenblick unter uns gegenwärtig;
Durch unsere Rezitation des Enmei Jikku Kannon Gyo und des Großen Prajna-Paramita-Herz-Sutra
wollen wir uns vereinigen mit
den altehrwürdigen Sieben Buddhas,
dem zu vollkommener Erleuchtung gelangten Shakyamuni Buddha,
dem Bodhisattva des Großen Mitempfindens Avalokiteshvara,
mit dem Mutterschoß der Erde, dem Kshitigarbha-Bodisattva,
mit allen Patriarchen der Vergangenheit, Gegenwart und Zukunft.

Insbesondere dir ... widmen wir all unsere Liebe und gedenken deiner im Gebet.
Mögest du in vollkommenem Frieden ruhen.
Laß das wahre Dharma endlos währen ...
und laß die Freunde im Sangha in vollkommener Harmonie miteinander leben.

Alle:
Alle Buddhas überall in Raum und Zeit,
Alle Bodhisattvas, Mahasattvas,
Und das Große Prajna-Paramita.

7. Es folgen die *Großen Gelübde für Alle* auf englisch.

8. Zum Abschluß noch drei tiefe Verbeugungen.

Tabelle der japanisch-chinesischen Äquivalente

Namen und Buchtitel

chinesisch (Wade-Giles)	japanisch	chinesisch (Wade-Giles)	japanisch
Ch'ang-chi'ing	Chokei	Mu-chou	Bokushu
Ch'ang-sha	Chosa	Nan-ch'üan	Nansen
Chao-chou	Joshu	Pai-chang	Hyakujo
Chen-tao ko	*Shodoka*	P'an-shan	Banzan
Chiang-nan	Konan	P'ang	Ho
Chien-yuan	Zengen	Pao-fu	Hofuku
Ching-ch'ing	Kyosei	Shih-shuang	Sekiso
Chung Kuo-shih	Chu Kokushi	Tan-hsia	Tanka
Fa-yen	Hogen	Tao-wu	Dogo
Feng-hsüeh	Fuketsu	Te-shan	Tokusan
Fu Ta-shih	Fu Daishi	Ti-tsang	Jizo
Hsin-hsin ming	*Shinjinmei*	*Ts'ai-ken t'an*	*Saikontan*
Hsiu-shan	Shuzan	Ts'ui-yen	Suigan
Hsüeh-feng	Seppo	Wu *von* Liang	Bu *von* Ryo
Hsüeh-tou	Setcho	Wu-men	Mumon
Hua-yen	*Kegon*	*Wu-men-kuan*	*Mumonkan*
Hui	E	Wu-tsu	Goso
Hui-hai	Ekai	Yang-shan	Kyozan
Hui-neng	Eno	Yen-t'ou	Ganto
Hung-jen	Gunin	Yüan-wu	Engo
Jui-yen	Zuigan	Yüeh-shan	Yakusan
Kuei-shan	Isan	Yün-men	Unmon
Ling-yün	Reiun	Yün-yen	Ungan
Ma-tsu	Baso		

Anmerkungen

DER GEIST DER GEBOTE

1 Vgl. *The Dhammapada* Übers.: Irving Babitt. New York 1965, S. 30

2 D. T. Suzuki, *Zen and Japanese Culture* New York 1959, S. 114f.

3 In Takuan Zenjis Anweisung klingt der Rat nach, den Krishna dem Arjuna erteilt:

> Doch wisse, unvergänglich ist die Macht, durch die das All gewirkt!
> Des Ewigen Vernichtung kann bewirken niemand, wer's auch sei.
> Vergänglich sind die Leiber nur, – in ihnen weilt der ew'ge Geist,
> Der unvergänglich, unbegrenzt, drum kämpfe nur, du Bharata!
> Wer denkt, es töte je der Geist oder werde getötet je,
> Der denkt nicht recht! Er tötet nicht, noch wird jemals getötet er.

Bhagavadgita,
Des Erhabenen Sang II, 17–19, Übers.: Leopold Schroeder, Düsseldorf 1965, S. 31

Die strikte Trennung des Absoluten vom Relativen, die das Absolute so behandelt, als sei es uns völlig verschlossen, entspricht vielleicht der hinduistischen Auffassung, nicht jedoch dem buddhistischen Standpunkt. Für den Buddha sind Absolutes und Relatives untrennbar, und die Unterscheidung zwischen beidem dient lediglich dazu, sie als Aspekte einer an sich einheitlichen Realität kenntlich zu machen.

4 Vgl. Koun Yamada, *Gateless Gate*. Los Angeles 1979, S. 76

5 Marco Pallis, *A Buddhist Spectrum*. New York 1981, S. 10

6 Robert Aitken, *Zen als Lebenspraxis*. München 1988, S. 155

7 Koun Yamada und Robert Aitken, Übers.: Denkoroku, mimeo. Diamant-Sangha, Honolulu & Haiku, Hawaii, Case 1

8 William Blake, »London«, in: W. Blake, *Werke* hrsg. und eingel. von Günther Klotz, Berlin (O) 1958, S. 163

9 Vgl. Yamada, *Gateless Gate*, S. 227

10 Vgl. J. C. und Thomas Cleary, The Blue Cliff Record. 3 Bde. Boulder/London 1977, Bd. III, S. 559

11 Vgl. Edward Conze, *Buddhist Wisdom Books* London 1975, S. 17–74; und D. T. Suzuki (Übers.) *Manual of Zen Buddhism* New York 1960, S. 38–72

12 Vgl. Yamada, *Gateless Gate*, S. 227

13 In meinen Essays über die Zehn Hauptgebote stütze ich mich auf Kommentare, als deren Verfasser Bodhidharma bzw. Dogen Zenji gelten. Sie sind Yasutani Hakuun Roshis Werken *Goi, Sanki, Sanj, Jujukinkai Dokugo (Selbstgespräche über die fünf Stufen, Die Dreifache Zufluchtnahme, Die Drei Reinen Gebote und Die Zehn Hauptgebote)* [Tokio Sanbokoryukai, 1962, S. X–XVI, S. 71–97] entnommen, die ich gemeinsam mit Yamada Koun Roshi übersetzt habe. Eine weitere Übersetzung dieser Kommentare wurde von Maezumi Taizan Roshi in »Mindless Flower« veröffentlicht. Das Zen-Zentrum von Los Angeles hat dieses kleine Werk vor vielen Jahren herausgegeben, inzwischen ist es jedoch vergriffen. Ich habe Maezumi Roshis Arbeit herangezogen, um die Übersetzung zu überprüfen, die ich gemeinsam mit Yamada Roshi angefertigt habe. Der Verfasser der bislang Bodhidharma zugeschriebenen Kommentare ist nach den Erkenntnissen der neueren Forschung wohl Hui-ssu, einer der Begründer der buddhistischen T'ien-t'ai-Schule. Später wurden seine Darlegungen dann von Zen-Meistern übernommen. Ich für meinen Teil halte jedoch an der Verfasserschaft Bodhidharmas fest, mag sie auch in den Bereich der Legende gehören. Schließlich ist Bodhidharma selbst eine legendäre Gestalt. Und Legenden sind schließlich das Lebenselixir unserer Praxis. Die vorstehenden Angaben verdanke ich dem Hui-ssu-Forscher Dan Stevenson, der mir in einem vom 22. August 1983 datierten Brief über die neuesten Forschungsergebnisse berichtet hat.

Das Erste Hauptgebot:

NICHT-TÖTEN

1 Augustus de Morgan, von Jonathan Swift; hier zitiert nach Bartlett's *Familiar Quotations*. New York 1944, S. 190

2 Vgl. Aitken, Zen als Lebenspraxis. München 1988, S. 155

3 Ebenda, S. 157

4 William LaFleur, »Sattva: Enlightenment for Plants and Trees in Buddhism.« *CoEvolution Quaterly:* (Sonderausgabe) »Journal for the Protection of All Beings«, Nr. 19, Herbst 1978, S. 47–52. Sogar Roboter haben teil am Buddha-Wesen; vgl. Masahiro Mori, *The Buddha in the Robot*. Tokio 1981

Das Zweite Hauptgebot:

NICHT-STEHLEN

1 »Mu« ist das erste Koan der Zen-Praxis. Vgl. Aitken, *Zen als Lebenspraxis*, S. 135ff.
2 M. K. Gandhi, *Sarvodaya (The Welfare of All)*, hrsg. von Bharata Kumarappa. Ahmedabad 1954, S. 12
3 Unto Tähtinen, *Nonviolence as an Ethical Principle*. Turku, Finnland 1964, S. 136
4 M. K. Gandhi, *Sarvodaya*, S. 14. Zitiert in: Tähtinen, *Nonviolence as an Ethical Principle*, S. 128. Dieser Abschnitt über die menschlichen Bedürfnisse hat für sich genommen vielleicht anthropozentrische Anklänge. Gandhis Sorge bezog sich aber auch auf die nichtmenschliche Welt, dies wird auch in seinen Schriften über die Verehrung der Kühe ganz deutlich. Vgl. Eric Sharp, »To Hinduism through Gandhi«, in: *The Wisdom of the East*. Sidney 1979, S. 61f.
5 Rainer Maria Rilke, Briefe aus Muzot, hrsg. von Ruth Sieber-Rilke und Carl Sieber, Leipzig 1937, S. 374f. Die Interpunktion und die Hervorhebungen sind unverändert von Rilke übernommen. Einer meiner Leser meinte: »Als Amerikaner muß ich dieses Urteil Rilkes in gewisser Weise als durchaus berechtigt anerkennen. Ich sträube mich allerdings gegen die Pauschalität dieser Aussage, die meines Erachtens übertrieben ist. Ein Urteil Rilkes über die Aufnahme amerikanischer Ideen in Deutschland wäre meiner Ansicht nach angemessener gewesen.«

Das Dritte Hauptgebot:

NICHT-MISSBRAUCH DER SEXUALITÄT

1 Otobe Kaiho (Hrsg.), *Kosoku Zenshu Zenmon Koan Taikan (A Directory of the Corpus of Ancient Zen Koans)*. Tokio 1974

2 Kanjitani Sonin (Hrsg.), *Shumon Kattoshu (The Traditional Tangled Wisteria Collection)*. Tokio 1982, S. 342–344
3 Otobe, *Kosoku Zenshu Zenmon Koan Taikan*, S. 563
4 Nyogen Sensaki, »101 Zen Stories«, in: *Zen Flesh, Zen Bones* ausgewählt von Paul Reps Rutland, Vt. 1970, S. 24
5 Elaine Pagels, *The Gnostic Gospels*. New York 1979, S. XV
6 Joshu Sasaki, *Buddha is the Center of Gravity*. San Cristobal, N. M. 1974, S. 24

Das Vierte Hauptgebot:

NICHT-LÜGEN

1 Dies ist vermutlich eine Paraphrasierung von Dogen Zenjis Kommentar zum Sechsten Hauptgebot.
2 Vgl. Yamada, *Gateless Gate*, S. 168
3 Vgl. Suzuki, *Manual of Zen Buddhism*, S. 98
4 William Shakespeare, *Hamlet*, Akt II, Szene 2
5 Vgl. Yamada, *Gateless Gate*, S. 168
6 Vgl. Cleary, *The Blue Cliff Record*, Bd. I, S. 53
7 Ebenda, Bd. I, S. 54
8 Ebenda
9 Dogen Kigen, *»Daigo«* [Die große Erleuchtung]. *A Complete English Translation of Dogen Zenji's Shobogenzo*, übersetzt von Kosen Nishiyama und John Stevens. Sendai 1975–82, 3 Bde., Bd. I, S. 34

Das Fünfte Hauptgebot:

KEIN UMGANG MIT DROGEN

Im Chinesischen lautet dieses Gebot: »Weder Wein ausschenken noch zu sich nehmen.« Ich war bestrebt, die ursprüngliche Intention beizubehalten, habe jedoch das Wort »Wein« durch den allgemeineren Begriff »Drogen« ersetzt, denn als dieses Gebot in seiner Originalfassung formuliert wurde, waren die meisten der heute gebräuchlichen Rauschmittel, etwa Marihuana, Kokain und Valium entweder völlig unbekannt oder wurden kaum benutzt.
1 Koun Yamado und Robert Aitken, Shoyoroku, Mineo. Diamond Sangha, Honolulu & Haiku, Hawaii, Case 67
2 Vgl. Yamada, *Gateless Gate*, S. 190

3 Übernommen von: D. T. Suzuki, *Essays in Zen Buddhism* (First Series) New York 1961, S. 327
4 Vgl. Cleary, *The Blue Cliff Record*, Bd. III, S. 736
5 Dogen Kigen, *Genjo Koan,* übers. von Hakuyu Taizan Maezumi, *The Way of Everyday Life.* Los Angeles 1978
6 Senzaki, »101 Zen Stories«, *Zen Flesh, Zen Bones,* S. 43

Das Sechste Hauptgebot:

NICHT ÜBER DIE FEHLER ANDERER SPRECHEN

1 Vgl. Yamada, *Gateless Gate,* S. 13
2 Matth. 7,1
3 Vgl. Yamada, *Gateless Gate*, S. 96
4 Aitken, *Zen als Lebenspraxis*, S. 153
5 Joanna Macy, *Dharma and Development: Religion as a Resource in the Sarvodaya Self-Help Movement.* West Hartford, Conn. 1983, S. 60f.
6 Benjamin Franklin, *Autobiography.* New York 1909, S. 87
7 Koun Yamada, »The Stature of Yasutani Roshi«, übers. von: Koun Yamada und Robert Aitken, *The Eastern Buddhist,* Vol. VII, Nr. 2, 1974, S. 119f. Im allgemeinen wird das Sechste Hauptgebot als eine Art Hippokratischer Eid verstanden, demzufolge man gegenüber anderen, die nicht der zen-buddhistischen Gemeinschaft angehören, keine internen Verstöße gegen die Gebote erwähnen soll.
8 Vgl. Cleary, *The Blue Cliff Record*, Bd. I, S. 88
9 Matth. 21,31
10 Vgl. Cleary, *The Blue Cliff Record*, Bd. III, S. 819

Das Siebte Hauptgebot:

NICHT SICH SELBST DURCH VERUNGLIMPFUNG ANDERER LOBEN

1 Philip B. Yampolsky, *The Platform Sutra of the Sixth Patriarch.* New York 1967; der chinesische Text ist auf S. 18 abgedruckt, der englische auf S. 161
2 Ebenda, chin. Text S. 7f., engl. Text S. 40
3 Vgl. Koun Yamada, *Gateless Gate*, S. 72

4 »Torei Zenji's ›Bodhisattva's Vow‹«, in: Daily Zen Sutras, mimeo. Diamant-Sangha, Honolulu und Haiku, Hawai

5 Vgl. Virginia Coover u. a. (Hrsg.), *Resource Manual for a Living Revolution*. Philadelphia 1981 und The Training/Action Affinity Group, *Building Social Change Communities*. Philadelphia 1979

6 Gary Snyder bezieht sich auf *Gotama Buddha* von Hajime Nakamura, Los Angeles 1979, S. 105f.

7 Ebenda, S. 106

8 Wong Mou-lam (Übers.), *The Sutra of Hui Neng*, Buch zwei von *The Diamond Sutra and the Sutra of Hui Neng*, S. 51. Vgl. Yampolsky, *The Platform Sutra of the Sixth Patriarch*, S. 143 einschließlich der Fußnote

Das Achte Hauptgebot:

DEN ÜBERFLUSS DES DHARMA NICHT EIGENMÄCHTIG ZURÜCKHALTEN

1 Vgl. Yamada, *Gateless Gate*, S. 19

2 Vgl. Suzuki, *Manual of Zen Buddhism*, S. 95

3 Vgl. Bernard Tetsugen Glassmann, »Zen and Science: Shosan«, *ZCLA Journal* Summer 1975

4 Meister Eckehart, Deutsche Predigten und Traktate, hrsg. von Josef Quint. München 1975, S. 97

5 John Blofeld (Übers.), *The Zen Teaching of Hui Hai on Sudden Illumination*. New York 1972, S. 52. Ein wundervolles neues Werk über das Schenken, im Grunde genommen eine Darstellung der Danaparamita aus der Perspektive der Kulturanthropologie, ist *The Gift: Imagination and the Erotic Life of Property* von Lewis Hyde, New York 1983

6 »Kahawai Koans«, übers. von Thomas Cleary. *Kahawai: Journal of Women in Zen*, Winter 1983

7 Vgl. Francis Dojun Cook (Übers.), *How to Raise an Ox*. Los Angeles, 1978, S. 98

8 Vgl. Yamada, *Gateless Gate*, S. 39. Eine etwas ausführlichere Behandlung des Falles findet sich in dem Kapitel »Der Geist der Gebote«.

9 Yamada und Aitken, Shoyoroku, Case 12

10 Vgl. Masao Abe, »As Zen Comes to the West«, *Blind Donkey*, Bd. 8, Nr. 1, Jan. 1983, S. 19

Das Neunte Hauptgebot:

SICH NICHT VON GEFÜHLEN DER WUT MITREISSEN LASSEN

1 Yamada und Aitken, Shoyoroku, Case 79
2 Aitken, *Zen als Lebenspraxis*, S. 153
3 *Ts'ai Ken T'an (Vegetable Root Discourses)* von Hung Ying-ming wurde ursprünglich um 1592 veröffentlicht. Meine Übersetzung stützt sich auf das chinesische Original und dessen japanische Übersetzung in: *Musings of a Chinese Vegetarian,* übers. von Yaichiro Isobe, Tokio 1926, S. 4. Dieses Werk wurde teilweise von Norman Waddell übersetzt; vgl. *The Eastern Buddhist,* New Series, Bd. 2, Nr. 2, 1969
4 Zitiert nach: R. H. Blyth, *Zen in English Literature and Oriental Classics.* New York 1960, S. 52
5 Harold Winfield Kent, *Dr. Hyde and Mr. Stevenson.* Rutland, Vt., 1973
6 Koun Yamada, »The Stature of Yasutani Roshi«, S. 111
7 Dieser Ausspruch wird Seng Ts'an zugeschrieben; vgl. Suzuki *Manual of Zen Buddhism*, S. 73
8 Vgl. Cleary, *The Blue Cliff Record,* Bd. II, S. 487
9 Yamada, *Gateless Gate*, S. 76. Diese Geschichte ist bereits in dem Kapitel »Der Geist der Gebote« zitiert worden.
10 Vgl. Suzuki, *Manual of Zen Buddhism*, S. 93
11 Meine Übersetzung dieses Absatzes lautet: »Verweile nirgendwo und bezeuge *diesen Geist.*« Vgl. Suzuki, *Manual of Zen Buddhism*, S. 43 und Conze, *Buddhist Wisdom Books,* S. 47f.
12 Thich Naht Hanh, A Talk at a Buddhist Peace Fellowship retreat, Tassajara Zen Mountain Center, 20. März 1983
13 Blake, »A Vision of the Last Judgement«, *Poetry and Prose of William Blake*, S. 649f.
14 C. Y. Chang, *Original Teachings of Ch'an Buddhism.* New York 1969, S. 166

Das Zehnte Hauptgebot:

NICHT ÜBER DIE DREI KOSTBARKEITEN LÄSTERN

1 Dieses Verständnis des Sangha unterscheidet sich wesentlich von der engen Sangha-Auffassung, wie sie in den traditionellen buddhi-

stischen Klöstern vertreten wird. Hier können nur echte Mitglieder der Klostergemeinschaft Mitglied des Sangha sein. Die Sino-American Buddhist Association betrachtet nur solche Mönche und Nonnen als Vollmitglieder des Sangha, die sich zur Einhaltung der 250 Gebote des traditionellen Buddhismus verpflichtet haben (Nonnen müssen sogar 348 Gebote befolgen) und die zehn Haupt- und die 48 minder wichtigen Bodhisattva-Gebote anerkennen. Von einem Sangha kann im übrigen nach dieser Auffassung nur dann die Rede sein, wenn sich mindestens vier Mönche oder vier Nonnen zu einer Gemeinschaft zusammengeschlossen haben. In Gemeinschaft lebende Laien dürfen ihren Zusammenschluß nicht als »Sangha« bezeichnen, da sie kein reines Leben führen. Vgl. Heng Chüs Schrift »The Laity ist Not the Sangha«, *Proper Sangha Seal*, Sino American Buddhist Association, Nr. 1, 4. Juli 1983

2 »Hingabe«, Tägliche Zen Sutras

3 Cleary, *The Blue Cliff Record*, Bd. I, S. 49f.

4 Aitken, *Zen als Lebenspraxis*, S. 157

5 Vgl. das Kapitel »Der Geist der Gebote«. Die Bezeichnung »Die Vielzahl der Wesen« ist eine Übersetzung des Sanskrit-Wortes *sattva*. Sattva bedeutet wörtlich »Wesen, Existenz, Wesenheit und Realität«. Ins Chinesische läßt es sich mindestens auf zwei Arten übersetzen, als *yu hsing* (*usei* im Japanischen), was soviel heißt wie »Empfindungen haben«, und als *chung sheng* (japanisch: *shujo*), was »die Vielzahl der Wesen« bedeutet. Wir sollten uns daher mit Bewußtsein für eine der beiden Bedeutungsvarianten entscheiden. Nach Auffassung des Mahāyana-Buddhismus sind alle Wesen und Dinge »empfindungsfähig«, einschließlich der Steine und Wolken. Daher ist es entweder ein Pleonasmus, wenn wir *Sattva* mit »empfindendes Wesen« übersetzen, oder aber wir schränken durch diese Übersetzung die Zahl der empfindenden Wesen auf jene ein, denen wir entsprechend unserer westlichen Tradition üblicherweise Empfindungen zuerkennen, nämlich dem Menschen, den Tieren und vielleicht noch den Pflanzen.

In japanischen Zen-Klöstern wird bei der Rezitation des dritten der Drei Reinen Gebote und des ersten der Vier Großen Gelübde (»Obwohl die Vielzahl der Wesen unendlich ist, gelobe ich sie zu erretten«) ebenso wie bei der Sutra-Rezitation *sattva* stets mit *shujo* übersetzt, was »die Vielzahl der Wesen« bedeutet. Die Übersetzung »empfindend« weicht somit von der Mahāyana-Auffassung ab, und ich schlage deshalb vor, fortan auf diese

Übersetzung zu verzichten, da wir andernfalls die Steine, Wolken und die Einhörner von den »empfindenden Wesen« ausschließen, ganz zu schweigen von unseren Gefühlen, die blitzartig entstehen und ebenso schnell wieder vergehen können.

6 Aitken, *Zen als Lebenspraxis*, S. 157
7 Die »Mealtime Sutras« gehören zu den täglichen Zen-Sutras
8 Vgl. Yamada, *Gateless Gate*, S. 57
9 Ebenda, S. 158
10 Vgl. Yoel Hoffman, *Radical Zen: The Sayings of Joshu*. Brookline, Mass., 1978
11 Vgl. Yamada, *Gateless Gate*, S. 14
12 Vgl. Hsüan Hua u. a., *Flower Adornment Sutra: Pure Conduct*. Talmadge, Kalif., Kapitel 11, S. 245

SELBSTSCHUTZ

1 Neu erzählt von Senzaki, »101 Zen Stories«, *Zen Flesh, Zen Bones*, S. 82f.
2 Vgl. Cleary, *The Blue Cliff Record*, Bd. II, S. 431
3 Ebenda, Bd. III, S. 672
4 Ebenda, S. 684
5 Yamada und Aitken, Shoyoroku, Case 21
6 Ebenda, Case 37
7 Vgl. Hee-Jin Kim, *Dogen Kigen: Mystical Realist*. Tuscon 1975, S. 79–80

EINIGE BEMERKUNGEN ZU SAMU

1 Giei Stao und Eshin Nishimura, *Unsui: A Diary of Monastic Life*. Honolulu 1973, o. S. Die Kapitelüberschrift lautet: »Working in the Garden«
2 Otobe, *Kosoku Zenshu Zenmon Koan Taikan*, S. 649–712
3 D. T. Suzuki, *The Training of the Zen Buddhist Monk*. Berkeley 1974, S. 33–38
4 Suzuki, *Essays in Zen Buddhism* (First Series), S. 314–319
5 Nakamura Hajime (Hrsg.), *Bukkyogo Daijiten*, 3 Bde. Tokio 1975, Bd. I, S. 439, erste Spalte
6 Suzuki, *Essays in Zen Buddhism* (First Series), S. 315

7 Yampolsky, *the Platform Sutra of the Sixth Patriarch*, chin. Text S. 2, engl. Text S. 128

8 Dogen Kigen, »Gyoji« *(principles of Practice)*, Teil 1, »Honzaban Shukusatsu«, *Shobogenzo*. Tokio 1968, S. 301

9 Ebenda S. 301 f.

10 Martin Calcutt, »The Early Ch'an Monastic Rule: *Ching ku-ei* in the Shapin of Ch'an Communiy Life«. *Early Ch'an in China and Tibet,* hrsg. von Whalen Lai and Lewis R. Lancaster. Berkeley 1983, S. 180 f.

11 Suzuki, *Essays in Zen Buddhism* (First Series), S. 318 f.

12 Holmes Welch, *The Practice of Chinese Buddhism: 1900–1962*. Cambridge Mass. 1967, S. 53–80

13 Suzuki, *The Training of the Zen Buddhist Monk*, S. 24

14 Ueda Mannen u. a. (Hrsg.) *Dajiten*. Tokio 1971, S. 1086 erste Spalte

15 Die Sarodaya-Bewegung setzt sich in Sri Lanka für eine Selbstverwaltung der Dörfer ein. Mit ihrem Engagement befindet sich die Bewegung an der vordersten Front jener Kräfte innerhalb des Südlichen Buddhismus, die bestrebt sind, einen Wertewandel in Richtung des Bodhisattva-Ideals herbeizuführen. Joanna Macys Untersuchungen belegen, daß im Sarvodaya das Bodhisattva-Ideal, »das historisch betrachtet im Mahāyana-Buddhismus eine größere Rolle gespielt hat als in Sri Lanka, heute zunehmend an Geltung gewinnt. Der Bodhisattva steht für ein Handeln zugunsten anderer – für die Bereitschaft, um des Wohles anderer willen die eigene Erleuchtung hintanzustellen ...« Macy erläutert diese Haltung in ihrem Buch *Dharma and Development*. Sie zitiert dort (S. 75) einen Sarvodaya-Mönch:
Ich strebe jetzt nicht nach Erlösung, noch will ich eine hervorragende Persönlichkeit sein – zumindest nicht während vieler künftiger Leben. Es gibt hier noch viel zuviel Arbeit zu tun, um alle Wesen von Armut, Gier und Unwissenheit zu befreien. Ich bin bereit, solange zu warten, bis alle gemeinsam mit mir ins Nirvana eingehen können, und das wird wohl noch einige Zeit dauern.

DAS SELBST

1 Vgl. Suzuki, *Manual of Zen Buddhism*, S. 16

2 Ebenda. »Autonomie« bedeutet im Jargon einer auf persönliche

Selbstverwirklichung erpichten Haltung, daß einer »gegen den anderen« steht. Diese Form des Individualismus deckt sich nicht mit der buddhistischen Position.

3 In diesem Satz faßte D. T. Suzuki gewöhnlich die Kernaussage des *Diamant-Sutra* zusammen. In dem *Sutra* selbst allerdings kommt der Satz in dieser Form nicht vor. Vgl. Suzuki, *Manual of Zen Buddhism*, S. 42f., 49; vgl. auch Conze, *Buddhist Wisdom Books*, S. 40, 47f., 61f.

4 Meister Eckharts Schriften und Predigten, Bd. I, II, hrsg. von Herman Büttner. Jena 1917, Bd. II, S. 3

5 Yamada, *Gateless Gate*, S. 91

6 Isshu Miura und Ruth Fuller Sasaki, *Zen Dust: The History of the Koan and Koan Study in Rinzai (Lin-chi) Zen*. New York 1962, S. 91

7 Vgl. Hakuyu Taizan Maizumi, *The Way of Everyday Life*, Los Angeles 1978, o. S.

8 Vgl. Cleary, *The Blue Cliff Record*, Bd. III, S. 727

DIE SUCHE NACH DEM GEIST

1 Cleary, *The Blue Cliff Record,* Bd. II, S. 365

2 Dom Aelred Graham, *Conversations: Christian and Buddhist*. New York 1968, S. 69. Einer meiner Freunde fragte mich einmal: »Bedeutet ›Ich weiß nicht, was es bedeutet‹, soviel wie: ›Ich weiß nicht, ob Form Leere ist oder nicht‹ oder: ›Ich weiß nicht, was *Bedeutung* im Kontext dieser Feststellung heißen soll‹?« Keine der beiden Alternativen ist richtig. Roshi Kobori versucht durch diese Entgegnung nur aufzuzeigen, was »Form ist Leere« bedeutet.

3 Cleary, *The Blue Cliff Record*, Bd. I, S. 5

4 Meister Eckehart, Deutsche Predigten und Traktate. Hrsg. von Joseph Quint. München 1969, S. 106f.

5 Thich Nhat Hanh, *The Miracle of Mindfulness: A Manual on Meditation*. Boston 1976, S. 79ff.

6 Yamada, *Gateless Gate*, S. 109

DIE ENTFALTUNG DES GEISTES

1 Vgl. Suzuki, *Manual of Zen Buddhism*, S. 43; und Conze, *Buddhist Wisdom Books,* S. 47f.

2 Meister Eckehart, Predigten und Traktate, Bd. I, II. Jena 1917, Bd. I, S. 16f.
3 Ebenda, Bd. I, S. 17
4 Yamada und Aitken, Denkoroku, Case 51
5 Diese Formulierung findet sich bei Yamada Koun Roshi ziemlich häufig.
6 D. T. Suzuki, *Living by Zen*. New York 1972, S. 111–116
7 Meister Eckehart, Predigten und Traktate, Bd. I, S. 32f.
8 James M. Robinson (Hrsg.), *The Nag Hammadi Library in English*, New York 1977, S. 121
9 Norman Waddell (Übers.), »The Zen Sermons of Bankei Yotaku, Part I«; *The Eastern Buddhist*, Bd. VII, Nr. 1 (1974), S. 125
10 Kim, *Dogen Kigen: Mystical Realist*, S. 236
11 Kazuaki Tanahashi und Arnold Kotler (Übers.), »Instructions for the Tenzo *(Tenzo Kyokun)*«, mimeo., Mountain Gate Study Center, Zen Center of San Francisco 1981, S. 49, 52–55

DER GEIST DER FRUCHTBARKEIT

1 Vgl. Cleary, *The Blue Cliff Record*, Bd. I, S. 219
2 Ebenda, Bd. II, S. 565
3 Ebenda, Bd. I, S. 219
4 Vgl. Maizumi, *The Way of Everyday Life*, o. S.
5 Dogen Kigen sagt: »Jetzt sehe ich es ganz deutlich, der Geist, das sind die Berge, die Bäche und die Große Erde, die Sonne, der Mond und die Sterne.« Vgl. Kim, *Dogen Kigen: Mystical Realist*, S. 148
6 Einer meiner Leser wollte einmal von mir wissen: »Wenn alle Dinge aus eigener Vollkommenheit ins Dasein treten, das heißt völlig unabhängig – wie geht das mit dem Netz des Indra und der universellen Symbiose aller Wesen und Dinge zusammen?« Ich für meinen Teil kann mit diesem Paradox ohne Schwierigkeiten leben. Nicht anders als es sich mit dem Gegensatzpaar Form-Leere verhält, dessen Faktizität in der Natur nachweisbar ist, erscheinen uns derartige Widersprüche grundsätzlich paradox, sobald wir sie explizit formulieren.
7 Vgl. Yamada, *Gateless Gate*, S. 119
8 Vgl. beispielsweise Frithjof Schuon, *Gnosis: Divine Wisdom*. Bedford 1978

DER MORGENSTERN

1 Yamada und Aitken, Shoyoroku, Case 67. Vgl. auch das Kapitel 6: »Kein Umgang mit Drogen«
2 Yamada, *Gateless Gate*, S. 13f.
3 Aitken, Hakuin Zenji, »Preislied des Zen«, in: Aitken, Zen als Lebenspraxis S. 156
4 George Meredith, »Lucifer in Starlight«, in: *The Poems of George Meredith*, hrsg. von Phyllis B. Bartlett, Bd. I, II, New Haven 1978, Bd. I, S. 285
5 Vgl. Yamada, *Gateless Gate*, S. 40
6 Vgl. Cleary, *The Blue Cliff Record*, Bd.I, S. 54
7 Yampolsky, *The Platform Sutra of the Sixth Patriarch*, S. 146
8 *Basic Call to Consciousness*. Mohawks Nation, via Rooseveltown, N. Y. 1978, S. 71f.
9 Maizumi, *The Way of Everyday Life*, o. S.
10 *Basic Call of Consciousness*, S. 11
11 Gary Snyder, *Earth House Hold*. New York 1969, S. 91f.
12 Diese Worte sind auf einem Poster nachzulesen, auf dem Häuptling Joseph abgebildet ist. Mohawk Nation, via Rooseveltown, N. Y.

DER WEG UND DIE TUGEND

1 Takashi James Kodera, *Dogen's Formative Years in China: An Historical Study and Annotated Translation of the Hokyoki*. London 1980, S. 23ff.
2 1. Kor. 13,13
3 Vgl. Suzuki, *Manual of Zen Buddhism*, S. 43; und Conze *Buddhist Wisdom Books*, S. 47f.
4 Aitken, *Zen als Lebenspraxis*, S. 153
5 Benjamin Lynn Olson (Übers.), *Tao Te Ching*, unveröffentlichtes Manuskript, Sektion 17

RELIGIÖSES ENGAGEMENT UND DAS TAO

1 Norman Cohn, *Das Ringen um das Tausendjährige Reich*. München 1961

2 Die Neue Jerusalemer Bibel, neu bearbeitet und herausgegeben von Alfons Deissler u. Anton Vögtle. Freiburg 1985
3 Eine andere Interpretation lautet: »Ich, der Mensch Jesus, der ich zugleich auch Gottes Sohn und der wahre Messias bin, bin in diesem Augenblick bei euch, und dies ist der Anfang vom Ende der Welt.«
4 Joseph Campbell, *Occidental Mythology*. New York 1976, S. 368f.
5 James M. Robinson (Hrsg.), *The Nag Hammadi Library*. San Francisco 1977, S. 130. In diesem Zusammenhang vgl. auch die Stelle: »Worauf ihr wartet, das ist bereits da, doch ihr erkennt es nicht« (S. 163)
6 Aitken, *Zen als Lebenspraxis*, S. 157
7 Ebenda, S. 156
8 William Blake, »Weissagungen der Unschuld«, in: W. Blake, *Werke* hrsg. von Günther Klotz Berlin (O) 1958, S. 239
9 Kodera, *Dogen's Formative Years in China*, S. 23ff.
10 Matth. 5,48
11 Philipp Kapleau, *Die Drei Pfeiler des Zen*. Stuttgart 1969, S. 37
12 Röm. 8,22–23
13 Meister Eckehart, *Deutsche Predigten und Traktate*. Hrsg. von Joseph Quint. München 1955, S. 147
14 Vgl. Yamada, *Gateless Gate*, S. 14
15 William Blake, Aus dem prophetischen Buch Milton »Nicht laß ich ab«, in: William Blake, *Gedichte*. Übertragen von Alexander von Bernus und Walter Schmiele Heidelberg 1958, S. 41

GANDHI UND DIE WAHRE ÖKOLOGIE

George Sessions hat mich mit seinem Aufsatz »Spinoza, Perennial Philosophy, and Deep Ecology«, (Mimeo., Sierra College, Rocklin, Calif., 1979) unmittelbar zu diesem Essay inspiriert. Man hat mir kürzlich berichtet, Arne Ness, der norwegische Öko-Philosoph, von dem die Formulierung »wahre Ökologie« herstammt, bevorzuge nunmehr die Bezeichnung »Neue Philosophie der Natur«, da dieser Begriff umfassender sei und weniger ressentimentgeladen klingt.

1 Jag Parvesh Chander, *Teachings of Mahatma Gandhi*. Lahore 1945, S. 375. (Tähtinen, *Non-violence as an Ethical Principle*, S. 83)
2 Thomas Merton, *Gandhi on Non-violence*. New York 1965, S. 5
3 Vgl. Maezumi, *The Way of Everyday Life*, o. S.

4 William Blake, »Weissagungen der Unschuld«, in: W. Blake, *Werke* hrsg. von Günther Klotz, Berlin (O) 1958, S. 239

5 Gen. 9,2

6 William Wordsworth, »Expostulation and Reply«, in: W. Wordsworth, *Lyrical Ballads.* Hrsg. von W. J. B. Owens New York 1967, S. 104

7 George Sessions, »Spinoza, Perennial Philosophy, and Deep Ecology«, S. 15. Aus Platzgründen kann ich an dieser Stelle die »Wahre Ökologie« nicht umfassend diskutieren, die natürlich auch die Landwirtschaft und alle übrigen Formen der Nutzung unserer natürlichen Umwelt zu berücksichtigen hat. Den Öko-Philosophen ist es in erster Linie darum zu tun, eine Denkweise zu verändern, die gegenwärtig zur Ausbeutung der Ressourcen künftiger Generationen führt und die Ausrottung bestimmter Tier- und Pflanzenarten in Kauf nimmt.

8 Erik H. Erikson, *Gandhis Wahrheit – über die Ursprünge der militanten Gewaltlosigkeit.* Frankfurt/M 1971, insbesondere die Seiten 471 ff.

9 Matth. 25,40

GLOSSAR

Abhidharma – (Sanskrit) »Besondere Lehre«; der dritte Teil des buddhistischen Kanons; eines der wichtigsten Kompendien der buddhistischen Philosophie und Psychologie

Achtfacher Pfad – die grundlegende Beschreibung buddhistischer Praxis: 1. Vollkommene Erkenntnis, 2. Vollkommener Entschluß, 3. Vollkommene Rede, 4. Vollkommenes Handeln, 5. Vollkommener Lebenserwerb, 6. Vollkommene Anstrengung, 7. Vollkommene Achtsamkeit, 8. Vollkommene Sammlung

Annuttara-Samyaksambodhi – (Sanskrit) vollkommene, alldurchdringende Erleuchtung

Avalokiteshvara – (Sankrit) »einer, der das vollkommen in sich ruhende Selbst wahrnimmt« oder »einer, der die Klänge der Welt vernimmt«; die Inkarnation der Nächstenliebe und des Mitgefühls; *vgl. Kanjizai und Kanzeon*

Bodhimanda – Platz oder Stelle der Erleuchtung des Buddha unter dem Bodhi-Baum; *vgl. Dojo*

Bodhi-Baum – Bo- oder Feigenbaum (ficus religiosa); *vgl. Dojo*

Bodhisattva – (Sanskrit) einer, der auf dem Pfad der Erleuchtung wandelt; ein Erleuchteter; einer, der andere zur Erleuchtung führt; das Ideal des Nördlichen Buddhismus

Buddha – (Sanskrit) der Erleuchtete; Shakyamuni; eine von zahlreichen Figuren des buddhistischen Pantheon, ein Wesen

Burakumin – (japanisch) die Kaste der Rechtlosen; früher durften diese Menschen nur in bestimmten Gegenden oder Dörfern wohnen und nur bestimmten Tätigkeiten nachgehen

Ch'an-shih – (chinesisch) Zenji; Zen-Meister (ein Ehrentitel)

Coordinating Group for Religion in Society – eine in den Entwicklungsländern tätige internationale Organisation für Selbsthilfe, die von Thailand aus agiert; von Sulak Sivaraksa begründet

Dana – (Sanskrit) Wohltätigkeit, Nächstenliebe; eine der Sechs Vollkommenheiten

Danaparamita – (Sanskrit) die vollkommene Wohltätigkeit oder Nächstenliebe

Dhammapada – (Pali) *Der Weg der Tugend;* eine Theravada-Sammlung didaktischer Verse

Dharma – (Sanskrit) religiöses, weltliches oder natürliches Gesetz; das Gesetz des Karma; die Affinität der Erscheinungen; Tao oder der Weg; eine Unterweisung; die Leere

Dharmakaya – (Sanskrit) Gesetzeskörper (des Buddha); das Wahre-Wesen des Buddha, das mit der Essenz des Universums identisch ist

Dhyana – (Sanskrit) Versunkenheit: Meditation; *vgl. Samadhi*

Dhyanaparamita – (Sanskrit) die Vollkommene Meditation

Diamant-Sutra – Vajracchedika-Sutra; einer der zentralen Texte der Prajna-Paramita-Literatur

Dojo – (japanisch) die Zen-Halle; unser persönlicher Ort der Erleuchtung; *vgl. Bodhimanda*

Dokusan – (japanisch) Sanzen; alleine gehen oder alleine arbeiten; die persönliche Unterredung zwischen Roshi und Schüler

Gassho – (japanisch) Anjali; die Handflächen andächtig oder ehrfurchtsvoll zusammenzulegen

Gatha – (Sanskrit) Preislied oder knappe Zusammenfassung wichtiger Grundgedanken des Buddha-Dharma

Geierberg – *vgl. Gridhrakuta*

Geist – je nach Kontext kann dieses Wort den Verstand oder das Gemüt des Menschen bezeichnen; häufig steht es auch für das Wahre-Wesen des Universums und der phänomenalen Welt

Go – (japanisch) ein Brettspiel, das mit weißen und schwarzen Steinen gespielt wird

Gridhrakuta – unweit der Stadt Rajagriha gelegener Berg, der ein beliebter Aufenthaltsort des Buddha war

Harada-Yasutani-Linie – die japanische Schule des Soto-Zen-Buddhismus. Sie wurde im zwanzigsten Jahrhundert von den beiden Meistern Harada Dai'un und Yasutani Haku'un begründet

Harijan – (Sanskrit) die Kinder Gottes; Gandhis Bezeichnung für die Panchama, die Kaste der »Unberührbaren« in Indien

Herz-Sutra – »Kondensat« der gesamten *Prajna-Paramita-Literatur*

Hīnayāna – (Sanskrit) kleineres Fahrzeug; eine Bezeichnung des Nördlichen für den Südlichen Buddhismus in Sri Lanka, Burma und Südost-Asien

Hua-yen Sutra – das letzte große Kompendium der Mahāyana-Literatur, das im achten Jahrhundert in China erstellt wurde (auch: *Avatamsaka-Sutra*)

Ittoen – (japanisch) Garten des Einen Lichtes; von Nishida Tenko begründete Wohltätigkeits- und Handwerkerbewegung

Jugendschule für soziale Dienste – ein aus Jugendlichen zusammengesetztes Korps, das von Thich Nhat Hanh während des Bürgerkrieges in Vietnam begründet wurde

Kanjizai – (japanisch) Avalokiteshvara; Einer, der das vollkommen in sich ruhende [Wahre-]Selbst wahrnimmt; einer, der die Leere der Empfindungen und der Formen wahrnimmt; *vgl. Kanzeon*

Kannon – (japanisch) Kanzeon

Kanzeon – (japanisch) Avalokiteshvara; Einer, der die Klänge der Welt vernimmt; die Inkarnation des Mitgefühls und der Nächstenliebe; vgl. *Kanjizai*

Karma – (Sanskrit) Handlung; Ursache und Wirkung, Affinität; die Welt von Ursache und Wirkung oder der Affinität

Katsu – (japanisch) »Ho!«; Ausruf, durch den der Zen-Meister »alles« auslöscht

Kensho – (japanisch) Wesensschau; Schau ins eigene Wahre-Wesen; Selbst-Wesensschau; gnostische Erfahrung der Zen-Praxis

Kinhin – (japanisch) Sutra-Gang; Gruppenübung im Gehen zwischen den einzelnen Sitzzeiten

Koan – (japanisch) relativ/absolut; ein Ausdruck für die Harmonie zwischen leerem Eins-Sein und der Welt der Einzeldinge, ein Zazen-»Rätsel«, das es aufzulösen gilt

Madhyamika – (Sanskrit) der Mittlere Weg; mahāyanistische Schule, die im Hinblick auf das Sein oder Nicht-Sein der Dinge einen »Mittleren Weg« vertritt

Mahāyāna – (Sanskrit) Großes Fahrzeug; der Nördliche Buddhismus Chinas, Koreas und Japans (auch der tibetische Buddhismus)

Maitreya – (Sanskrit) freundlich, wohlwollend; Buddha der Zukunft

Mani – (Sanskrit) Talisman, Perle; ein Symbol des Buddha und der Weisheit des Buddhismus

Mara – (Sanskrit) der Zerstörer; die den Menschen überwältigende Leidenschaft

Mittlerer Weg – die Vermeidung aller Extreme, vgl. auch *Madhyamika*

Mochi – (japanisch) Reiskuchen

Mondo – (japanisch) Frage und Antwort; ein Zen-Dialog zwischen Meister und Schüler

Mu – (japanisch) Wu; nicht, nichts, ist nicht, hat nicht; Beispiel aus dem *Wu-men-kuan*; häufig das erste Koan des Zen-Schülers

Nen – (japanisch) Gedanke; auf den Augenblick gerichteter Geist

Netz des Indra – nach Hua-yen das vieldimensionale Netz der Erscheinungen; jeder Knoten dieses Netzes ist ein Juwel, in dem sich in höchster Vollkommenheit alle anderen Punkte widerspiegeln

Nirvana – (Sanskrit) Verlöschen, Verlöschen des Verlangens; die in der Erscheinungswelt zum Ausdruck gelangende Weisheit

Paramita – Vollkommenheit, Buddhaschaft

Parinirvana – (Sanskrit) das endgültige Nirvana; der Tod

Prajna-Paramita – (Sanskrit) Vollkommene Weisheit; die Buddhaschaft; die Grundlehre des Mahāyana

Rinzai – (japanisch) die zenbuddhistische Sekte der Rinzai-Schule geht auf Lin-chi zurück, der im 9. Jh. lebte

Roshi – (japanisch) verehrungswürdiger Meister

Sake – (japanisch) Reiswein

Samadhi – (Sanskrit) Konzentration; Sammlung des Geistes; *vgl. Dhyana*

Sambhogakaya – (Sanskrit) »Körper des Entzückens«; der »vollkommene« Körper des Buddhas

Samsara – (Sanskrit) Fließen; Veränderung; die vergängliche Welt der Erscheinungen

Samu – (japanisch) Arbeitsleistungen (als Sutra-Rezitation); Meditation während der Arbeit (traditionell innerhalb des Tempels oder auf dem zum Tempel gehörigen Areal)

Sangha (Samgha) – (Sanskrit) wörtl.: Menge, Schar; buddhistische Mönchsgemeinde; buddhistische Gemeinde; Gemeinde; Harmonie zwischen Buddha und Dharma; eine Gruppe von Suchenden

Sarvodaya Shramadana – (Sanskrit) das Erwachen aller; eine Bewegung in Sri Lanka, die Dörfern Hilfe zur Selbsthilfe gewährt; Gründer war A. T. Ariyaratna

Satyagraha – (Sanskrit) auf der Seite der Wahrheit stehen; die Macht gewaltloser Aktionen

Selbst – je nach Kontext: Buddha; der einzelne Mensch; die vom Menschen wahrgenommenen Erscheinungen

Sesshin – (japanisch) den Geist berühren, empfangen oder übermitteln; Zen-»Exerzitien«, die üblicherweise sieben Tage dauern

Skandhas – (Sanskrit) die Wahrnehmungen und die Objekte der Wahrnehmung; Form, Empfindung, Gedanken, die begrifflichen Bestimmungen und das Bewußtsein

Soto – (japanisch) die zenbuddhistische Soto-Schule leitet sich von Tung-shan-Liang-chieh (9. Jh.) her

Sutra (gesprochen) vom Hohen Sitz des Dharma-Schatzes – von Hui-neng im achten Jahrhundert verfaßtes einzig originär chinesisches Werk, dem später der Status eines Sutra zuerkannt wurde

Takuhatsu – (japanisch) die Eßschale zeigen; der traditionelle buddhistische Bittgang

Tantra – (Sanskrit) eine in ganz Indien verbreitete Form der Religiosität, die auch magische Rituale einschließt; unter Anleitung eines Gurus praktizierte Polaritätsmystik, die bisweilen auch sexuelle Rituale einschließt

Tao – (chinesisch) Bodhi oder Erleuchtung; der Weg; der Weg zur oder der Weg der Erleuchtung

Tathagata – (Sanskrit) Der so Dahingelangt; ein(er der Titel des) Buddha

Te – (chinesisch) vgl. *Toku*

Teisho – (japanisch) Darlegung der Berufung; die Darlegung der Zen-Erfahrung durch den Roshi

Theravada – (Pali) die Lehre der Ordensältesten; der moderne Buddhismus in Süd- und Südostasien

Toku – (japanisch) Te; Macht oder Tugend; die Charakterstärke, die durch Tugend oder Dienstbereitschaft entsteht

Upaya – (Sanskrit) Geschicklichkeit in der Methode; mitempfindendes und weises Handeln

Vajrayana – (Sanskrit) das »Diamant-Fahrzeug«; der Buddhismus Tibets

Varanasi – (Sanskrit) hier lehrte Buddha zum ersten Mal; das heutige Benares

Zafu – (japanisch) beim Zazen benutztes Sitzkissen

Zazen – (japanisch) in Versunkenheit sitzen; Dhyana; Zen-Meditation

Zen – (japanisch) Cha'an; die Schule des Zen-Buddhismus; die zwischen leerem Eins-Sein und der Welt der Einzel-Dinge bestehende Harmonie

Zenji – (japanisch) Ch'an-shih; Zen-Meister (Ehrentitel)

ÜBER DEN AUTOR

Seine erste Begegnung mit dem Zen-Buddhismus hatte Robert Aitken während des Zweiten Weltkrieges in einem japanischen Kriegsgefangenenlager, nachdem er als amerikanischer Zivilist auf Guam in Gefangenschaft geraten war. R. H. Blyth, der Autor von *Zen in English Literature* befand sich in dem gleichen Lager wie Robert Aitken, und so begann dieser unter solch ungewöhnlichen Umständen die erste von verschiedenen für seinen Werdegang entscheidenden »Lehren«. Nach dem Krieg hielt sich Aitken häufig in Japan auf, um dort seine Kenntnisse und Erfahrungen zu vertiefen. Er freundete sich mit D. T. Suzuki an und war Schüler bei Nagakawa Soen Roshi und Yasutani Hakuun Roshi.

1959 baute Robert Aitken mit seiner Frau Anne eine zenbuddhistische Gemeinschaft auf, den Diamant-Sangha. Inzwischen verfügt dieser Sangha auf Hawaii über zwei Zendos. 1974 erhielt Aitken von seinem heutigen Meister, Yamada Koun Roshi, den Titel »Roshi« und die Lehrerlaubnis. Gegenwärtig lebt Aitken als Zen-Meister in Hawaii, wo er – mit Unterbrechungen – seit seinem fünften Lebensjahr gewohnt hat. Über seine Erfahrungen hat er in mehreren Büchern Auskunft gegeben.

Han Shan

150 Gedichte vom Kalten Berg

Aus dem Chinesischen übertragen und hrsg. von Stephan Schuhmacher. Diederichs Gelbe Reihe Band 5. 176 Seiten und 16 Bildtafeln.

»Karge, doch in der Wahrnehmung ungemein sinnliche, ungemein konkrete Aufzeichnungen vom Weg in Versenkung und Selbstverwirklichung« (SZ).

Chang Chung-yuan

Tao, Zen und schöpferische Kraft

Übersetzt von Stephan Schuhmacher. Diederichs Gelbe Reihe Band 30. 224 Seiten mit 9 Tuschezeichnungen, 7 Schaubildern und Kalligraphien.

Eines der inspiriertesten Bücher über den Umgang mit Kunst und Wissenschaft. Tao und Zen zeigen sich für uns als Möglichkeiten neuer Kreativität.

Thomas Hoover

Die Kultur des Zen

Übersetzt von Frank Meyer. Diederichs Gelbe Reihe Band 44. 272 Seiten mit 33 Fotos.

Viele Wege führen zum Zen und vom Zen zu uns. Durch die verschiedenen Künste lernen wir ihn am ehesten kennen. »Was ist das Wesen des Zen? – Offene Weite, nichts von heilig«.
